mi Mundo TEXAS

Estudios Sociales™

La formación de nuestras comunidades

PEARSON

Boston, Massachusetts
Chandler, Arizona
Glenview, Illinois
New York, New York

¡Esta también es mi historia!

Tú eres uno de los autores de este libro. ¡Puedes escribir en este libro! ¡Puedes tomar notas en este libro! ¡También puedes dibujar en él! Este libro es para que tú lo guardes.

Escribe tus datos abajo. Luego escribe tu autobiografía. Una autobiografía trata de ti y de lo que te gusta hacer.

Nombre _____

Escuela _____

Ciudad o pueblo _____

Autobiografía _____

_____

_____

Cubierta:

Arriba: I: funcionario del Departamento de Seguridad Pública de Austin; **D:** desfile del Día de la Independencia en Texas **Centro:** I: Museo Bullock de Historia del Estado de Texas; C: bombero de San Antonio; **D:** patinador en un parque de patinaje en patineta cerca de Houston **Abajo:** niños construyendo un castillo de arena en la costa del Golfo de Texas

Contracubierta:

Arriba: personas practicando canotaje en el Parque Estatal Caddo Lake **Centro:** I: pelota de fútbol americano; **D:** festival de chile en Conroe **Abajo:** I: niño de tercer grado trabajando en el jardín; C: el tren DART de Dallas

Credits appear on pages **R28–R30,** which constitute an extension of this copyright page.

Softcover: ISBN-13: 978-0-328-81357-5
ISBN-10: 0-328-81357-5
12 19

Hardcover: ISBN-13: 978-0-328-84912-3
ISBN-10: 0-328-84912-X
4 5 6 7 8 9 10 V011 19 18 17 16 15

PEARSON

Hecho para Texas

Pearson *Texas myWorld Social Studies* was developed especially for Texas with the help of teachers from across the state and covers 100 percent of the Texas Essential Knowledge and Skills for Social Studies. This story began with a series of teacher roundtables in cities across the state of Texas that inspired a program blueprint for *Texas myWorld Social Studies*. In addition, Judy Brodigan served as our expert advisor, guiding our creation of a dynamic Social Studies curriculum for TEKS mastery. Once this blueprint was finalized, a dedicated team—made up of Pearson authors, content experts, and social studies teachers from Texas—worked to bring our collective vision into reality.

Pearson would like to extend a special thank you to all of the teachers who helped guide the development of this program. We gratefully acknowledge your efforts to realize the possibilities of elementary Social Studies teaching and learning. Together, we will prepare Texas students for their future roles in college, careers, and as active citizens.

Autores asesores del programa

The Colonial Williamsburg Foundation
Williamsburg VA

Armando Cantú Alonzo
Associate Professor of History
Texas A&M University
College Station TX

Dr. Linda Bennett
Associate Professor, Department of Learning, Teaching, & Curriculum
College of Education
University of Missouri
Columbia MO

Dr. James B. Kracht
Byrne Chair for Student Success
Executive Associate Dean
College of Education and Human Development
College of Education
Texas A&M University
College Station TX

Dr. William E. White
Vice President for Productions, Publications and Learning Ventures
The Colonial Williamsburg Foundation
Williamsburg VA

Asesores y revisores

ASESORES ACADÉMICOS

Kathy Glass
Author, *Lesson Design for Differentiated Instruction*
President, Glass Educational Consulting
Woodside CA

Roberta Logan
African Studies Specialist
Retired, Boston Public Schools/ Mission Hill School
Boston MA

Jeanette Menendez
Reading Coach
Doral Academy Elementary
Miami FL

Bob Sandman
Adjunct Assistant Professor of Business and Economics
Wilmington College—Cincinnati Branches
Blue Ash OH

ASESORA DEL PROGRAMA

Judy Brodigan
Former President, Texas Council for Social Studies
Grapevine TX

Costa Nacional Isla del Padre

Domina los TEKS con una conexión personal.

miHistoria: ¡Despeguemos!

Las actividades de escritura de **myStory Book** comienzan con la actividad **miHistoria: ¡Despeguemos!** Allí puedes anotar tus ideas iniciales sobre la **Pregunta principal**.

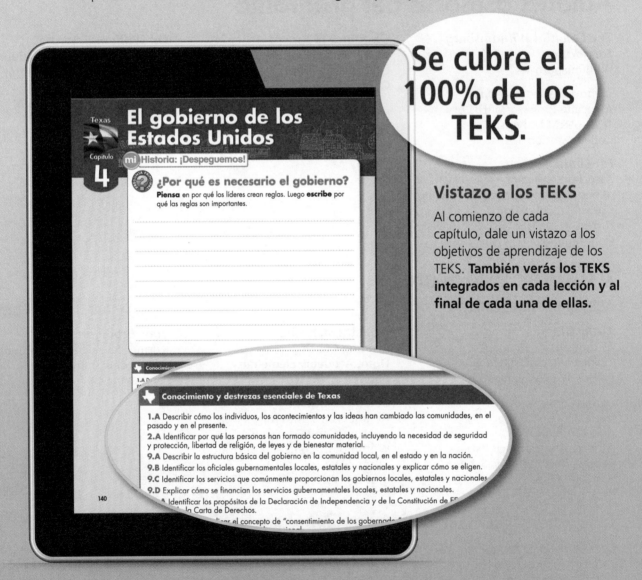

Se cubre el 100% de los TEKS.

Vistazo a los TEKS

Al comienzo de cada capítulo, dale un vistazo a los objetivos de aprendizaje de los TEKS. **También verás los TEKS integrados en cada lección y al final de cada una de ellas.**

Lección 1 Los primeros pobladores de Norteamérica

Lección 2 Los primeros exploradores

Lección 3 Las primeras comunidades españolas

Lección 4 Las primeras comunidades francesas

Lección 5 Las primeras comunidades inglesas

Lección 6 La formación de una nueva nación

La Misión San Luis
Una comunidad multicultural

Aproximadamente entre 1560 y 1690, se construyeron más de 100 misiones españolas en toda la Florida. Una misión es un asentamiento donde hoy una iglesia en la que se enseña religión. Una de las misiones más famosas es la Misión San Luis. Esta misión, ubicada en Tallahassee, es una de las últimas que quedan en pie en la actualidad. "También es el único lugar donde los apalaches y los españoles vivieron juntos", nos cuenta Grace. Los apalaches son indígenas norteamericanos, y los españoles son pobladores que llegaron desde España. "Me encanta aprender sobre otras culturas", añade Grace. Ya nadie vive en la misión, pero la han reconstruido. Los visitantes pueden recorrerla y ver representaciones de cómo era la vida allí hace siglos.

"Los indígenas y los españoles compartían esta misión", explica Grace. En esa época, los indígenas y los colonos europeos no solían vivir juntos. La Misión San Luis era especial.

A Grace le encantó visitar una de las últimas misiones que quedan en pie.

91

miHistoria: Video

Pasa del *Libro de trabajo del estudiante* a la tecnología, ¡con toda facilidad! Mira los videos de *miHistoria: Video* para explorar la **Pregunta principal** y las ideas claves del capítulo.

Acceso a los TEKS

El programa *miMundo Estudios Sociales* para Texas cubre los TEKS en todos los formatos. Accede al contenido a través de la versión impresa del *Libro de trabajo,* a través del *eText*, o en línea con el curso digital en Realize.

PEARSON realize Conéctate en línea a: www.PearsonTexas.com | Cada lección está respaldada por actividades digitales, miHistoria: Videos y actividades de vocabulario.

EXPERIMENTAR

Disfruta de los Estudios Sociales mientras practicas los TEKS.

Libro de trabajo interactivo del estudiante

Con el *Libro de trabajo del estudiante miMundo Estudios Sociales* para Texas, te encantará tomar notas, dibujar, subrayar y encerrar en un círculo texto o imágenes en tu propio libro.

Texas

Lección 1

Los primeros pobladores de Norteamérica

¡Imagínalo!

Mira la fotografía. Escribe qué recurso natural se usó para construir estas viviendas.

DESCIFRA LA Aprenderé cómo influye la geografía en las comunidades y cómo se relacionan el pasado y el presente.

Vocabulario

costumbre   reserva
vivienda   gobierno
comunal   tradición
confederación
cooperar

Todas las comunidades tienen una historia moldeada por los primeros habitantes del lugar. Tu comunidad es especial tanto por su pasado como por su presente.

Grupos culturales

Los indígenas norteamericanos fueron los primeros pobladores de América del Norte, o Norteamérica. Había muchos grupos de indígenas distintos, y cada uno tenía su propia cultura y sus **costumbres**, es decir, su forma particular de hacer las cosas.

En el mapa se muestran las regiones de América del Norte donde vivían los indígenas. Cada grupo usaba los recursos naturales de su región para satisfacer sus necesidades. Los indígenas que vivían en la región del Pacífico Noroeste pescaban en el océano Pacífico. Los que vivían en las llanuras aprovechaban el suelo fértil para la agricul

Grupos de indígenas norteamericanos

LEYENDA
Límite actual

ÁRTICO

SUBÁRTICO

PACÍFICO NOROESTE   MESETA

OCÉANO PACÍFICO   GRAN CUENCA   LLANURAS   ZONA BOSCOSA DEL NORESTE

CALIFORNIA

SUROESTE   ZONA BOSCOSA DEL SURESTE   OCÉANO ATLÁNTICO

1,000 mi
1,000 km

Golfo de México

1. Identifica y subraya dos maneras en qu norteamericanos usaban los recursos na

Los cheroquíes del Sureste

Hace mucho tiempo, un grupo de indígenas norteamericanos llamados cheroquíes se asentaron en los bosques del sureste de los Estados Unidos. Los cheroquíes escogieron esta región por las características de su geografía: suelo fértil, ríos y árboles.

Los cheroquíes se establecieron por primera vez en América del Norte hace más de 1,000 años. Eran cazadores y agricultores. Comían carne, frutas y verduras. Usaban árboles para construir sus viviendas. Hacían estructuras de madera y las cubrían con lodo de las riberas cercanas. Con el tiempo, los cheroquíes empezaron a construir cabañas de troncos, que los protegían de la nieve y el frío del invierno.

Un cheroquí famoso llamado Sequoyah inventó un sistema de 86 símbolos para escribir en su lengua. Desde entonces es posible leer y escribir en cheroquí.

TEKS
1.A, 1.B, 2.A, 2.B, 2.C, 3.A, 4.B, 15.A, 15.B, 17.B

2. ⊙ **Idea principal y detalles Describe** cómo

un sistema de 86 símbolos para escribir en su lengu
Desde entonces es posible leer y escribir en cheroquí.

2. ⊙ **Idea principal y detalles Describe** cómo los cheroquíes crearon una nueva comunidad.

94

Destrezas clave de lectura

El *Libro de trabajo* te permite practicar las **Destrezas clave de lectura**, destrezas esenciales que necesitarás al leer textos informativos. Refuerza tus TEKS de Artes del lenguaje en español (SLA) durante el período de Estudios Sociales.

PEARSON realize Conéctate en línea a: www.PearsonTexas.com | Cada lección está respaldada por actividades digitales, miHistoria: Videos y actividades de vocabulario.

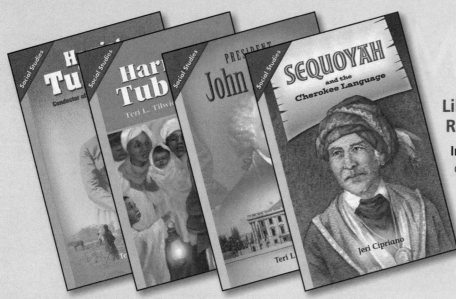

Libritos por nivel/Leveled Readers

Interesantes libritos por nivel están disponibles en inglés, en formato impreso y en formato digital en Realize.

Actividades digitales

Cada lección incluye **Actividades digitales** que apoyan la Idea principal.

COMPRENDER

Verifica tus conocimientos de los TEKS y demuestra tu comprensión.

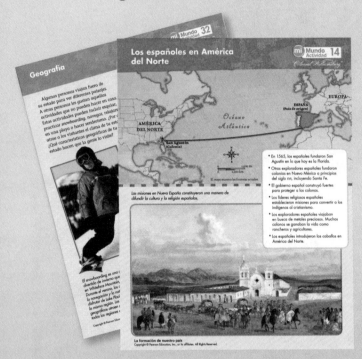

miMundo: Actividades

Trabaja en grupos pequeños con tus compañeros en actividades como crear mapas, gráficas, dramatizaciones, leer en voz alta y analizar fuentes primarias. En Realize puedes hallar versiones digitales de actividades prácticas e innovadoras para cada capítulo.

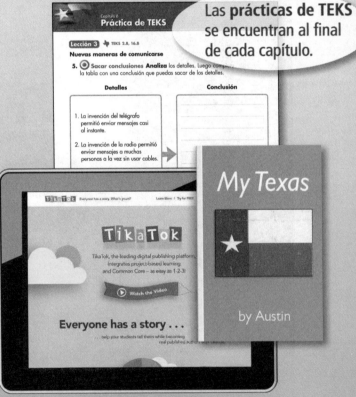

Las **prácticas de TEKS** se encuentran al final de cada capítulo.

myStory Book

myStory Book te da la oportunidad de escribir e ilustrar tu propio libro digital. Visita **www.Tikatok.com/myWorldSocialStudies** para más información.

PEARSON realize Conéctate en línea a: www.PearsonTexas.com

Cada lección está respaldada por actividades digitales, miHistoria: Videos y actividades de vocabulario.

Celebremos Texas y la nación

Nuestras comunidades

- ▶ eText interactivo
- ▶ miHistoria: Video
  Diferentes comunidades:
  Explorar comunidades cercanas
- ▶ Vistazo al vocabulario
- ▶ Repaso del vocabulario
- ▶ Exámenes del capítulo

PREGUNTA PRINCIPAL ¿Cómo es una buena comunidad?

Una calle suburbana

Nuestro medio ambiente

Liebre americana

Las comunidades forman una nación

*Antigua bandera
estadounidense*

¿Cómo influye nuestro pasado
en nuestro presente?

Texas

Capítulo

4

El gobierno de los Estados Unidos

PREGUNTA PRINCIPAL

¿Por qué es necesario el gobierno?

PEARSON **realize.** **Go online at:**
www.PearsonTexas.com

▸ eText interactivo

▸ miHistoria: Video
George Washington: El primer presidente de los Estados Unidos

▸ Vistazo al vocabulario

▸ Repaso del vocabulario

▸ Exámenes del capítulo

Monte Rushmore

Civismo

Go online at:
www.PearsonTexas.com

- ▶ eText interactivo
- ▶ miHistoria: Video
  Trabajar como voluntario:
  Mentor, tutor, amigo
- ▶ Vistazo al vocabulario
- ▶ Repaso del vocabulario
- ▶ Exámenes del capítulo

*Ciudadanos ayudando a otros
en su comunidad*

Una nación en crecimiento

El carro Modelo T de Henry Ford

Texas

Capítulo 7

El trabajo en nuestras comunidades

PREGUNTA PRINCIPAL ¿Cómo obtienen las personas lo que necesitan?

Amigos intercambiando fruta

Las celebraciones de nuestras comunidades

**PEARSON realize. Go online at:**
www.PearsonTexas.com

- ▶ eText interactivo
- ▶ miHistoria: Video
  Joseph Bruchac: Cuentista
- ▶ Vistazo al vocabulario
- ▶ Repaso del vocabulario
- ▶ Exámenes del capítulo

Una celebración cultural

El proceso de la escritura

Los buenos escritores siguen un plan cuando escriben.
Estos cinco pasos te ayudarán a ser un buen escritor.

Prepararse
- Escoge un tema que te guste.
- Reúne detalles sobre el tema.

Borrador
- Anota todas tus ideas en una hoja.
- No es necesario que el borrador quede perfecto.

Presentar
- Presenta tu escrito a tus compañeros.

Revisar
- Revisa tu escrito y preséntaselo a un compañero.
- Busca las características de la buena escritura.
- Cambia lo que haya quedado incompleto o poco claro.

Corregir
- Corrige la ortografía, el uso de las mayúsculas y la puntuación.
- Prepara el escrito final.

Características de la escritura

Los buenos escritores tienen en cuenta seis cualidades para que su trabajo sea el mejor posible.

Ideas

Las ideas son tus pensamientos y el mensaje que quieres transmitir. Escoge ideas que te resulten interesantes.

Organización

Organizar significa ordenar las ideas. Asegúrate de que tu escrito y tus ideas sean fáciles de comprender.

Voz

La voz indica si tu escrito suena natural. Escribe como si le contaras tu historia a alguien.

Lenguaje

El lenguaje se refiere a elegir las palabras con cuidado.

Tus palabras deben crear una imagen clara en la mente del lector.

Oraciones

Al cumplir con esta característica, te aseguras de que tu escrito sea fácil de leer. Usa oraciones de diferente longitud y con distintos comienzos.

Normas

Las normas son las reglas de escritura, como la ortografía, el uso de las mayúsculas y la puntuación. Corrige todos los errores que encuentres.

Aprendizaje del siglo XXI
Tutor en línea

Conéctate en línea a www.PearsonTexas.com para practicar las siguientes destrezas. Estas destrezas serán importantes a lo largo de tu vida. Después de completar cada tutoría de destrezas en línea, márcalas en esta página de tu *Libro de trabajo*.

⦿ Destrezas clave de lectura

- ☐ Idea principal y detalles
- ☐ Causa y efecto
- ☐ Clasificar y categorizar
- ☐ Hechos y opiniones
- ☐ Sacar conclusiones

- ☐ Generalizar
- ☐ Comparar y contrastar
- ☐ Secuencia
- ☐ Resumir

⦿ Destrezas de colaboración y creatividad

- ☐ Resolver problemas
- ☐ Trabajar en equipo

- ☐ Resolver conflictos
- ☐ Generar nuevas ideas

⦿ Destrezas de gráficos

- ☐ Interpretar gráficos
- ☐ Crear tablas

- ☐ Interpretar líneas cronológicas

⦿ Destrezas de mapas

- ☐ Usar longitud y latitud
- ☐ Interpretar mapas físicos

- ☐ Interpretar datos económicos en mapas
- ☐ Interpretar datos culturales en mapas

⦿ Destrezas de razonamiento crítico

- ☐ Comparar puntos de vista
- ☐ Usar fuentes primarias y secundarias
- ☐ Identificar la parcialidad

- ☐ Tomar decisiones
- ☐ Predecir consecuencias

⦿ Destrezas de medios y tecnología

- ☐ Hacer una investigación
- ☐ Uso seguro de Internet
- ☐ Analizar imágenes

- ☐ Evaluar el contenido de los medios de comunicación
- ☐ Hacer una presentación eficaz

Celebremos la libertad

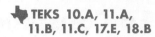

TEKS 10.A, 11.A, 11.B, 11.C, 17.E, 18.B

Vocabulario

constitución

segregar

Los Estados Unidos de América siempre han sido una nación que luchó por la libertad y la celebró. Antes de convertirse en una nación libre, los Estados Unidos estaban formados por 13 colonias británicas. A muchas personas de las colonias no les gustaba la manera en que el gobierno británico los trataba.

La Declaración de Independencia

En 1775, las colonias comenzaron una guerra con Gran Bretaña. Se reunió un grupo de líderes de cada una de las 13 colonias y decidieron escribir un documento formal que los declarase libres del dominio británico.

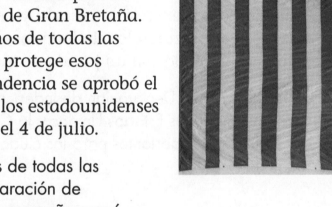

Thomas Jefferson escribió la Declaración de Independencia. Hizo una lista de las razones por las cuales las colonias debían separarse de Gran Bretaña. Además, hizo una lista de los derechos de todas las personas y explicó cómo el gobierno protege esos derechos. La Declaración de Independencia se aprobó el 4 de julio de 1776. En la actualidad, los estadounidenses celebran el Día de la Independencia el 4 de julio.

1. **Identifica** y subraya los derechos de todas las personas que aparecen en la Declaración de Independencia. **Comenta** con un compañero qué significan para ti esos derechos.

"Sostenemos como evidentes estas verdades: que todos los hombres son creados iguales; que son dotados por su Creador de ciertos derechos inalienables; que entre estos están la vida, la libertad y la búsqueda de la felicidad; que para garantizar estos derechos se instituyen entre los hombres los gobiernos, cuyos poderes legítimos derivan del consentimiento de los gobernados".

Lee en voz alta el pasaje de la Declaración de Independencia.

1

La Constitución de los Estados Unidos

La Constitución de los Estados Unidos explica cómo se forma nuestro gobierno nacional. Una **constitución** es un plan de gobierno escrito. Nuestra constitución, también enumera los derechos y las libertades de los ciudadanos de los Estados Unidos. Las tres primeras palabras de la Constitución son "Nosotros, el Pueblo".

La Carta de Derechos

Las diez primeras enmiendas a la Constitución se conocen como la Carta de Derechos. Son los derechos y las libertades fundamentales de todos los ciudadanos estadounidenses. Estos derechos incluyen la libertad de expresión, religión y prensa. Otros derechos garantizan a los ciudadanos el derecho a un juicio justo y rápido con un jurado de sus pares.

La Constitución de los Estados Unidos

2. **Explica** por qué la Declaración de Independencia, la Constitución de los Estados Unidos y la Carta de Derechos son importantes para los ciudadanos estadounidenses.

....

....

....

Cantar por la libertad

Las canciones patrióticas son canciones que celebran nuestra nación. Algunas celebran nuestra libertad.

- Explica qué significa para ti la libertad.
- Escribe una canción acerca de la libertad.
- Canta tu canción al resto de la clase.

Este niño canta "The Star-Spangled Banner". Es una canción patriótica que muestra el amor por la libertad y por nuestro país.

Comprender la responsabilidad cívica

Las responsabilidades cívicas son las acciones que los ciudadanos llevan a cabo para participar en su gobierno o comunidad. Los buenos ciudadanos comentan y leen sobre asuntos importantes. Sirven en jurados y votan por líderes. Después de las elecciones, los buenos ciudadanos envían correos electrónicos a los líderes o hablan con ellos para agradecerles por actuar con respecto a un asunto o para recordarles que deben cumplir lo que prometieron antes de las elecciones. Cuando los ciudadanos llevan a cabo estas acciones, hacen que nuestro país sea fuerte. Estas son algunas de las características de un buen ciudadano:

- ☐ Ser veraz y confiable.
- ☐ Trabajar por la justicia para todos los ciudadanos.
- ☐ Trabajar por la igualdad para todos los ciudadanos.
- ☐ Respetarse a sí mismo y a los demás.
- ☐ Ser responsable en la vida diaria.
- ☐ Mantenerse informado sobre diferentes asuntos.
- ☐ Hacer que los funcionarios u oficiales elegidos cumplan sus promesas.
- ☐ Servir en un jurado.
- ☐ Votar por funcionarios gubernamentales.

3. Reúne junto con toda la clase una lista de maneras en las que pueden seguir, respetuosamente, las disposiciones de los funcionarios u oficiales públicos.

4. Explica por qué son importantes las acciones de la lista, tales como servir en un jurado.

5. Comenta con un compañero un asunto que sea importante en tu comunidad. ¿Cómo pueden aprender más sobre este asunto?

Helen Keller

Helen Keller fue una ciudadana que luchó para que todos tuvieran justicia. Nació en 1880 en Alabama. De niña estuvo enferma. Esa enfermedad la dejó ciega y sorda. Anne Sullivan enseñó a Keller cómo comunicarse. Más adelante, Keller asistió a escuelas para aprender a hablar y a leer en el sistema braille.

Keller escribió acerca de la justicia y el trato hacia los ciegos y los sordos y trabajó por esto. Ayudó a mejorar la vida de muchas personas.

Helen Keller

Ruby Bridges

Ruby Bridges nació en 1954 en Mississippi. En aquel tiempo, las escuelas del Sur estaban segregadas. **Segregar** significa separar. Los afroamericanos debían ir a escuelas diferentes.

Cuando Bridges tenía seis años, fue elegida para asistir a una escuela de blancos. Muchas personas protestaban cuando ella iba a la escuela. Bridges era la única estudiante afroamericana en su clase. El coraje y las acciones de Bridges ayudaron a poner fin a la segregación.

En tu comunidad y tu estado viven buenos ciudadanos como estas mujeres. Puedes usar *software* de procesador de textos para escribir sobre ellos y tecnología informática para hacer materiales visuales. Si haces un dibujo o sacas una foto, puedes escanearla.

6. Usa Internet para **investigar** sobre una persona de tu comunidad o estado que sea un buen ciudadano. Usa un *software* para hacer una imagen que muestre por qué esa persona es un buen ciudadano.

Ruby Bridges

¿Qué hace a un héroe?

TEKS 8.E, 11.B, 14.A, 14.B, 16.A, 17.E

Los héroes son personas que ayudan a otros con valentía. Muchos son personas normales que hacen cosas extraordinarias.

Vocabulario

capellanes
empresario

Héroes militares

Muchos héroes sirven en el ejército. Estos miembros del Ejército, la Marina, la Fuerza Aérea, los Infantes de Marina y la Guardia Costera se arriesgan para proteger nuestra libertad.

Durante la Segunda Guerra Mundial, cuatro capellanes, los tenientes George Fox, Alexander Goode, Clark Poling y John Washington, sirvieron en un barco llamado *U.S.A.T. Dorchester*. Los **capellanes** son líderes religiosos que brindan apoyo a las personas que están en el ejército. El 3 de febrero de 1945, el barco fue alcanzado por un torpedo alemán.

Estos hombres, conocidos ahora como los Cuatro Capellanes, guiaron a los heridos hacia los botes de rescate. Cada capellán dio su chaleco salvavidas a un soldado porque no había suficientes. Los capellanes murieron cuando el barco se hundió. Por sus obras heroicas, el presidente les dio una medalla especial al heroísmo.

Los Cuatro Capellanes

Para aprender más sobre acontecimientos o personas de la historia, como los Cuatro Capellanes, puedes ver ilustraciones. Los detalles en las ilustraciones y otros materiales visuales pueden ayudarte a comprender mejor lo que lees.

7. **Identifica** las obras heroicas de los Cuatro Capellanes. **Examina** la ilustración para **analizar** por qué sus acciones fueron obras heroicas. **Coméntalo** con un compañero.

Los paramédicos

Los paramédicos son héroes de la comunidad. Los paramédicos o el personal de emergencia son los policías, bomberos y técnicos médicos de emergencia (EMT, por sus siglas en inglés). Generalmente son las primeras personas que llegan para ayudar al lugar de una emergencia o después de un accidente.

Los policías, los bomberos y los EMT tienen muchas responsabilidades. Ayudan a los demás y protegen a las personas. Los policías se aseguran de que las personas cumplan las leyes. Los bomberos apagan los incendios de la comunidad. Los EMT brindan ayuda médica durante una emergencia. También pueden llevar heridos a un hospital. A veces, los paramédicos o el personal de emergencia visitan escuelas y otros centros comunitarios para enseñar a los demás sobre seguridad.

A veces, los paramédicos pueden resultar heridos o morir mientras ayudan a otros. En abril de 2013, explotó una planta de fertilizantes en West, Texas. Catorce personas murieron en la explosión. Doce de ellas eran paramédicos.

8. **Identifica** y **analiza** las obras heroicas de los paramédicos.

....

....

....

....

Algunos paramédicos enseñan sobre seguridad al montar en bicicleta.

Un paramédico ayuda a una mujer a ponerse a salvo luego del huracán de Galveston en 2008.

Texanos heroicos

El doctor Héctor Pérez García fue un héroe texano. Nació en México en 1914 pero más tarde se mudó a Texas. En aquel tiempo, los mexicoamericanos no siempre recibían un trato justo. Asistían a escuelas separadas. La mayoría de los mexicoamericanos solo podían conseguir empleo como trabajadores agrícolas. No se les permitía votar a menos que pagaran un impuesto al sufragio.

Luego de graduarse de la facultad de medicina, García se unió el ejército. Luchó en la Segunda Guerra Mundial. Cuando regresó a Texas, comenzó a trabajar por la igualdad de derechos para los hispanos. García fundó el Foro Estadounidense de Veteranos de Guerra (American G.I. Forum). Comenzó como un grupo que ayudaba a los veteranos mexicoamericanos pero al poco tiempo comenzó a ayudar a todos los mexicoamericanos.

Héctor Pérez García

Como resultado del trabajo de García, la vida de los mexicoamericanos mejoró. No había más escuelas separadas. Los mexicoamericanos podían votar sin pagar el impuesto al sufragio.

En la actualidad, los texanos siguen siendo héroes. Desde hace más de 20 años, la Junta de Educación del Estado de Texas entrega un premio llamado Héroes por los Niños. Quince personas reciben el premio cada año. Cualquier ciudadano que apoye a las escuelas públicas y a los estudiantes de Texas puede ser nominado para este premio.

9. **Compara** las obras heroicas de García y las obras de un ganador del premio Héroes por los Niños.

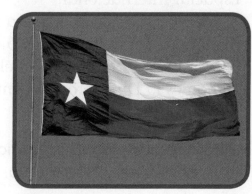
La bandera de Texas

Los astronautas estadounidenses también son héroes. Muchos astronautas se entrenan en el Centro Espacial Lyndon B. Johnson de Houston, Texas.

James Lovell, Jr. fue un astronauta. Se unió a la Administración Nacional de la Aeronáutica y del Espacio, es decir, NASA, cerca de 1963. En aquel tiempo, NASA estaba trabajando para enviar a un estadounidense a la Luna. Lovell participó en misiones y vuelos espaciales que ayudaron a NASA a cumplir esa meta.

En 1970, Lovell era el comandante de la misión a la Luna *Apolo 13*. Durante la misión, un accidente dañó la nave. Lovell trabajó con el control de misión de NASA en Houston para llevar a su tripulación a salvo de regreso a la Tierra.

James Lovell, Jr.

John "Danny" Olivas es ingeniero y astronauta. Se crió en El Paso, Texas. Olivas estudió ingeniería en la universidad y comenzó a trabajar para una compañía química. En 1998, NASA lo escogió para entrenarse como astronauta. Olivas participó en muchas misiones, incluyendo una a la Estación Espacial Internacional.

John "Danny" Olivas

Ellen Ochoa fue la primera mujer astronauta hispanoamericana. Participó en cuatro vuelos espaciales y pasó más de 950 horas en el espacio. En la actualidad, Ochoa es la Directora del Centro Espacial Johnson en Houston.

Ellen Ochoa

10. Compara las obras heroicas de James Lovell, Jr., John Olivas y Ellen Ochoa.

....

....

....

....

Héroes nacionales

Juliette Gordon Low ayudó a muchas niñas en todo el mundo. Low nació y se crió en Savannah, Georgia. Low decidió que quería marcar una diferencia y ayudar a los demás. Creó las Niñas Exploradoras.

En el movimiento Niñas Exploradoras, las niñas aprenden a hacer actividades al aire libre, como las excursiones a pie y los campamentos, y también adquieren destrezas para el hogar. Además, aprenden destrezas que las ayudarán en el arte, las ciencias y los negocios.

Todd Beamer es un héroe cuyos actos salvaron vidas. El 11 de septiembre de 2001, Beamer estaba entre los pasajeros a bordo del vuelo 93 de United Airlines. Unos terroristas secuestraron el avión y trataron de hacerlo estrellar contra la Casa Blanca. Los pasajeros se dieron cuenta de que el avión había sido secuestrado por terroristas. Cuando hicieron llamadas con sus teléfonos celulares para pedir ayuda, se enteraron de que otros aviones se habían estrellado.

Beamer y otros pasajeros lucharon valientemente contra los terroristas para tomar el control del avión. El avión se estrelló en un campo vacío de Pennsylvania. Todos los que estaban a bordo murieron cuando el avión se estrelló. Los pasajeros del vuelo 93 fueron aclamados como héroes por sus obras heroicas.

11. Escoge un héroe. Con un compañero, **compara** las obras heroicas del héroe que cada uno escogió.

En la actualidad, millones de niñas disfrutan aprendiendo nuevas destrezas y ayudando a otros a través de las Niñas Exploradoras.

Todd Beamer

Dana Vollmer es medallista olímpica de oro en natación. Nació en Syracuse, Nueva York. Más tarde, su familia se mudó a Granbury, Texas. Cuando tenía 12 años, se convirtió en la persona más joven de la historia en competir en las Pruebas Olímpicas del año 2000. No ingresó al equipo, pero sí lo logró cuatro años después. En los Juegos Olímpicos de 2012, ganó tres medallas de oro.

Cuando era niña. Vollmer tenía problemas en el corazón. A pesar de ese desafío, siempre trabajó arduamente para cumplir sus metas. Vollmer apoya a la Asociación Americana del Corazón. Ha hablado en eventos para la toma de conciencia sobre enfermedades del corazón.

Los médicos y los enfermeros suelen ser héroes para las personas que ellos cuidan. Todos los años se entrega el premio Héroes del Cuerpo Médico de las Fuerzas Armadas. Se reconoce a algunas personas por su trabajo para mejorar las condiciones médicas de veteranos o militares en actividad.

Dana Vollmer

12. Identifica tu propio héroe. Usa una búsqueda con palabras clave para averiguar más sobre tu héroe. **Crea** un cartel sobre tu héroe. Comparte tu cartel con un compañero.

Un veterano visita el Monumento a los caídos en la Segunda Guerra Mundial en Washington, D.C.

Logros en ciencia y tecnología

Maria Mitchell nació en 1818. En aquel tiempo, había pocas universidades a las que podían asistir mujeres.

Mitchell tenía un telescopio que usaba para estudiar el cielo nocturno. En 1847, mientras miraba por su telescopio descubrió un cometa. Un cometa es un objeto hecho de roca y hielo que orbita alrededor del Sol.

Mitchell se convirtió en la primera mujer astronauta profesional de los Estados Unidos y solo la segunda mujer en el mundo en descubrir un cometa. Ella hizo posible que otras mujeres se convirtieran en astrónomas.

Bill Gates es uno de los líderes en tecnología informática. Mientras estaba en la universidad, Gates fundó una compañía llamada Microsoft. Su compañía se convirtió en líder en sistemas operativos para computadoras y *software*, tales como procesadores de texto, hojas de cálculo y navegadores web.

Gates es más que un líder en tecnología. También creó la Fundación Bill y Melinda Gates en 1994. La misión de la fundación está enfocada en ayudar a las personas a vivir una vida saludable y productiva y a recibir educación. Financiar programas de salud en todo el mundo y crear una fundación para construir bibliotecas ayudan a lograr estas metas.

Mitchell fue profesora en Vassar College.

13. Identifica de qué manera Maria Mitchell y Bill Gates cambiaron nuestra forma de pensar acerca de la ciencia y la tecnología.

....

....

....

....

La Fundación Bill y Melinda Gates trabaja para mejorar la salud en todo el mundo.

Logros en los negocios

Los empresarios deciden qué productos o servicios brindar. Un **empresario** es una persona que comienza un negocio.

Milton Hershey nació en 1857. En un principio, Hershey comenzó varios negocios de dulces que fracasaron. Finalmente, creó una compañía llamada Hershey Chocolate. Se convirtió en un éxito. Más adelante, Hershey fundó la ciudad de Hershey, en Pennsylvania, para sus trabajadores.

Sam Walton creía en una buena atención al cliente. Walton quería abrir tiendas en zonas rurales en donde había pocas tiendas. En 1962, abrió su primera tienda Wal-Mart. En la actualidad, hay miles de tiendas Wal-Mart en todo el mundo.

En 1963, Mary Kay Ash abrió una pequeña tienda en Dallas, Texas. Vendía cinco productos. Ash creía en el buen trato hacia sus empleados. Su negocio creció en Texas y en todo el país. En la actualidad, Mary Kay Cosmetics vende más de 200 productos.

Cuando Wallace Amos era niño, disfrutaba horneando galletas con su tía. Siendo adulto, Amos comenzó a hornear y vender galletas con trocitos de chocolate. En 1975, abrió su primera tienda Famous Amos. El negocio creció y se volvió un éxito.

14. Identifica un empresario que logró el éxito al crear un negocio. **Explica** por qué esta persona fue exitosa.

....

....

Hershey creó la Escuela Milton Hershey para huérfanos.

Mary Kay Ash

Wallace Amos

Destrezas de investigación y escritura

Organizar información

TEKS 1.A, 3.A, 11.B, 14.A, 17.A, 17.B, 17.D, 17.E, 18.B, 18.C

Vocabulario

acontecimientos actuales

geografía física

Los escritores usan diagramas y tablas para organizar o categorizar la información. Al usar material visual, la información se puede categorizar para mostrar una secuencia o similitudes y diferencias.

Las tablas suelen usarse para mostrar información con números. Las tablas están organizadas en filas y columnas. Las filas y columnas de las tablas tienen rótulos que describen la información que se muestra.

Algunos diagramas se organizan como tablas con filas y columnas. Los diagramas de flujo se pueden usar para mostrar el orden de los acontecimientos. El diagrama de abajo muestra información acerca de los líderes por los derechos civiles.

Puedes hacer tus propios diagramas y tablas para organizar la información. Con tu computadora, puedes crear una tabla o un diagrama, escribirle texto y agregarle fotos.

15. Escoge tres personas sobre las que leíste en las páginas 5–12. **Investiga** sobre estas personas. Luego **crea** una tabla o un diagrama en la computadora para categorizar la información.

Nombre	Año de nacimiento	Lugar de nacimiento	Qué hizo por los derechos civiles
Héctor García	1914	Tamaulipas, México	Trabajó para poner fin a la segregación en las escuelas de Texas.
Ruby Bridges	1954	Tylertown, Mississippi	Trabajó para poner fin a la segregación en las escuelas del Sur.

Escribir y procesar textos

TEKS 18.B, 18.C

Puedes usar un procesador de textos para escribir un poema, una historia, un ensayo o un informe. Este *software* facilita el trabajo de edición de lo que escribiste. Si cometes un error, puedes borrarlo. Es rápido y fácil.

Los procesadores de textos también tienen herramientas que te ayudan a cambiar los márgenes, mover el texto y usar diferentes tamaños y colores de fuente. También puedes crear tablas, diagramas y otros gráficos.

Usa la siguiente lista de comprobación mientras lees lo que escribiste.

☐ ¿Es correcta la gramática? ¿Usaste la forma correcta del verbo?

☐ ¿Todas las oraciones están completas?

☐ ¿Todas las oraciones terminan con un punto o comienzan y terminan con signos de interrogación, si son preguntas?

☐ ¿Usaste otra puntuación, como comas o comillas?

☐ ¿Escribiste correctamente las palabras? ¿Revisaste las palabras que suelen escribirse mal, como *casa* y *caza*?

☐ ¿Lo que escribiste es claro y fácil de entender? ¿Hay alguna oración que sea demasiado larga?

16. Escoge una de las personas sobre las que investigaste en la pregunta 15. **Escribe** una historia sobre esta persona. **Crea** un borrador final con un procesador de textos. Asegúrate de usar correctamente la gramática, la ortografía, la estructura de las oraciones y la puntuación.

Investigar acontecimientos actuales

Los **acontecimientos actuales** son hechos que ocurren en el presente, es decir, ahora. Puedes investigar acontecimientos actuales del mundo, del país, de Texas y de tu propia comunidad. Puedes usar recursos escritos, orales, visuales o de Internet.

Los recursos como los materiales de referencia incluyen enciclopedias, diccionarios, almanaques y atlas. Pueden ser impresos o electrónicos.

Los libros suelen tener herramientas que te ayudan a encontrar la información que contienen. La tabla de contenidos es una lista de los capítulos o las secciones de un libro y sus números de página. El glosario contiene los significados de las palabras clave. El índice es una lista de palabras clave y números de página.

La mejor manera de investigar en Internet es usar una búsqueda con palabras clave en un buscador. Las palabras clave deben describir lo que estás buscando.

17. Identifica e **investiga** un acontecimiento actual de tu comunidad y del mundo. Usa recursos escritos, orales, visuales o electrónicos. **Presenta** en un cartel la información que encontraste. Da un informe oral sobre el acontecimiento actual al resto de la clase.

Recursos para la investigación

Escritos	Orales	Visuales	Internet
periódico	entrevista a miembros de la comunidad	obras de arte	sitios web válidos (búsqueda de sitios con terminación .gov, .edu o .org)
libros	visita guiada a un museo	video	diccionarios en línea
revistas	discurso	fotografías	enciclopedias en línea

Entender la comunidad y el mundo

🔻 TEKS 17.A

La **geografía física** se refiere a la tierra, el agua y otros recursos de un área. También incluye el clima. La geografía física juega un rol importante en las comunidades de aquí y de todo el mundo.

Una comunidad ubicada en un área con nieve y montañas probablemente tenga tiendas que venden productos para esquiar. La agricultura puede ser una actividad importante en una comunidad que tiene un clima templado y tierra llana.

La zona oeste del estado es un área propicia para la agricultura y la cría de ganado, tales como vacas, ovejas y cabras.

Buenos Aires, en la Argentina, es una ciudad portuaria. Está ubicada cerca del océano Atlántico. La ubicación de la ciudad facilita el ingreso y el egreso de productos.

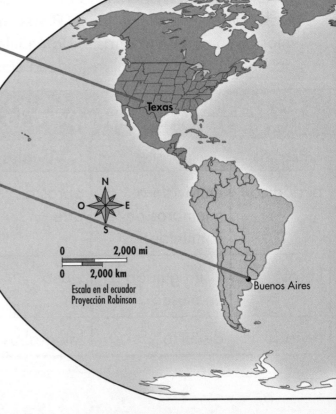

Texas

N
O · E
S

0   2,000 mi
0   2,000 km
Escala en el ecuador
Proyección Robinson

Buenos Aires

16

La geografía física afecta el modo de vida de las personas. Puedes investigar estos efectos usando recursos escritos, orales, visuales y de Internet. Puedes usar recursos de la biblioteca, hablar con personas que han viajado y usar palabras clave para hacer búsquedas en Internet. Usa estos métodos para responder las preguntas 18 y 19.

18. Investiga las características geográficas de tu comunidad y las de una comunidad en otro estado. **Organiza** la información que encontraste en un diagrama de Venn.

19. Escoge una parte del mundo que te gustaría visitar. **Investiga** la geografía física del área y cómo afecta la vida diaria. **Escribe** una anotación de diario desde el punto de vista de alguien que vive allí o viaja hacia a ese lugar.

En los Países Bajos, algunas personas montan en bicicleta en lugar de manejar un carro. Como resultado, se están construyendo más senderos para bicicletas en las ciudades de los Países Bajos.

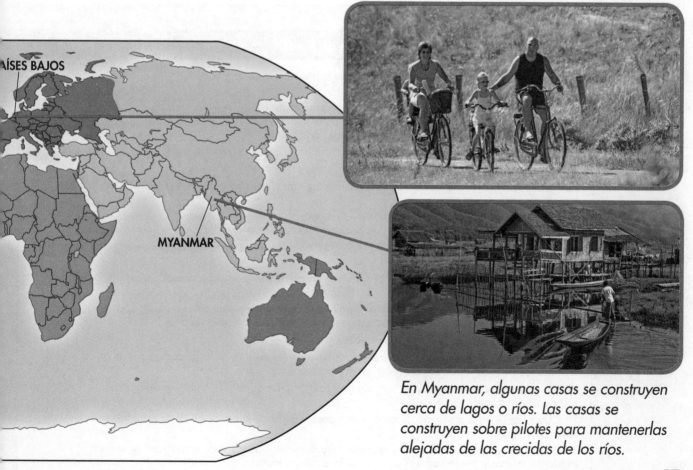

PAÍSES BAJOS

MYANMAR

En Myanmar, algunas casas se construyen cerca de lagos o ríos. Las casas se construyen sobre pilotes para mantenerlas alejadas de las crecidas de los ríos.

Nuestras comunidades

 mi Historia: ¡Despeguemos!

PREGUNTA PRINCIPAL

¿Cómo es una buena comunidad?

Piensa en tu comunidad. Luego **escribe** sobre las personas y los lugares que ves a tu alrededor y sobre lo que haces en tu comunidad en un día típico.

....

....

....

....

....

Conocimiento y destrezas esenciales de Texas

1.A Describir cómo los individuos, los acontecimientos y las ideas han cambiado las comunidades, en el pasado y en el presente.

2.A Identificar por qué las personas han formado comunidades, incluyendo la necesidad de seguridad y protección, libertad de religión, de leyes y de bienestar material.

2.B Identificar cómo las personas de las comunidades locales y otras comunidades satisfacen sus necesidades de gobierno, educación, comunicación, transporte y recreación.

2.C Comparar las maneras en que otras comunidades satisfacen sus necesidades.

3.A Usar vocabulario relacionado con el concepto de cronología, incluyendo tiempos pasados, presentes y futuros.

5.A Usar las direcciones cardinales e intermedias para ubicar lugares en mapas y globos terráqueos, tales como las Montañas Rocallosas, el río Misisipi y Austin, Texas en relación a su comunidad local.

5.B Usar una escala numérica o regla para determinar la distancia entre los lugares en mapas y globos terráqueos.

5.C Identificar y usar el compás rosa (rosa de los vientos), el sistema grid y símbolos para ubicar lugares en los mapas y globos terráqueos.

5.D Crear e interpretar mapas de lugares y regiones que contienen elementos de los mapas, incluyendo un título, un compás rosa, símbolos y lecturas, escalas numéricas y el sistema grid.

6.A Identificar formas de ganar, gastar, ahorrar y donar dinero.

17.D Usar diferentes partes de una fuente informativa, incluyendo la tabla de contenidos, el glosario y el índice, como también el teclado del Internet para localizar información.

17.E Interpretar y crear visuales, incluyendo gráficos, diagramas, tablas, líneas cronológicas, ilustraciones y mapas.

17.F Usar habilidades matemáticas apropiadas para interpretar información de los estudios sociales tales como mapas y gráficos.

18.B Usar la tecnología para crear materiales visuales y escritos tales como historias, poemas, imágenes, mapas y organizadores gráficos para expresar ideas.

Diferentes comunidades

Explorar comunidades cercanas

mi Historia: Video

"¡Parece que vivo en un vecindario suburbano!", dice Casey. "La verdad es que nunca había pensado en los tipos de vecindarios". Casey vive en Arizona. Ha aprendido mucho en la escuela sobre los diferentes tipos de comunidades. Algunas son comunidades urbanas, es decir, zonas que están en grandes ciudades. También hay comunidades suburbanas, es decir, ciudades más pequeñas ubicadas cerca de grandes ciudades. Más lejos hacia el campo, donde hay mucho espacio abierto, hay comunidades rurales. Ahora que Casey ha aprendido sobre todas estas comunidades, quiere comprobar por sí mismo cómo son.

La primera parada en el recorrido de Casey por las comunidades de Arizona es una comunidad urbana. A Casey le encanta el centro de la ciudad. "Siempre hay algo para hacer", dice, mientras recorre el centro con su mamá. Casey mira a su alrededor y ve personas haciendo compras, yendo a trabajar, yendo a los museos y paseando a sus perros. Hay muchísimos edificios altos. ¡Parece que hay autobuses, carros, taxis y trenes por todos lados!

Casey visitó tres tipos de comunidades en Arizona.

19

A Casey le gusta mirar todos los edificios altos.

En las comunidades suburbanas, como Chandler, en Arizona, hay muchas casas con patios y entradas para carros.

Casey trepa a los juegos del parque en Chandler, Arizona.

Más de 1 millón de personas viven en esta comunidad urbana. Casey comprende por qué a tantas personas les gusta vivir en la ciudad. ¡Está tan cerca de todo! También hay muchas maneras de divertirse. "Cuando hace calor, ¡me puedo refrescar en las fuentes de la ciudad!".

La siguiente parada en el recorrido de Casey es Chandler, el suburbio donde está su hogar. Chandler queda muy cerca de la ciudad. Queda a unas 25 millas de distancia. Casi 250,000 personas viven en Chandler. A muchas personas les gusta vivir allí porque es muy fácil viajar a la ciudad. Hay autopistas cercanas que llevan directamente al centro, aunque también se puede ir en autobús o en tren. "Cuando vamos al centro de la ciudad, no tardamos mucho tiempo. Pero quedarnos cerca de casa también es divertido", dice Casey, mientras camina por su vecindario suburbano.

Las calles de Chandler son muy diferentes de las calles de la ciudad. Los edificios no están tan juntos y no hay tanta gente. Solo unas pocas personas cruzan la calle. Algunas personas entran y salen de las tiendas locales. Luego, Casey ve a unos niños que van hacia el parque en bicicleta. Mientras Casey camina con su mamá hacia el área de juego, ve a una familia que juega con su perro en el patio de la casa. ¡Definitivamente, aquí hay mucho más espacio para correr!

En algunas comunidades rurales hay granjas con muchos animales, por ejemplo, caballos.

A Casey y a su abuelo les gusta caminar por la granja.

La última parada en el recorrido de Casey es una comunidad rural. Esta comunidad está en el campo, donde los pueblos son muy pequeños. Allí viven menos de 1,500 personas. Muchas personas viven y trabajan en granjas. La gente que vive en las ciudades y los suburbios depende de esas granjas para obtener frutas y verduras frescas. "Mi abuelo vive en una comunidad rural", dice Casey. "¡Tiene los duraznos más deliciosos que he probado! Y también muchos caballos que puedo acariciar".

Casey y su abuelo caminan hacia los caballos. Casey ve los caballos a distancia y se asombra de ver todo ese campo abierto. A muchas personas les gusta vivir aquí porque hay mucha paz y tranquilidad. "Tengo más lugar para moverme", dice el abuelo de Casey. "Me gusta relajarme aquí, al aire libre". Pero al abuelo también le gusta visitar los suburbios o la ciudad de vez en cuando.

Entonces, ¿qué comunidad le gusta más a Casey? "Me gustó recorrer todas estas comunidades", dice Casey. "Todas tienen algo especial. ¡Todas tienen lo que hace falta para ser una buena comunidad!".

Piénsalo Según esta historia, ¿crees que te gustaría vivir en una comunidad diferente a la que vives? A medida que leas el capítulo, piensa en lo que hace que tu comunidad sea especial.

A Casey le gusta mucho acariciar los caballos de la granja de su abuelo.

PEARSON realize   Conéctate en línea a tu lección digital interactiva.

21

¿Qué es una comunidad?

¡Imagínalo!

Estas son fotos de la misma comunidad. Piensa qué foto es del pasado y cuál es del presente.

Las comunidades que están cerca del lago Michigan tienen recursos hídricos donde se puede pescar.

¿Dónde vives? ¡La respuesta es fácil! Vives en una comunidad. Una **comunidad** es un sitio donde las personas viven, trabajan y se divierten. Las comunidades se parecen en muchos aspectos. Las personas de una comunidad se ayudan. Se preocupan por la seguridad de su comunidad. Respetan las leyes, es decir, siguen las reglas para que su comunidad sea un lugar seguro para vivir, trabajar y jugar. Muchas personas tienen empleos o negocios. Para divertirse, las personas forman clubes o equipos deportivos, van de compras y ven películas.

¿Por qué se forman las comunidades?

Las personas se han establecido en comunidades por muchas razones. Algunas comunidades se formaron para que las personas pudieran estar protegidas y tener reglas para seguir. Al poblarse nuevas áreas de nuestro país, las personas crearon leyes y establecieron gobiernos. Austin se creó para ser la capital de la República de Texas. Otras comunidades se formaron para que las personas pudieran practicar libremente su religión. Los peregrinos vinieron a este país para practicar libremente su religión.

Las personas también han formado comunidades para tener bienestar material, es decir, la posibilidad de vivir de manera cómoda. Algunas personas se

Rotula con un 1 la foto del pasado. Rotula con un 2 la foto del presente.

DESCIFRA LA PREGUNTA PRINCIPAL

Aprenderé qué cosas cambian o siguen iguales en las comunidades.

Vocabulario

comunidad   mineral
ubicación   diverso
recurso   cultura
  natural
región

establecieron en comunidades por su **ubicación**, es decir, el lugar donde estaban. Eligieron áreas con buenos **recursos naturales**, es decir, algo que existe en la naturaleza y es útil para las personas. Las masas de agua que estaban en la zona ofrecían alimento y un lugar para divertirse. Los agricultores se establecieron en áreas con suelo fértil para cultivar y criar animales.

Los árboles también eran un importante recurso de la tierra. Se usaban para construir casas, escuelas y tiendas. A medida que las personas construían, las comunidades crecían. Todo esto ayudaba al bienestar material de las personas.

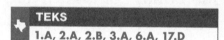

TEKS
1.A, 2.A, 2.B, 3.A, 6.A, 17.D

1. ◉ **Idea principal y detalles** **Identifica** dos detalles más que apoyen la idea principal. Luego completa el diagrama.

> Las personas se establecen en comunidades con buenos recursos naturales para su bienestar material.

	Los agricultores pueden trabajar en comunidades que tienen suelo fértil.	

Comunidades en regiones

Se han establecido comunidades en cada uno de los 50 estados de los Estados Unidos. Algunos estados están en el norte, en el sur, en el este o en el oeste. ¡También hay estados en el medio del país! Hay distintos grupos de estados en diferentes regiones. Una **región** es un área con características comunes que la distinguen de otros lugares.

Algunos estados están ubicados en regiones donde hay muchas montañas. Las montañas Rocosas son unas de las más altas de los Estados Unidos. A las personas les gusta establecerse cerca de las montañas por las actividades que pueden disfrutar allí. Pueden esquiar o andar en trineo en invierno. En verano, pueden ir de campamento, hacer caminatas o escalar montañas.

En algunas regiones, a lo largo de la línea costera, hay comunidades que tienen playas. Algunas personas se establecen allí porque les gusta nadar o practicar surf. Otros se establecen cerca de la costa por ciertos trabajos que pueden hacer allí. Se puede trabajar en restaurantes donde se preparan los mariscos recién salidos del mar.

Algunas regiones tienen comunidades ubicadas cerca de recursos minerales, como el carbón o el hierro. Un **mineral** es un recurso que no proviene de un animal ni de una planta. Las empresas que producen artículos hechos con minerales están ubicadas en estas comunidades.

Una comunidad en las montañas

Una comunidad cerca de una playa

24

Las personas de las comunidades

Las personas forman comunidades en todas partes del mundo. Muchos de los miembros de una comunidad tienen empleo. Hay doctores, maestros, mecánicos de carros, policías, carteros, etc. Cuando las personas no están trabajando, hacen diferentes actividades. Quizá se dedican a sus actividades favoritas, como la jardinería, montar en bicicleta o practicar algún deporte. Otras tal vez prueban actividades que nunca hicieron.

El powwow es un baile típico de la cultura indígena norteamericana.

Muchas comunidades tienen culturas **diversas**, es decir, diferentes. Una **cultura** es el modo de vida de un grupo de personas. Algunas comunidades organizan festivales, desfiles y ferias para honrar estas culturas. La ciudad de San Marcos, en Texas, está orgullosa de su comunidad diversa. San Marcos celebra todos los años el festival Sacred Springs Powwow. Allí se presenta la comida, la danza y el arte de la cultura indígena norteamericana.

2. Completa la tabla con ejemplos que **describan** tu comunidad.

Mi comunidad

Recursos de la tierra	Recursos hídricos	Trabajo	Actividades

Las comunidades cambian con el tiempo

Las comunidades cambian con el tiempo. Lo que antes era campo abierto hoy en día puede ser un estacionamiento. Un pueblo pequeño puede crecer y convertirse en una gran ciudad a medida que más personas se establecen allí. Se abren tiendas nuevas y diferentes. Una tienda que antes vendía productos de granja tal vez hoy es una tienda de computación.

Algo no ha cambiado con el tiempo: los habitantes de cualquier comunidad quieren ayudar a mejorarla. Pueden trabajar en bancos de alimentos o recoger la basura del suelo para mejorar su comunidad.

Puedes averiguar cómo se estableció y cómo cambió tu comunidad. Lee sobre ella. Compara y contrasta elementos visuales del pasado y del presente, como imágenes o mapas. Entrevista a personas que viven hace mucho tiempo en tu comunidad.

3. Compara los mapas. **Describe** de qué manera los sucesos o las ideas pueden haber cambiado el área del Capitolio desde el pasado hasta ahora.

....

....

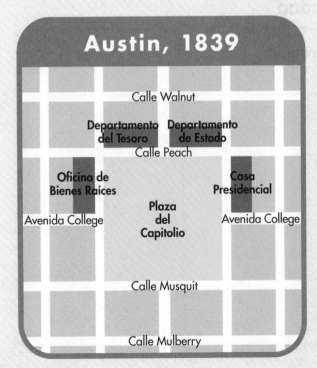

Plaza del Capitolio, Austin, Texas

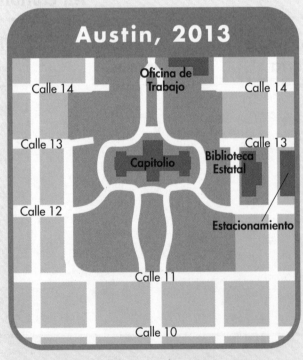

Complejo del Capitolio, Austin, Texas

4. ⊙ **Generalizar Identifica** un hecho que apoye esta generalización: Los individuos de una comunidad tienen ideas que contribuyen a que sea un mejor lugar.

....

....

....

¿**Entiendes?**

🔹 TEKS 1.A, 2.B, 6.A, 17.D

5. ⊙ **Idea principal y detalles Describe** dos maneras en que las comunidades pueden crecer y cambiar con el tiempo.

....

....

....

....

6. ❓ **Identifica** tres tipos de empleos que tiene la gente de tu comunidad para ganar dinero. **Describe** cómo esos empleos hacen posible que tu comunidad sea un lugar mejor.

mi Historia: Ideas

....

....

....

....

7. Haz una búsqueda por palabra clave para **investigar** sobre comunidades de Texas que tengan espacios verdes. Usa la información que encuentres para hacer un video o *podcast* en el que se describa cómo la tecnología y los programas han cambiado a esas comunidades.

Generalizar

Una generalización es una afirmación general que explica cómo ciertas ideas o hechos diferentes se parecen de algún modo. Observa el diagrama de abajo y lee los tres hechos. Cada hecho muestra un modo diferente en que las personas usan los árboles para satisfacer sus necesidades. Ahora lee la generalización. La generalización es una afirmación que se hace sobre todos los hechos. Indica en qué se parecen esos hechos: las personas usan los árboles para satisfacer sus necesidades.

Hecho

Las personas usan los árboles para obtener alimento.

Hecho

Las personas usan los árboles para obtener combustible.

Hecho

Las personas usan los árboles para construir casas.

Generalización

Las personas usan los árboles para satisfacer sus necesidades.

Aprenderé a generalizar basándome en hechos.

 TEKS

ES 2.B Identificar cómo las personas de las comunidades locales y otras comunidades satisfacen sus necesidades de gobierno, educación, comunicación, transporte y recreación.

SLA 2.B Localizar hechos y detalles de las historias y de otros textos, y apoyar las respuestas con evidencia del texto.

SLA 13.A Identificar los detalles o hechos que apoyan la idea principal.

Lee el artículo de periódico acerca de Maple City. Luego **responde** las preguntas.

—— Noticias de Maple City ——

¡La temporada de fútbol comienza este sábado en Maple City! La ciudad acaba de construir un nuevo campo de fútbol. Ahora hay dos campos de fútbol estupendos: uno para el equipo femenino y otro para el equipo masculino. Como hay dos campos, los dos equipos tienen suficiente tiempo para practicar. Las personas de la comunidad también recaudaron dinero para comprar materiales y uniformes para los dos equipos. ¡Maple City es un lugar fabuloso para jugar al fútbol!

Partido de fútbol en Maple City

1. **Identifica** y subraya dos hechos sobre el fútbol en Maple City.

2. **Identifica** y encierra en un círculo la generalización del artículo que dice en qué se parecen los hechos.

3. **Escribe** tres hechos para apoyar esta generalización: Mi comunidad es un gran lugar para vivir.

....

....

....

¿Dónde están ubicadas las comunidades?

¡Imagínalo!

ESCUELA

ESTACIÓN DE BOMBEROS

Mira el mapa. Traza una línea para mostrar cómo llega el autobús a la biblioteca.

Se puede usar un mapa o un globo terráqueo para hallar la ubicación de una comunidad. Los satélites que se envían al espacio toman fotografías de la Tierra. Los sistemas de posicionamiento global (GPS, por sus siglas en inglés) usan estas imágenes para ayudar a los conductores a llegar a lugares.

Mapas y globos terráqueos

Un globo terráqueo es un modelo tridimensional de la Tierra. Muestra la tierra y los océanos. Como su forma es parecida a la de una pelota, solo se puede ver una mitad a la vez.

Los mapas son imágenes bidimensionales de la Tierra. Algunos mapas muestran toda la Tierra. Otros solo muestran partes de la Tierra. Existen diferentes tipos de mapas, que se usan con diferentes propósitos. En algunos mapas se muestra la ubicación de las calles. En otros, se muestra la ubicación de los diferentes accidentes geográficos.

Si tomas la superficie redonda de la Tierra y la pones en un mapa plano, se producen distorsiones. Cuando algo está distorsionado, se ve diferente respecto de su tamaño y forma real.

¡Vivimos aquí!

NORTH ATLANTIC OCEAN

1. Observa un mapa de los Estados Unidos y un globo terráqueo. **Ubica** Texas en ambos.

Vocabulario

punto cardinal

punto cardinal intermedio

símbolo

ubicación relativa

ubicación absoluta

hemisferio

Elementos de mapas y globos terráqueos

TEKS

5.A, 5.B, 5.C, 5.D, 17.E, 17.F, 18.B

Los mapas y los globos terráqueos tienen muchos elementos. El título de un mapa dice lo que muestra el mapa. El título del mapa de esta página es Texas. La rosa de los vientos muestra las direcciones tanto en mapas como en globos terráqueos. La rosa de los vientos de este mapa muestra cada **punto cardinal** o dirección cardinal: norte (N), sur (S), este (E) y oeste (O). La rosa de los vientos también indica los puntos cardinales intermedios o direcciones cardinales intermedias. Los **puntos cardinales intermedios** o direcciones cardinales intermedias son: noreste (NE), sureste (SE), noroeste (NO) y suroeste (SO).

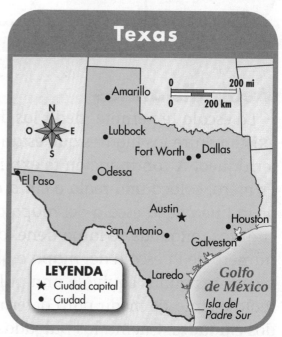

Los mapas y globos terráqueos también pueden incluir símbolos. Un **símbolo** representa algo. La leyenda explica qué representa cada símbolo. La escala muestra cómo medir la distancia real entre dos lugares del mapa o globo terráqueo.

2. **Identifica** y encierra en un círculo los elementos del mapa. Luego **identifica** esos mismos elementos en un globo terráqueo.

3. **Ubica** y **rotula** tu comunidad en el mapa. Luego ubícala en un globo terráqueo. **Usa** puntos o direcciones cardinales y puntos cardinales intermedios o direcciones cardinales intermedias para describir cómo llegar a Austin, Texas, desde tu comunidad.

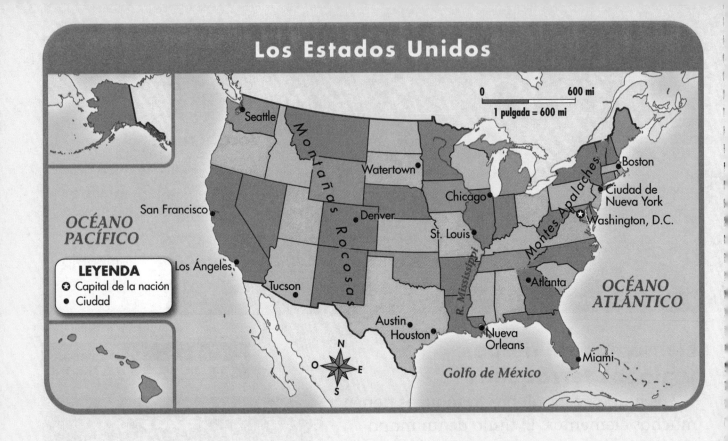

Los Estados Unidos

LEYENDA
✪ Capital de la nación
• Ciudad

OCÉANO PACÍFICO

OCÉANO ATLÁNTICO

Golfo de México

0 — 600 mi
1 pulgada = 600 mi

Seattle
Watertown
Chicago
Boston
Ciudad de Nueva York
Washington, D.C.
San Francisco
Denver
St. Louis
Los Ángeles
Tucson
Atlanta
Austin
Houston
Nueva Orleans
Miami
Montañas Rocosas
Montes Apalaches
R. Mississippi

Medir distancias

La escala te permite medir las distancias reales que existen entre los lugares que están en un mapa o globo terráqueo. A continuación te explicamos cómo hacerlo. Primero, coloca una regla o cinta de medir justo debajo de la línea de la escala del mapa o globo terráqueo. Mide cuántas pulgadas de largo tiene la línea. Luego fíjate en el número de la escala del mapa o globo terráqueo para saber a cuántas millas equivale una pulgada. Después, usa la regla o cinta de medir para determinar la distancia entre las dos ciudades. Cuenta las pulgadas que hay entre ellas. Por último, haz el cálculo. Por ejemplo, si una pulgada equivale a 600 millas y hay 2 pulgadas entre las ciudades, multiplica 600 millas por pulgada por 2 pulgadas. La distancia real que existe entre las ciudades es 1,200 millas.

4. **Usa** la escala del mapa para **determinar** la distancia entre Houston y Washington, D.C. Luego observa la escala de un globo terráqueo. **Determina** la distancia que hay entre Austin y la Ciudad de Nueva York en el globo terráqueo.

Mapas de cuadrículas

Puedes usar una cuadrícula para hallar lugares en un mapa. Una cuadrícula es un patrón de líneas que forma cuadrados. En un mapa de cuadrículas, cada hilera de cuadrados tiene una letra, y cada columna de cuadrados tiene un número.

Mira el mapa de cuadrículas de San Antonio, Texas. Muestra edificios antiguos y monumentos, o sitios de interés, así como museos y otros lugares. Puedes usar la cuadrícula para hallar estos lugares. Pon el dedo sobre la letra C. Luego muévelo hacia la derecha, hasta el recuadro 1. Allí encontrarás el sitio de interés River Walk, que está ubicado en C1.

5. **Identifica** y **ubica** en el sistema de cuadrículas el sitio histórico que se encuentra en C1. ....

Ubicación absoluta y ubicación relativa

Puedes describir la ubicación de un lugar de dos maneras. Puedes usar las direcciones de la rosa de los vientos y decir que San Antonio está al suroeste de Austin. Esta es la **ubicación relativa**, o lugar relativo, es decir, una descripción de dónde se encuentra un lugar en relación con otros lugares. Para describir la **ubicación absoluta**, o el lugar absoluto, dices exactamente dónde está ubicado un lugar en la Tierra. Puedes hallar la ubicación absoluta usando la latitud y la longitud en un mapa o globo terráqueo. Estas son líneas imaginarias que forman una cuadrícula en el globo terráqueo. El ecuador es una línea de latitud que divide la Tierra en dos **hemisferios**, o partes, llamados hemisferio norte y hemisferio sur.

6. Usa el mapa de la página anterior y un globo terráqueo para **describir** a un compañero cómo **ubicar** las montañas Rocosas y el río Mississippi en relación con tu comunidad. Usa puntos o direcciones cardinales y puntos cardinales intermedios o direcciones cardinales intermedias.

Mapas de regiones

Una región es un área con características comunes que la distinguen de otras áreas. El mundo está formado por diferentes regiones. Un país también puede estar formado por diferentes regiones. Los cartógrafos usan *software* para crear mapas de regiones con los mismos elementos que usan para crear los mapas de lugares: título, rosa de los vientos, leyenda, escala y sistema de cuadrículas. Observa el mapa de abajo. Muestra las cinco regiones de los Estados Unidos.

7. Lee el título y usa la leyenda para **ubicar** y encerrar en un círculo la región donde está Texas.

8. **Planifica** un viaje a tres regiones y **dibuja** la ruta en el mapa. Usa la escala para **medir** las distancias y usa la rosa de los vientos para **determinar** las direcciones hacia donde viajas. **Escribe** los puntos o direcciones cardinales y las distancias en la ruta.

Regiones de los Estados Unidos

LEYENDA
- Noreste
- Sureste
- Medio Oeste
- Suroeste
- Oeste

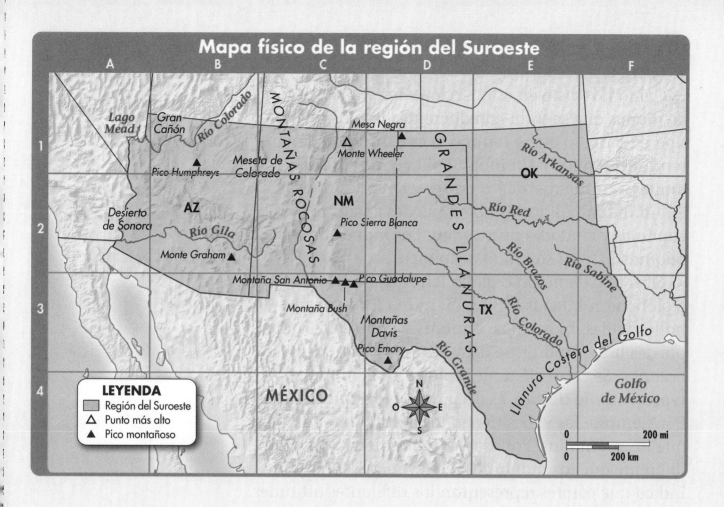

Mapa físico de la región del Suroeste

LEYENDA
- Región del Suroeste
- △ Punto más alto
- ▲ Pico montañoso

Algunos mapas de regiones muestran los diferentes lugares que forman la región. Otros muestran las características geográficas de la región, como las montañas. El Gran Cañón es una famosa característica geográfica del Suroeste. Intenta ubicarlo en el mapa de arriba.

9. **Identifica** el sistema de cuadrículas y la leyenda para **ubicar** el punto más alto de la región del Suroeste.

....

Describe su ubicación en relación con otras características geográficas.

....

....

10. **Crea** un mapa de la región del Noreste. Asegúrate de incluir los siguientes elementos: título, rosa de los vientos, leyenda, escala y sistema de cuadrículas.

Distintos tipos de mapas y globos terráqueos

Como has visto en esta lección, hay muchos tipos de mapas que se usan con diferentes propósitos. Un tipo de mapa o globo terráqueo es el mapa o globo terráqueo político. Un mapa político muestra los límites, o fronteras, de los países y de los estados. En un mapa político también puedes encontrar las capitales y ciudades principales. Los mapas de las páginas 31 y 32 son mapas políticos.

Otro tipo de mapa o globo terráqueo es el mapa o globo terráqueo físico. En un mapa físico puedes hallar valles, montañas, llanuras y desiertos. También puedes hallar masas de agua, como ríos, lagos y océanos. Se usan diferentes colores en el mapa para representar la altitud, es decir, la elevación del terreno. Por ejemplo, los valles tienen una altitud menor que las montañas. Por eso, los valles tienen un color diferente que las montañas. La leyenda del mapa indica qué colores representan las diferentes altitudes.

11. **Piensa** en un mapa que te gustaría crear. **Haz una lista** que incluya el título y los símbolos que agregarías a la leyenda. **Describe** los otros elementos que incluirías.

....

....

Montañas Rocosas

12. Ubica y encierra en un círculo la región de Texas que tiene la mayor altitud. Luego usa la escala y **determina** la distancia entre Austin y Lubbock.

....

....

Mapa físico de Texas

Amarillo

Río Red

Lubbock

Dallas · R. Sabine
Fort Worth ·

Pico Guadalupe

El Paso

Río Colorado

Montañas y Cuencas

Río Pecos

Meseta Edwards

Llanuras Costeras

Beaumont

Austin ★

Houston ·

San Antonio ·

Galveston ·

LEYENDA
Altitud

Pies		Metros
5,000		1,524
2,000		610
1,000		305
500		152
0		0

★ Capital del estado
● Otras ciudades
▲ Pico

Río Grande

Escarpa Balcones

Corpus Christi

Islas barrera

Golfo de México

| 0 | | 200 mi |
| 0 | | 200 km |

¿Entiendes?

TEKS 5.A, 5.D, 17.E, 18.B

13. ◎ **Generalizar** Hay diferentes mapas que se usan con diferentes propósitos. Escribe una oración que **describa** lo que aprendiste para apoyar esta generalización.

....

....

....

14. ❓ Imagina que alguien está buscando tu comunidad en un mapa. **Describe** la ubicación relativa de tu comunidad.

mi Historia: Ideas

....

....

15. Usa una herramienta de construcción de mapas en línea para **crear** un mapa de Texas. Incluye todos los elementos del mapa: título, rosa de los vientos, leyenda, sistema de cuadrículas y escala. Muestra tu pueblo o ciudad, la capital del estado y al menos tres características físicas que sean importantes para el estado.

Latitud y longitud

La ubicación absoluta indica dónde está ubicado exactamente un lugar en la Tierra. Para hallar la ubicación absoluta en un mapa o en un globo terráqueo, usas las líneas de latitud y longitud. Estas son líneas imaginarias que forman un sistema de cuadrículas en los mapas y globos terráqueos. El ecuador es una línea de latitud. Las líneas de latitud comienzan en el cero en el ecuador y se numeran en grados hacia el norte (N) y hacia el sur (S). El primer meridiano es una línea de longitud. Las líneas de longitud comienzan en cero en el primer meridiano y se numeran en grados hacia el este (E) y hacia el oeste (O). Mira los dos globos terráqueos para ver las líneas de latitud y longitud.

Ahora mira el mapa de abajo. Pon el dedo sobre Nueva Orleans. Ahora fíjate cuáles son las líneas de latitud y longitud más cercanas a la ciudad. Esa es la ubicación absoluta de Nueva Orleans. Es 30 °N y 90 °O.

Latitud

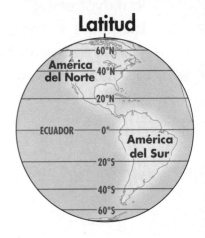

Longitud

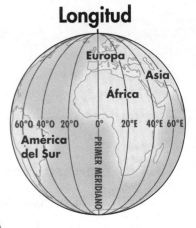

Oeste de los Estados Unidos

38

TEKS

ES 5.C Identificar y usar el sistema grid para ubicar lugares en los mapas y globos terráqueos.

ES 17.E Interpretar visuales, incluyendo mapas.

SLA 15.B Localizar y usar información específica de los rasgos gráficos de un texto.

¡Inténtalo!

Mira el mapa de abajo. Luego responde las preguntas.

1. En el mapa de abajo, **ubica** y encierra en un círculo la ciudad que está más cerca de 30 °N y 80 °O.

2. **Identifica** qué líneas de latitud y longitud cruzarías si viajaras por la ruta de Boston a Little Rock.

3. **Identifica** qué líneas forman el sistema de cuadrículas de mapas y globos terráqueos.

4. En un globo terráqueo, **determina** qué ciudad está más cerca de la línea de latitud 30 °N: Dallas o Houston.

PEARSON realize Conéctate en línea a tu lección digital interactiva.

39

Tres tipos de comunidades

¡Imagínalo!

Marca con una X el recuadro que está en la fotografía que muestra el tipo de comunidad donde tú vives.

¿En qué tipo de comunidad vives? Si tu comunidad está en el campo, donde hay mucho espacio abierto, entonces vives en una comunidad **rural**. Si vives en una gran ciudad, vives en una comunidad **urbana**. Y si vives en una comunidad **suburbana**, vives cerca de una gran ciudad.

Comunidades rurales

Belle Plaine, en Iowa, es una comunidad rural. Está en el campo. Belle Plaine está en el condado de Benton y queda a unas 40 millas al suroeste de los Cedar Rapids, en Iowa.

Actualmente, cerca de 3,000 personas viven en Belle Plaine. Les gusta reunirse y divertirse durante el año. El Cuatro de Julio, hay fuegos artificiales, música y un desfile. Tienen un tipo especial de desfile: un desfile de tractores. ¡Más de 500 tractores desfilan por Belle Plaine y otras comunidades rurales de Iowa!

Un desfile de tractores pasa por una comunidad rural.

Vocabulario

rural
urbano
suburbano

Las comunidades rurales tienen sus propios alcaldes y otros funcionarios u oficiales para crear y hacer cumplir las leyes, es decir, las reglas. Los gobiernos locales también prestan servicios a sus pueblos, como escuelas. Algunos pueblos tienen sus propias escuelas, mientras que otros las comparten con otros pueblos. Muchas comunidades rurales tienen la tecnología necesaria para conectarse rápidamente a Internet o usar teléfonos celulares, pero otras no. Las personas de estas comunidades usan conexiones a Internet por teléfonos de línea, que son más lentas. En las comunidades rurales hay periódicos que transmiten la información.

Algunas personas que viven en comunidades rurales son agricultores. Los agricultores cultivan granos como el maíz. Las personas de los pueblos más grandes y de las ciudades dependen de las granjas para obtener este tipo de alimentos.

Las personas de las comunidades rurales también dependen de otras comunidades. Viajan a comunidades suburbanas o urbanas para comprar lo que necesitan. En algunos lugares, las personas pueden viajar en autobús. En otros, deben viajar en sus propios carros.

TEKS
2.B, 2.C, 17.D, 17.E

Es común ver granjas en las comunidades rurales.

1. **Describe** lo que puedes ver en una comunidad rural.

Comunidades suburbanas

Alamo Heights, en Texas, es una comunidad suburbana. Queda a unas 5 millas de San Antonio. En la actualidad, unas 7,300 personas viven en Alamo Heights.

Como en otras comunidades suburbanas, hay muchas casas con patios que se alinean en las calles de Alamo Heights. Allí también puedes encontrar una biblioteca, una oficina de correos, escuelas, tiendas, un cine y parques. Tras un corto viaje en carro, encontrarás un gran centro comercial.

Las comunidades suburbanas tienen sus propios gobiernos, que se ocupan de crear las leyes locales. Los habitantes de las comunidades suburbanas están orgullosos del lugar donde viven. Cuando hay basura en las calles de Alamo Heights, las personas ayudan con la limpieza. Cortan el pasto y limpian las calles, al igual que las personas que viven en otras comunidades suburbanas.

Las personas trabajan juntas para mantener limpia su comunidad.

Hay muchísimas actividades para los niños en las comunidades suburbanas. Pueden ir a nadar a la piscina comunitaria o jugar al básquetbol en un parque local. También se pueden unir a un equipo de fútbol o de béisbol.

Los habitantes de una comunidad suburbana encuentran las noticias de su ciudad en los periódicos locales, en Internet o en la televisión.

Muchas personas que viven en comunidades suburbanas trabajan en una ciudad cercana. Algunos de los habitantes de Alamo Heights trabajan en San Antonio. Mientras algunos conducen sus propios carros o camionetas por las autopistas congestionadas, otros prefieren tomar un autobús expreso para ir a trabajar.

Las personas empezaron a mudarse a las comunidades suburbanas para alejarse de las ciudades superpobladas. Las nuevas autopistas hicieron crecer las comunidades suburbanas. Como se podía llegar a la ciudad rápidamente y de forma segura, vivir en los suburbios se hizo más común.

2. ⊙ **Generalizar Identifica** y haz una lista de dos hechos para apoyar esta generalización: Hay muchas actividades que los niños de comunidades suburbanas pueden disfrutar.

....

....

Las personas que viven en los suburbios usan las autopistas para ir a la ciudad y volver.

Comunidades urbanas

Muchas personas viven, trabajan y juegan en comunidades urbanas como San Francisco, en California. Unas 800,000 personas viven en San Francisco. La mayoría vive en edificios de apartamentos o en hileras de casas idénticas. Estas casas tienen paredes en común.

En San Francisco y en otras ciudades, las personas trabajan en edificios altos, es decir, rascacielos. Muchas personas de las comunidades suburbanas viajan a las ciudades a trabajar. Cuando llegan a la ciudad, las personas usan el transporte público para llegar a los distintos lugares. La ciudad de San Francisco tiene tranvías. En otras ciudades se usa el subterráneo.

Hay muchas cosas que se pueden hacer en una ciudad para divertirse. Las personas pueden comprar en tiendas o ir a museos. En las zonas urbanas, las personas tienen acceso a la tecnología. Internet y los teléfonos celulares hacen más fácil la comunicación.

San Francisco

Características de las comunidades

	Rural	Suburbana	Urbana
Ubicación	en el campo	cerca de una gran ciudad	en una gran ciudad
Población	pequeña	mediana	grande
Edificios	granjas, graneros	casas, centros comerciales	edificios de apartamentos, casas en hilera, rascacielos

Como en otras comunidades, una comunidad urbana tiene su propio gobierno local y sus escuelas. En una ciudad, se elige un alcalde y un concejo municipal para que hagan las leyes.

3. ◉ **Comparar y contrastar Analiza** la tabla de la página anterior. Luego subraya las palabras de la tabla que muestran cómo se diferencian las poblaciones de cada tipo de comunidad.

¿Entiendes?

🔖 TEKS 2.B, 2.C, 17.D

4. ◉ **Generalizar** Escribe una generalización sobre el transporte en una comunidad urbana. Luego **identifica** dos hechos para apoyar tu generalización.

....

....

....

....

5. ❓ **Describe** el tipo de comunidad en la que vives. **Explica** en qué se parece y en qué se diferencia a otro tipo de comunidad.

mi Historia: Ideas

....

....

....

6. En esta lección aprendiste qué diferencia a una comunidad de otras. **Haz una búsqueda por palabra clave** para **investigar** sobre tu comunidad y sobre la comunidad de Fort Yukon, en Alaska. **Compara** las maneras en que ambas comunidades satisfacen sus necesidades, por ejemplo, en educación, gobierno y recursos naturales. Dibuja un diagrama de Venn para comparar las dos comunidades.

TEKS 1.A, 2.A, 2.B

¿Qué es una comunidad?

1. Haz un dibujo que **describa** cómo puede cambiar una comunidad con el tiempo.

Antes   **Ahora**

2. La gente forma comunidades por la necesidad de seguridad y protección, de libertad de religión y de bienestar familiar. **Identifica** otra razón por la que las personas forman comunidades.

....

....

Lección 2 🔹 TEKS 5.A, 5.B, 5.C, 5.D

¿Dónde están ubicadas las comunidades?

3. Mira el mapa político de abajo. **Identifica** y subraya la escala del mapa. **Usa la leyenda del mapa** para **identificar** y **ubicar** la capital del estado. Encierra en un círculo la capital. **Identifica** el título del mapa y dibuja una estrella junto a él.

4. Usa símbolos para **ubicar** e **identificar** en un globo terráqueo dos ciudades de América del Norte.

....

5. Describe la ubicación relativa de tu comunidad usando puntos o direcciones cardinales y puntos cardinales intermedios o direcciones cardinales intermedias en relación con otras dos ciudades de Texas.

....

Lección 3   TEKS 2.B, 2.C

Tres tipos de comunidades

6. Compara las maneras en que las diferentes comunidades satisfacen sus necesidades.

....

....

....

....

7. Haz una lista de tres actividades que pueden hacer las personas en una comunidad suburbana para divertirse.

....

....

....

....

8. Lee la pregunta y **encierra en un círculo** la mejor respuesta.

Identifica una manera en que las personas de una comunidad satisfacen su necesidad de comunicación.

A cines

B transporte público

C periódicos locales

D autopistas

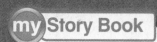
Conéctate en línea para escribir e ilustrar tu **myStory Book** usando **miHistoria: Ideas** de este capítulo.

¿Cómo es una buena comunidad?

TEKS

ES 1.A

SLA 17

En este capítulo, has aprendido sobre las comunidades y dónde están ubicadas. Las personas viven en comunidades rurales, suburbanas y urbanas. En cada tipo de comunidad, las personas trabajan juntas para que sea un mejor lugar para vivir.

Piensa en tu comunidad. **Escribe** sobre lo que puedes hacer para que sea un mejor lugar para vivir.

....

....

....

Ahora **haz un dibujo** que muestre personas de tu comunidad que trabajan para que sea un mejor lugar para vivir.

PEARSON realize. Conéctate en línea a tu lección digital interactiva.

49

Nuestro medio ambiente

 mi Historia: ¡Despeguemos!

PREGUNTA PRINCIPAL

¿Cómo es nuestra interacción con el planeta?

Piensa en tu entorno. Luego **describe** el estado del tiempo y las características del terreno y del agua.

....

....

....

....

⬤ Conocimiento y destrezas esenciales de Texas

2.C Comparar las maneras en que otras comunidades satisfacen sus necesidades.

4.A Describir y explicar variaciones del ambiente físico, incluyendo el clima, los accidentes geográficos, los recursos naturales y los peligros naturales.

4.B Identificar y comparar cómo las personas de las diferentes comunidades se adaptan o modifican el ambiente físico en el cual viven, tales como desiertos, montañas, zonas acuosas y llanuras.

4.C Describir los efectos de los procesos físicos tales como volcanes, huracanes y terremotos en la formación del paisaje.

4.D Describir los efectos de los procesos humanos tales como la construcción de nuevas casas, protección del medio ambiente y la contaminación ambiental en la formación del paisaje.

4.E Identificar y comparar las características humanas de varias regiones.

5.C Identificar y usar el compás rosa (rosa de los vientos), el sistema grid y símbolos para ubicar lugares en los mapas y globos terráqueos.

5.D Crear e interpretar mapas de lugares y regiones que contienen elementos de los mapas, incluyendo un título, un compás rosa, símbolos y lecturas, escalas numéricas y el sistema grid.

12.B Identificar ejemplos de acciones que individuos y grupos llevan a cabo para mejorar la comunidad.

17.B Ordenar en secuencia y categorizar la información.

17.C Interpretar material oral, visual e impreso identificando la idea principal, distinguiendo entre hecho y opinión, identificando causa y efecto y comparando y contrastando.

17.E Interpretar y crear visuales, incluyendo gráficos, diagramas, tablas, líneas cronológicas, ilustraciones y mapas.

18.A Expresar sus ideas oralmente basándose en el conocimiento y las experiencias.

18.B Usar la tecnología para crear materiales visuales y escritos tales como historias, poemas, imágenes, mapas y organizadores gráficos para expresar ideas.

18.C Usar gramática, ortografía, sintaxis y puntuación estándar.

19.A Usar un proceso de solución de problemas para identificar un problema, reunir información, hacer una lista y considerar opciones, considerar las ventajas y desventajas, elegir e implementar una solución y evaluar la efectividad de la solución.

19.B Usar un proceso de solución de problemas para identificar una situación que requiere una decisión, reunir información, generar opciones, predecir las consecuencias y tomar acción para implementar una decisión.

Jacques-Yves Cousteau
Aventurero submarino

mi Historia: Video

El mar, los lagos y los ríos son necesarios para vivir. Las personas dependen de ellos para obtener agua potable, alimentos y transporte. Aunque siempre se han usado estas masas de agua, muy pocas personas sabían realmente lo que había debajo de la superficie hasta la década de 1930. Entonces, Jacques-Yves Cousteau cambió la historia.

En la década de 1930, Cousteau comenzó a investigar la vida submarina. Se colocó sus gafas de natación, contuvo la respiración y comenzó a nadar. Pero Cousteau quería llegar a las profundidades del océano. También quería nadar durante períodos más largos. Cousteau trabajó junto a Émile Gagnan para crear una máquina con la que se pudiera respirar debajo del agua; esta máquina se llamó Aqua-Lung™. Se podía llevar en la espalda mientras se nadaba. Le permitía a Cousteau nadar en aguas más profundas y respirar por períodos más largos.

Al poco tiempo, Cousteau comenzó a viajar a diferentes océanos. Deseaba comunicar lo que hallaba debajo del agua. Con ayuda, desarrolló una cámara submarina que tomaba fotografías de lo que veía.

Cousteau usaba traje de buceo y una máquina para respirar.

51

Cousteau contribuyó al desarrollo de cámaras submarinas que le permitían filmar las maravillas que encontraba.

Cousteau también exploró las aguas de la Antártida y sus alrededores.

Cousteau sentía que era importante que las personas aprendieran sobre las plantas y los animales que viven debajo del agua. Escribió libros e hizo películas sobre su trabajo. También fue protagonista de una serie de televisión llamada *El mundo submarino de Jacques Cousteau*. Además, puso en marcha varios centros de investigación. Quería que más personas estudiaran y aprendieran cosas sobre las numerosas masas de agua que hay en el mundo.

Con el tiempo, Cousteau empezó a notar que el mundo submarino estaba cambiando. Se dio cuenta de que algunas cosas que hacían las personas afectaban la vida marina. Quería proteger los océanos. También quería tomar medidas para reparar parte del daño que se había hecho.

Cousteau y su tripulación viajaban hacia las profundidades del océano en lo que se conoció como platillo sumergible.

Cousteau comenzó a ver cambios que indicaban que el mundo submarino estaba sufriendo daños.

Cousteau les dijo a los líderes del mundo que era necesario proteger los océanos.

A principios de la década de 1970, Cousteau fundó la Sociedad Cousteau. El grupo se creó para ayudar a proteger la vida marina que se estaba dañando por las acciones de las personas. En la actualidad, esta organización tiene más de 50,000 miembros. La Sociedad Cousteau continúa estudiando los océanos y trabajando para protegerlos. También enseña a las personas sobre los océanos.

En todo el mundo hay sitios de interés, algunos hechos por el hombre y otros naturales, que mantienen viva la visión de futuro de Cousteau. En Belice, el Sistema de Reservas de la Barrera de Arrecife es el hogar de muchas especies de animales en peligro de extinción. Allí se sigue explorando la vida marina. En el Acuario de Vancouver, en el Canadá, las personas protegen la vida marina y ayudan a animales enfermos o heridos a recuperarse.

Piénsalo Según esta historia, ¿por qué crees que es importante proteger los océanos? A medida que lees el capítulo, piensa en cómo las personas pueden afectar y cambiar la tierra y el agua.

PEARSON realize · · · Conéctate en línea a tu lección digital interactiva.

53

La tierra y el agua

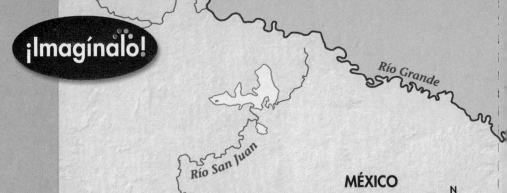

Río Grande

Río San Juan

MÉXICO

N O E S

Encierra en un círculo los ríos que ves en el mapa del valle del río Grande.

Glaciar

Isla

Península

La geografía es el estudio de la Tierra y sus habitantes. La Tierra está compuesta tanto de tierra como de agua. Las superficies de tierra más extensas del planeta son los siete **continentes**: América del Norte (o Norteamérica), América del Sur, Europa, África, Asia, Australia (también llamado Oceanía) y la Antártida. Los cuatro océanos son el Pacífico, el Atlántico, el Índico y el Glacial Ártico.

Los accidentes geográficos y las masas de agua

En cada uno de los siete continentes, existen muchos accidentes geográficos. Un **accidente geográfico** es la forma que tiene una parte de la superficie terrestre.

Los glaciares, las montañas, las colinas, las islas y las penínsulas son accidentes geográficos. Los glaciares están compuestos por hielo y nieve. Las montañas son masas continentales que se elevan sobre el terreno que las rodea. Algunas montañas tienen la cima redondeada, mientras que otras terminan en un pico rocoso. Por lo general, las colinas son más bajas que las montañas y tienen cimas redondeadas. Las islas son superficies de tierra completamente rodeadas de agua. Las penínsulas están unidas a tierra firme y están rodeadas de agua casi por completo. Generalmente, el agua forma el límite de solo tres lados de la península.

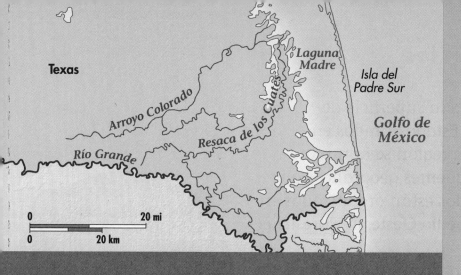

Texas

Arroyo Colorado

Río Grande

Laguna Madre

Resaca de los Cuates

Isla del Padre Sur

Golfo de México

0   20 mi
0   20 km

DESCIFRA LA PREGUNTA PRINCIPAL

Aprenderé cómo cambian la tierra y el agua entre un lugar y otro.

Vocabulario

continente   extraer

accidente   minerales
geográfico   adobe

Al igual que los accidentes geográficos, las masas de agua tienen diversas formas y tamaños. Busca en el mapa los dos océanos al este y al oeste de los Estados Unidos. Los océanos son las masas de agua salada más extensas de la Tierra. Los lagos y los ríos nos proporcionan agua dulce. Los Grandes Lagos de los Estados Unidos son los lagos de agua dulce más extensos del mundo. Son el lago Superior, el lago Michigan, el lago Hurón, el lago Erie y el lago Ontario.

TEKS
4.A, 5.C, 5.D

1. **Describe** las variaciones del ambiente físico que se muestran en este mapa de los Estados Unidos. Encierra en un círculo un accidente geográfico. **Ubica** y subraya la masa de agua que está al oeste de los Estados Unidos.

Los Estados Unidos, mapa físico

OCÉANO PACÍFICO

OCÉANO ATLÁNTICO

0   400 mi
0   400 km

N O E S

Leyenda

montañas
mesetas
llanuras
ríos

La tierra y el agua en los Estados Unidos

Los geógrafos que estudian la superficie de la Tierra suelen dividir a los Estados Unidos en regiones. Los estados de cada región se agrupan según su ubicación y los accidentes geográficos que comparten. Los Estados Unidos están organizados en cinco regiones: el Oeste, el Medio Oeste, el Noreste, el Sureste y el Suroeste.

En las diferentes regiones de los Estados Unidos, se pueden encontrar muchos accidentes geográficos. Los montes Apalaches se extienden a través de las regiones del Sureste y Noreste. Entre las montañas hay superficies bajas que se llaman valles. Las llanuras, como las Grandes Llanuras, también son superficies bajas. Las llanuras suelen ser muy planas. Las Grandes Llanuras cubren algunas partes de las regiones del Medio Oeste, del Suroeste y del Oeste. Las mesetas, como la meseta de Columbia, que se halla en la región del Oeste, son superficies altas con laderas empinadas y cimas planas. En la región del Oeste también hay montañas.

Región del Oeste

Las masas de agua más extensas de los Estados Unidos son los ríos y los lagos. Ubica el río Mississippi en el mapa. Con más de 2,000 millas de longitud, es el segundo río más largo de los Estados Unidos. Atraviesa las regiones del Medio Oeste y del Sureste. Los Grandes Lagos, en las regiones del Medio Oeste y del Noreste, forman parte de la frontera entre el Canadá y los Estados Unidos.

2. **Mira** el mapa de la página siguiente. Rotula los estados de cada una de las cinco regiones de los Estados Unidos. **Identifica** la región en la que vives.

Región del Suroeste

Región del Noreste

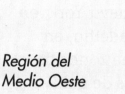

Región del
Medio Oeste

Regiones de los Estados Unidos

Meseta de
Columbia

Montañas Rocosas

Grandes Llanuras

Grandes
Lagos

Río Mississippi

Río Ohio

Montes Apalaches

OCÉANO
PACÍFICO

OCÉANO
ATLÁNTICO

Río Grande

LEYENDA
- Región del Noreste
- Región del Medio Oeste
- Región del Sureste
- Región del Suroeste
- Región del Oeste

Región del Sureste

Las cinco regiones de los Estados Unidos

En la región del Noreste se encuentran algunas de las ciudades más grandes de los Estados Unidos, como la Ciudad de Nueva York, en el estado de Nueva York, y Filadelfia, en Pennsylvania. Esta región tiene zonas de colinas, costas rocosas y tierras de cultivo. Además, muchas personas aprovechan la costa para pescar. Las costas son zonas de tierra plana ubicadas cerca del agua.

La casa de esta plantación se construyó en la región del Sureste a principios del siglo XIX.

Los primeros colonos de la región del Sureste construyeron extensas granjas llamadas plantaciones. Sin embargo, en la actualidad, la región es más conocida por sus extensas costas. En las costas, las personas pescan, disfrutan del estado del tiempo cálido y van a la playa. Tierra adentro, muchas personas se dedican a cultivar la tierra fértil.

La región del Medio Oeste tiene una de las superficies más planas de los Estados Unidos. En esta región, muchas personas trabajan en granjas. Otras **extraen minerales** en las minas, es decir, sacan de la tierra materiales como carbón y hierro.

Muchos estados de la región del Suroeste alguna vez formaron parte de México. Los desiertos de esta región son el hogar de muchos indígenas norteamericanos. Hace mucho tiempo, los primeros colonos y los indígenas usaban unos ladrillos secados al sol, conocidos como **adobe**, para hacer viviendas y otras construcciones. En la actualidad, las personas del Suroeste siguen construyendo con adobe.

En la región del Suroeste hay casas hechas de adobe.

El Oeste es una región de montañas. En esta región se encuentran las montañas Rocosas. Estas montañas son unas de las más altas de los Estados Unidos. Otras cordilleras son las cordilleras costeras y la cordillera de Alaska. La región del Oeste también tiene una costa extensa. Muchas personas visitan el Oeste para hacer excursiones, ir de pesca y acampar. También visitan esta región para ir a las playas.

3. ⊙ **Causa y efecto Explica** por qué es posible que las personas de una región trabajen en granjas.

....

....

....

....

....

La mayor parte del maíz que se produce en los Estados Unidos se cultiva en la región del Medio Oeste.

🔺 TEKS 4.A, 5.D

4. ⊙ **Causa y efecto** Escoge una región de los Estados Unidos. **Explica** cómo los accidentes geográficos pueden afectar algunas de las actividades que realizan las personas. **Identifica** pistas en los mapas y las fotografías.

....

....

....

5. ❓ **Describe** los accidentes geográficos y las masas de agua que hay cerca de donde vives. **Identifica** el efecto que tienen sobre las actividades que realizas.

mi Historia: Ideas

....

....

....

6. En esta lección aprendiste acerca de las regiones de los Estados Unidos. Trabaja con un compañero. Busca en Internet una herramienta de construcción de mapas para **crear** un mapa de las regiones de Texas. Señala las Llanuras Costeras del Golfo, las tierras bajas interiores, las Grandes Llanuras y la región de Montañas y Cuencas. Incluye tu pueblo o ciudad. Tu mapa debe incluir: título, rosa de los vientos, sistema de cuadrículas, leyenda y escala.

Estado del tiempo, clima y fuerzas de la naturaleza

¡Imagínalo!

Los osos polares viven en zonas frías.

Los caimanes viven en zonas húmedas.

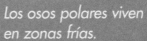

Dibuja un animal que te guste. Añade detalles que muestren cómo es el estado del tiempo en el lugar donde vive ese animal.

Esta selva está ubicada en un clima cálido y húmedo. Aquí crecen plantas todo el año.

¿Cuál es el estado del tiempo hoy? Cuando explicas cuál es el **estado del tiempo**, hablas de cómo son las condiciones diarias en el exterior. Puede hacer calor, puede estar lluvioso o puede hacer frío. El **clima** es el estado del tiempo de un lugar durante un período extenso. Hay tres elementos que forman el clima de una región: la temperatura, la precipitación y el viento. La temperatura es cuánto calor o cuánto frío hace. La precipitación es la cantidad de lluvia o nieve que cae.

Regiones climáticas

El clima varía de una región a otra. De hecho, el clima de una región depende de su ubicación en la Tierra. Los lugares ubicados cerca de la línea del ecuador reciben más luz solar directa. Los lugares que están lejos del ecuador reciben menos luz solar directa.

Las masas de agua determinan el clima de los lugares cercanos. Influyen en la cantidad de lluvia que cae en estos lugares. Las masas de agua también producen cambios de temperatura porque se calientan y se enfrían más lentamente que la tierra. En verano, los vientos que soplan desde el agua enfrían la tierra. En invierno, los vientos que soplan desde el agua calientan la tierra. La **altitud**, es decir, la altura del terreno sobre el nivel del mar, también influye en el clima. Los lugares altos y las montañas son frescos la mayor parte del año.

DESCIFRA LA PREGUNTA PRINCIPAL

Aprenderé cómo influye el clima en la tierra, las plantas y los animales.

Vocabulario

estado del tiempo

clima

altitud

vegetación

ecosistema

En el mapa de América del Norte se muestran las distintas regiones climáticas del continente. Los climas árticos son frescos o fríos la mayor parte del año. Los climas tropicales son húmedos y calurosos la mayor parte del año. Los climas templados no son tan fríos como los climas árticos ni tan calurosos como los climas tropicales. La mayor parte de los Estados Unidos está en una región de clima templado. Sin embargo, en algunas partes del Oeste hay climas desérticos. En el desierto cae muy poca lluvia. La temperatura durante el día puede ser muy alta, mientras que durante la noche puede ser muy baja.

TEKS
4.A, 4.B, 4.C, 18.B, 18.C

1. **Mira** el mapa. **Identifica** y **describe** las variaciones del clima de Texas.

....

....

....

Regiones climáticas de América del Norte

GROENLANDIA (Dinamarca)

CANADÁ

OCÉANO PACÍFICO

ESTADOS UNIDOS

OCÉANO ATLÁNTICO

Golfo de México

MÉXICO

Mar Caribe

0 — 1,000 mi
0 — 1,000 km

N O E S

LEYENDA
- Tropical
- Templado
- Desértico
- Ártico

El clima y las plantas

El clima de un lugar influye en las plantas que crecen en ese lugar. Tanto la temperatura como la cantidad de lluvia determinan el tipo de **vegetación**, es decir, las clases de plantas que crecen. En los Estados Unidos hay cuatro tipos principales de vegetación: bosque, pastizal, tundra y desierto. Los diversos animales dependen de la vegetación que crece en la zona.

En las regiones climáticas que tienen abundantes lluvias, existen grandes bosques. Hay bosques en muchas partes de los Estados Unidos. De hecho, hace no mucho tiempo, ¡los bosques cubrían la mayor parte de América del Norte! En la actualidad, muchos bosques se encuentran en algunas zonas de la región del Oeste, cerca de los Grandes Lagos y en el este de los Estados Unidos. Animales como osos, venados y mapaches viven en los bosques.

Los pastizales cubren gran parte de las llanuras de los Estados Unidos. Algunas zonas de las Grandes Llanuras reciben lluvia suficiente para que allí crezcan pastos altos, arbustos de bayas e incluso árboles pequeños. Sin embargo, en el oeste de las Grandes Llanuras, llueve menos. Aquí los pastos son bajos. Los perros de las praderas que viven en esta región cavan la tierra y se alimentan de esos pastos.

Tanto la vegetación de la tundra como la del desierto se encuentran en lugares con clima seco. En los climas árticos de Alaska, la tierra se llama tundra. En la tundra, el suelo permanece congelado casi todo el año. Allí hace demasiado frío para que crezcan árboles. Sin embargo, crecen musgos, líquenes y algunos arbustos. Un tipo de venado llamado caribú usa sus pezuñas para quitar la nieve del suelo y alimentarse del musgo y de los líquenes que arranca del terreno congelado.

En algunas partes de Alaska, la tundra tiene arbustos y musgos.

En los climas desérticos, las únicas plantas que sobreviven son las que pueden vivir con muy poca agua. En algunos desiertos se pueden hallar pastos y arbustos. En los desiertos de la región del Oeste, hay cactus de gran tamaño que se llaman saguaros. Los saguaros también crecen en México. Los saguaros tienen raíces largas que les permiten absorber el agua de una gran superficie. El saguaro puede llegar a medir 50 pies de altura. ¡Casi como un edificio de cinco pisos!

Los animales que habitan en los desiertos están preparados para sobrevivir a las altas temperaturas del día. Algunos animales, como las tortugas del desierto, se mantienen frescos porque pasan la mayor parte del tiempo bajo tierra. Otros animales solo salen por la noche, cuando está más fresco.

2. ◉ **Idea principal y detalles Identifica** dos detalles acerca de cada tipo de vegetación y luego completa los recuadros.

Bosque	Pastizal

Tundra	Desierto

Las plantas que crecen en el desierto necesitan cantidades muy pequeñas de agua.

63

Las plantas y los animales trabajan juntos

Los bosques, los desiertos y los pastizales tienen diferentes ecosistemas. En un **ecosistema**, todos los seres vivos, como las plantas y los animales, interactúan entre sí.

Tanto en los ecosistemas del bosque como en los de la selva, las aves, las ardillas y otros animales dependen de los árboles para vivir. Algunas de las semillas que comen los animales caen al suelo y luego se convierten en árboles. La vegetación de estos ecosistemas necesita que los animales ayuden a esparcir las semillas.

En el desierto, los cactus son importantes para muchos animales. Animales como el murciélago hocicudo menor beben el néctar de las flores de los cactus. De esta manera, los murciélagos transportan el polen de un cactus a otro. Esto permite que nazca el fruto del cactus. Otros animales, como la liebre americana, comen partes del cactus.

Murciélago hocicudo menor

Los lugares con vegetación semejante pueden tener ecosistemas diferentes. Los pastizales del centro de los Estados Unidos no tienen el mismo ecosistema que los pastizales del continente africano. Algunos pastizales de África reciben más lluvias.

En los ecosistemas de los lagos y los pantanos del sureste de los Estados Unidos, los caimanes cavan hoyos de gran tamaño que parecen estanques. Los caimanes usan estos hoyos como lugar de descanso. Además, las aves y los peces aprovechan el agua poco profunda de los hoyos.

3. ◉ **Causa y efecto Explica** el efecto que tienen los animales sobre la vegetación de un ecosistema.

Liebre americana

Peligros naturales

¿Alguna vez miraste el pronóstico del tiempo? Es posible que hayas escuchado hablar de ciertos sucesos de la naturaleza llamados peligros naturales. Algunos ejemplos de peligros naturales son los volcanes, los huracanes y los terremotos. Estos procesos físicos pueden causar cambios en la tierra. Algunos de estos procesos físicos son dramáticos y ocurren rápidamente. Otros procesos físicos, como la erosión, ocurren lentamente.

Un volcán es una montaña que entra en erupción y despide roca fundida (lava), gases y ceniza. La lava, los gases y la ceniza son expulsados del volcán. La lava caliente fluye hacia abajo por las laderas del volcán. Cuando se enfría, cambia la tierra. La ceniza que cae puede enriquecer el suelo y, de esta manera, ayuda a que crezcan las plantas. Las erupciones volcánicas formaron algunas de las cadenas montañosas más grandes del mundo.

Un huracán es una gran tormenta con fuertes vientos y mucha lluvia. Las lluvias torrenciales y los vientos fuertes de los huracanes pueden causar inundaciones. Estos factores cambian y dan forma a la tierra.

Un terremoto es una sacudida violenta de la tierra. Muchos terremotos ocurren en zonas de fallas, es decir, grietas en la corteza terrestre. La corteza es la capa exterior de la Tierra. Los terremotos pueden causar desprendimientos de tierra y aludes de barro, que pueden cambiar el paisaje.

Erupción volcánica

Huracán

Terremoto

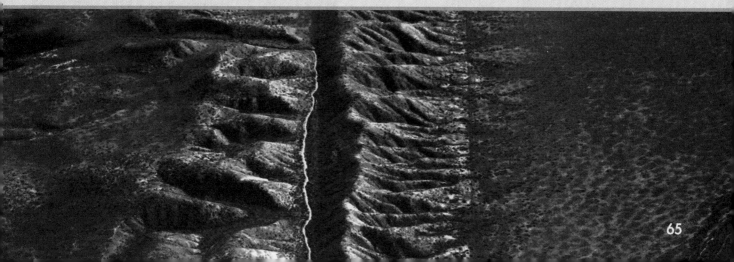

Desastres naturales

Los peligros naturales pueden cambiar la tierra de un medio ambiente. Cuando causan daños, se convierten en desastres naturales. Un desastre es algo que puede causar daños en las construcciones hechas por el hombre, como puentes y edificios. Puede hacer que desaparezcan tierras o que se formen nuevas tierras.

En 1900 se desató un gran huracán en Galveston. Una ola causada por el huracán cubrió Galveston como si fuera una manta. El nivel del agua subió. En poco tiempo, aproximadamente 15 pies de agua cubrieron toda la ciudad. Las fuertes tormentas, como los huracanes, han llegado a dividir una isla en dos.

Los terremotos han causado grandes daños en todo el mundo. Hay más terremotos en California que en cualquier otro estado de nuestro país. En Texas, los terremotos han causado pocos daños o cambios en la tierra.

Galveston antes del huracán de 1900

Galveston después del huracán de 1900

4. Describe los efectos que tienen los volcanes, los huracanes y los terremotos sobre la tierra.

....

....

....

....

....

TEKS 4.A, 18.B, 18.C

5. ⊙ **Causa y efecto Explica** el efecto que tiene el clima sobre la vegetación que crece en una región.

....

....

6. ? **Describe** cómo el estado del tiempo o el clima influye en tu forma de vida.

mi Historia: Ideas

....

....

....

....

7. Investiga e **identifica** el clima, las plantas y los animales de tu comunidad. Usa un procesador de textos para escribir una historia con la información que aprendiste. Consulta la página 14 si necesitas ayuda. Haz un mapa y dibujos para incluir en tu historia.

....

....

Destrezas de mapas

Interpretar mapas

Los mapas muestran distintas clases de información.
Los mapas que muestran detalles sobre la tierra son
mapas físicos. En los mapas de altitud, se usan colores
para indicar la altura del terreno sobre la superficie del
mar, es decir, el nivel del mar.

En el mapa de altitud, coloca el dedo sobre la costa
oeste. Mueve el dedo por el mapa hacia el este. Allí
están las montañas Rocosas, que están coloreadas,
en su mayor parte, de café y morado. La leyenda del
mapa indica que la tierra coloreada de morado tiene
una altitud superior a los 10,000 pies sobre el nivel del
mar. La tierra coloreada de café tiene una altitud que va
entre los 6,000 y los 10,000 pies sobre el nivel del mar.

Altitud en los Estados Unidos

TEKS

ES 17.E Interpretar visuales, incluyendo mapas.

SLA 15.B Localizar y usar información específica de los rasgos gráficos de un texto.

SLA 20.C Escribir respuestas a textos expositivos que demuestren comprensión del texto.

Las Grandes Llanuras están coloreadas de amarillo en su mayor parte. Esto significa que tiene una altitud que va entre los 1,000 y los 3,000 pies sobre el nivel del mar. En la costa este, la mayor parte de las tierras están coloreadas de verde oscuro. Por lo tanto, el suelo tiene una altitud que va entre los 0 y los 500 pies sobre el nivel del mar.

¡Inténtalo!

Lee el mapa de altitud. Luego responde las preguntas.

1. **Analiza** la leyenda del mapa. Escribe el color que muestra una altitud que va entre los 500 y los 1,000 pies sobre el nivel del mar.

   ....

2. **Identifica** los montes Apalaches en el este. Escribe la altitud de la mayor parte de los montes Apalaches.

   ....

   ....

3. **Identifica** Orlando, Florida. Luego escribe su altitud.

   ....

   ....

4. **Explica** cómo puedes hallar la altitud de una superficie de tierra.

   ....

   ....

   ....

Uso de los recursos de la tierra

¡Imagínalo!

El agua es importante para todos los seres vivos. Escribe cómo usas el agua.

Para cultivar alimentos se necesita tierra fértil.

En el planeta Tierra, hay muchos recursos naturales diferentes. Algunos recursos naturales, como el suelo y los árboles, se hallan en la tierra. Otros recursos naturales son los minerales, como el oro y el hierro. El agua también es un recurso natural importante. Las personas usan el agua para satisfacer muchas de sus necesidades.

Los recursos naturales

En América del Norte, hay muchos recursos naturales. El Canadá tiene muchos minerales, bosques y tierras fértiles. En México, se hallan recursos naturales como el hierro y el oro. En Trinidad y Tobago, hay petróleo, y hay bosques y tierras fértiles a lo largo y a lo ancho de las islas del Caribe.

En algunas partes de la región del Oeste de los Estados Unidos, hay bosques. En otras partes, hay tierras fértiles. Los animales pueden alimentarse de los pastos que crecen en las zonas más secas. En el Oeste también hay minerales, como el oro.

En la región del Suroeste, la tierra se usa para la minería y la cría de animales, como las vacas. También se puede hallar petróleo, un recurso natural que se usa en los combustibles. Este recurso natural se encuentra en algunas partes de Oklahoma y Texas.

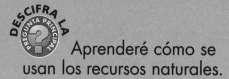

Aprenderé cómo se usan los recursos naturales.

Vocabulario

región agrícola

región industrial

recurso renovable

recurso no renovable

conservar

erosión

reciclar

En algunas partes de las regiones del Medio Oeste, Noreste y Sureste, hay tierra fértil. En estas regiones se siembran muchos cultivos. En el mapa puedes ver que también hay carbón en las tres regiones. En el norte de la región del Medio Oeste hay hierro.

TEKS
4.A, 4.B, 4.D, 5.C, 5.D, 17.B, 18.A, 19.A, 19.B

1. **Describe** los recursos naturales y cómo se relacionan con las variaciones del ambiente físico que se muestran en este mapa. **Identifica** y encierra en un círculo tres recursos naturales del Suroeste.

Recursos de los Estados Unidos

Región del Noreste

Región del Medio Oeste

Región del Oeste

Región del Suroeste

Región del Sureste

Región del Oeste

400 mi
00 km

0 100 mi
0 100 km

0   250 mi
0   250 km

LEYENDA
Zona agrícola
Zona industrial
Otros usos
Límite regional
Petróleo
Carbón
Hierro
Oro
Madera

PEARSON realize   Conéctate en línea a tu lección digital interactiva.

71

La agricultura y los productos

Los recursos naturales se usan para fabricar los productos que las personas necesitan. En una **región agrícola**, es decir, en un lugar en el que el terreno es principalmente llano y fértil, las personas usan el suelo para sembrar cultivos.

Los agricultores siembran muchos cultivos diferentes. Los cinco cultivos principales de los Estados Unidos son el maíz, la soya, el heno, el trigo y el algodón. Algunos cultivos se usan para producir alimentos y otros se usan para fabricar productos. El algodón se usa para fabricar tela para ropa. Muchos recipientes plásticos y asientos de carros se hacen con la soya.

Algodón

En otras regiones agrícolas, se cultivan frutas y verduras para producir alimentos. También se usan pastos para dar de comer a los animales, como las vacas y las ovejas.

Con los recursos naturales que crecen en la tierra también se hacen otros productos. En algunas regiones boscosas se talan árboles. Luego los árboles se envían a aserraderos y se transforman en madera para la construcción. La madera de los árboles también se usa para obtener la pulpa con la que se fabrican productos de papel.

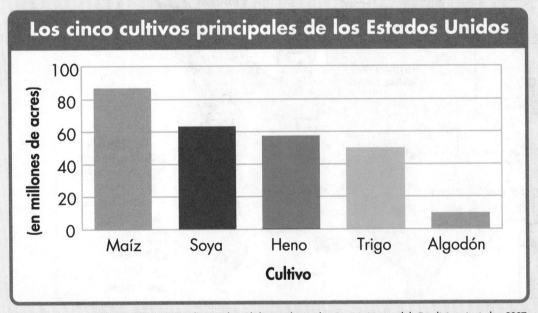

Los cinco cultivos principales de los Estados Unidos

(en millones de acres)

| Cultivo | Maíz | Soya | Heno | Trigo | Algodón |

Fuente: Departamento de Agricultura de los Estados Unidos, Servicio Nacional de Estadísticas Agrícolas, 2007

La industria y los productos

Con los recursos que se hallan debajo de la tierra también se fabrican productos. Muchos de estos productos se hacen en las regiones industriales. Una **región industrial** es un lugar donde hay muchos tipos de fábricas. En los Estados Unidos, muchas regiones industriales se ubican cerca de ciudades grandes como Chicago, en Illinois, y Detroit, en Michigan.

La gasolina se hace con petróleo.

En muchos lugares donde hay petróleo y gas natural, estos recursos se extraen del suelo por medio de bombas. Luego el petróleo se usa para hacer combustibles como la gasolina. El petróleo también se puede calentar para hacer plástico. Luego el plástico se usa para hacer muchos productos, como teléfonos, bolsas plásticas… ¡y hasta juguetes! La mayoría de las personas usan la gasolina como combustible para los automóviles. También usan gas o petróleo para calentar el agua y las casas. Además, de las minas se extrae carbón, cobre, zinc y hierro. El carbón se usa para generar electricidad. Las monedas, incluidas las de un centavo, están hechas de cobre y zinc. El hierro se usa para hacer acero. El acero se usa para fabricar automóviles y materiales de construcción.

Los minerales se funden para producir objetos, como las monedas.

2. Puedes **crear** una tabla para mostrar productos hechos con recursos naturales. **Escribe** el recurso natural usado.

Productos	verduras trigo	madera papel	teléfonos juguetes
Recurso natural			

Proteger los recursos

Algunos recursos que usan las personas, como los árboles y el suelo, son recursos renovables. Un **recurso renovable** es un recurso que puede reemplazarse en poco tiempo. Muchos de los recursos que se hallan debajo de la tierra son recursos no renovables.

Los **recursos no renovables** son los que tardan mucho tiempo en ser reemplazados o que no pueden ser reemplazados una vez que se han usado. El carbón, el petróleo y el gas natural son recursos no renovables. Para asegurarse de que todos tengan suficientes recursos naturales para vivir, las personas intentan **conservar** esos recursos, es decir, cuidarlos y protegerlos.

Los materiales reciclados pueden volver a usarse.

Una manera de conservar los recursos es usarlos menos. Muchas personas intentan usar menos gas natural o menos agua. También podemos conservar recursos al usarlos con más cuidado. Algunos agricultores plantan árboles cerca de sus cultivos o tiras de pasto entre las filas de cultivos. Estas plantas ayudan a impedir la **erosión**, es decir, el desgaste del suelo producido por la lluvia, el viento y los ríos cercanos. Las plantas ayudan a mantener el suelo en su lugar.

Las personas conservan el agua cuando cierran el grifo mientras se cepillan los dientes.

Otra manera de proteger los recursos naturales es reciclarlos. **Reciclar** significa usar un objeto más de una vez. Las botellas plásticas, los periódicos, las latas de aluminio y las botellas de vidrio son objetos que se reciclan todos los días. En muchos vecindarios, hay camiones que recogen estos objetos de los cestos de basura que hay en las calles. Muchas fábricas usan materiales reciclados para hacer nuevos productos, en lugar de usar recursos naturales.

Si bien muchas personas trabajan arduamente para proteger los recursos naturales, a veces las acciones humanas pueden dañarlos. Las sustancias químicas que se usan en las fábricas y en las granjas pueden contaminar el aire y las vías de navegación cercanas. El humo de los incendios también puede contaminar el aire.

3. ⦿ **Causa y efecto Analiza** la sección. Escribe un efecto de reciclar objetos que usas todos los días.

....

....

....

....

¿Entiendes?

TEKS 4.A, 4.D, 19.A

4. ⦿ **Causa y efecto Describe** una causa de contaminación.

....

....

....

5. ❓ Piensa en tu rutina diaria. **Describe** qué recursos naturales usas más.

mi Historia: Ideas

....

....

....

6. Investiga los recursos naturales de Texas. Haz una tabla para categorizar los recursos como renovables o no renovables. Luego sigue los pasos del proceso de resolución de problemas para **identificar** maneras de conservar los recursos. Considera diferentes opciones. Haz una lista de las soluciones.

Causa y efecto

Una manera de aprender más sobre lo que has leído es identificar una causa y su efecto. La causa hace que algo ocurra. El efecto es el resultado de lo que ocurre. Palabras clave como *porque, si, por lo tanto, ahora* y *como* sirven para identificar ejemplos de causa y efecto. También puedes estudiar elementos visuales, como fotografías, para identificar causas y efectos.

Lee el siguiente pasaje en voz alta a un compañero. Prepárate para comentar las causas y los efectos.

Causa

¡Lily observa que se avecina una tormenta! Enseguida ve relámpagos y oye un fuerte ruido. Un rayo ha golpeado el poste de electricidad de la calle. Ahora no hay luz en su casa. Como no hay luz, el televisor y el refrigerador no funcionan. Horas más tarde, Lily quiere la merienda. Abre el refrigerador. "¡Ay, no!", exclama. Como no hay luz, el refrigerador no funciona. ¡Ahora el helado se ha derretido!

Efecto

Usa tus palabras para comentar con tu compañero las causas y los efectos. Cuando expreses tus ideas en forma oral, habla con claridad. En tu explicación, usa lo que has aprendido sobre palabras clave y lo que ya sabes acerca de las causas y los efectos. Mira las frases y oraciones resaltadas. Las causas están resaltadas en anaranjado. Los efectos están resaltados en morado.

TEKS

ES 17.C Interpretar material oral, visual e impreso identificando causa y efecto.

ES 18.A Expresar sus ideas oralmente basándose en el conocimiento.

SLA 13.A Identificar los detalles o hechos que apoyan la idea principal.

SLA 13.C Identificar en los textos las relaciones de causa y efecto explícitas entre las ideas.

¡Inténtalo!

Lee el siguiente pasaje en voz alta con un compañero. Luego responde las preguntas.

Durante muchos años, distintos grupos de personas perforaron el suelo en busca de petróleo en Spindletop, Texas. Luego un grupo de trabajadores consiguió una nueva pieza para su perforadora. Como resultado, los trabajadores pudieron excavar más profundo. El 10 de enero de 1901, comenzó a salir lodo a borbotones del pozo. De pronto, ¡un chorro de petróleo salió expulsado y alcanzó más de 100 pies de altura! La ciudad cercana de Beaumont cambió para siempre. Como se había hallado petróleo cerca de allí, muchas personas de todo el país llegaron en estampida a Beaumont en busca de petróleo. La cantidad de habitantes de Beaumont aumentó de 10,000 a 50,000. Los automóviles y las fábricas comenzaron a usar más petróleo porque había más cantidad de este recurso natural.

1. **Identifica** las causas en el pasaje mientras tu compañero lo lee en voz alta.

2. **Haz una lista** de las palabras que te ayudaron a identificar las causas.

3. **Identifica** los efectos que se mencionan en el pasaje mientras tu compañero lo lee en voz alta.

4. **Presenta** las causas y los efectos del pasaje a la clase. A medida que expreses tus ideas oralmente, recuerda que debes mencionar con claridad la información que aprendiste a partir de la lectura.

Nuestra interacción con el medio ambiente

¡Imagínalo!

Escribe algunas maneras en las que se usan los lagos y la tierra cercana a los lagos.

En los climas árticos, las personas se trasladan en motos de nieve.

Piensa en qué cosas forman parte de tu medio ambiente. Los accidentes geográficos, las masas de agua, la vegetación, los recursos naturales y el clima son cosas que forman parte del medio ambiente de un lugar.

El medio ambiente influye en las personas

El medio ambiente influye en el lugar donde las personas viven, trabajan y juegan. La mayoría de las comunidades se desarrollan en regiones donde hay tierra y agua dulce en abundancia. Las personas también establecen comunidades cerca de lugares donde hay recursos naturales. Hay personas que viven cerca de los bosques para talar y plantar árboles. Otras viven cerca de la costa para pescar. En las zonas desérticas y en las zonas montañosas, hay menos asentamientos. Estos lugares no siempre tienen terrenos llanos o agua suficiente para los cultivos.

Las personas se adaptan al medio ambiente para satisfacer sus necesidades. **Adaptarse** es cambiar la manera de hacer algo. Se puede cambiar la manera de vestir o de viajar. En los climas árticos, las personas se visten con ropa abrigada para protegerse del frío. Se trasladan en esquís o en trineo para descender por las colinas nevadas. En zonas donde es difícil o peligroso viajar en automóvil, las personas se trasladan en motos de nieve.

DESCIFRA LA PREGUNTA PRINCIPAL

Aprenderé de qué manera influyen las personas en el medio ambiente.

Vocabulario

adaptarse
modificar
irrigar

Las personas que viven en estados como Texas o la Florida y en los países de América Central han cambiado su forma de construir edificios. En estas regiones, las lluvias torrenciales y los huracanes pueden generar vientos fuertes y una rápida subida del nivel del agua. Muchas personas que viven en estos lugares construyen con materiales que resisten el viento fuerte. Otras personas que viven en estas regiones se establecen tierra adentro para evitar las inundaciones.

En Arizona, los indígenas havasupais viven en un pueblo en el Gran Cañón. Este medio ambiente influye en su manera de viajar. No se puede bajar por el cañón en automóvil. El correo y otros suministros deben llevarse al pueblo a caballo o en helicóptero.

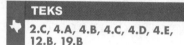

TEKS

2.C, 4.A, 4.B, 4.C, 4.D, 4.E, 12.B, 19.B

1. ◉ **Causa y efecto Describe** un efecto de vivir en un clima frío y con nieve.

....

....

....

Los havasupais viven en el Gran Cañón.

PEARSON realize. Conéctate en línea a tu lección digital interactiva.

79

El clima influye en las personas

Como has aprendido, el medio ambiente influye en las personas y en su modo de vida. Las personas que viven en comunidades desérticas deben adaptarse de manera diferente a las personas que viven en humedales o zonas acuosas. Tienen climas, recursos y desafíos diferentes. Las comunidades de montaña y de llanuras también tienen medio ambientes diferentes. Las personas se adaptan a su medio ambiente para satisfacer sus necesidades de la mejor manera posible.

Los climas desérticos suelen ser calurosos y secos, pero puede hacer frío por la noche. El agua puede ser escasa. En un desierto, puede haber poca sombra para escapar del calor y del sol. Las personas construyen casas que se mantienen frescas durante el día y cálidas por la noche. Mediante la conservación, pueden asegurarse un suministro de agua constante.

Las personas que viven en climas de humedales deben vivir con mucha lluvia y humedad, y pocas tierras de cultivo. A diferencia de los climas desérticos, los humedales suelen tener mucha agua. A veces, la tierra se inunda por exceso de agua. Esto hace que sea difícil cultivar. Se puede cambiar el curso del agua construyendo represas. Las personas que viven en humedales deben considerar qué tipo de casa construir. Deben asegurarse de que la tierra sea sólida.

2. **Causa y efecto**

Algunos humedales en el este de Texas se inundan. **Interpreta** el elemento visual. ¿Qué crees que provoca estas inundaciones? **Explica** uno de los efectos de las inundaciones sobre la vida de las personas del este de Texas.

....

....

....

....

....

....

....

....

....

En los climas de montaña, las personas también adaptan su forma de vida. Los climas de montaña son diferentes a los desérticos porque suelen ser frescos y húmedos. En los climas de montaña, la altitud dificulta la agricultura. En las grandes alturas hay menos oxígeno. Sin suficiente oxígeno, los seres vivos no pueden desarrollarse. El clima de una comunidad de montaña puede ser hostil en invierno. Es posible que las personas necesiten reunir alimento, agua, leña y mantas para prepararse para las tormentas de invierno.

Vivir en las llanuras también plantea desafíos. El clima de las llanuras suele ser frío en invierno y cálido en verano. Si bien es posible que las llanuras reciban pocas lluvias, tienen otras fuentes de agua, como los ríos. La tierra de este medio ambiente es fértil. Sin embargo, a veces hay mucho viento en las llanuras. El viento puede erosionar el suelo. Con un suelo pobre, o sin suelo, es difícil cultivar. Sin embargo, estas zonas son buenas para la ganadería.

Las personas usan la tierra para criar ganado.

3. **Compara** cómo se adaptan las personas a los diferentes medio ambientes para satisfacer sus necesidades.

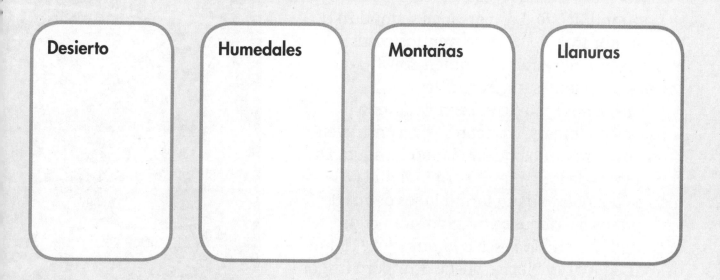

Desierto	Humedales	Montañas	Llanuras

Las personas modifican el medio ambiente

Las personas interactúan con el medio ambiente, es decir, actúan sobre él, de muchas maneras. Una manera es modificar el medio ambiente para satisfacer sus necesidades. **Modificar** es cambiar algo, como el ambiente físico. En zonas donde la tierra es seca, es posible que los agricultores no cuenten con suficiente agua para sus cultivos. Entonces, lo que hacen estos agricultores es **irrigar**, es decir, llevar el agua a sus tierras por medio de tuberías. Otros agricultores labran el suelo para dejarlo expuesto al aire. Así, las malas hierbas mueren y la tierra se mantiene fértil. Los agricultores también pueden agregar sustancias químicas a la tierra. Algunas de estas sustancias son fertilizantes que permiten sembrar más cultivos. Otras sustancias químicas sirven para eliminar los insectos.

Las personas también modifican la tierra al usar otros recursos naturales. Hay máquinas de gran tamaño que bombean petróleo del suelo. En Pennsylvania y Virginia Occidental, los mineros cavan túneles profundos para llegar a los minerales. Los mineros también quitan el suelo y la roca para dejar el carbón al descubierto. Algunos bosques quedan sin árboles cuando las personas los cortan para vender la madera. En algunos países, a veces se queman los bosques para despejar el terreno. En esas tierras luego se construyen granjas o viviendas.

Las zonas cercanas a estos recursos también se han modificado. Las personas se mudan a la zona por trabajo. Construyen las casas y los edificios que necesitan. También construyen carreteras, puentes y ferrocarriles.

Las personas modifican los ríos cuando construyen represas. Las represas se construyen sobre los ríos para bloquear el flujo de agua. Las compuertas de las represas permiten que pase algo de agua. Esta agua forma lagos detrás de las represas. Los lagos se usan para muchas actividades, como la pesca o la natación. El agua de estos lagos también se puede usar para irrigar las granjas cercanas. En algunas represas, el agua, que circula a toda velocidad, se usa para generar electricidad.

En los Estados Unidos, el agua de la represa Hoover, en el río Colorado, se usa para generar electricidad.

Los efectos de la población

La cantidad de personas que viven en una zona también puede influir en el ambiente físico. A fines del siglo XIX y principios del XX, aparecieron nuevos equipos y herramientas que hicieron la agricultura más fácil. No se necesitaban tantos trabajadores rurales. Muchas personas empezaron a mudarse a ciudades del este para trabajar en fábricas. A medida que más gente se mudaba a las ciudades, se necesitaba más espacio para vivir allí.

Al llegar los nuevos habitantes, se comenzó a construir fuera del centro de la ciudad. Las personas construyeron casas y otros edificios que necesitaban. También tendieron vías de ferrocarril y construyeron carreteras para que todos pudieran entrar y salir de la ciudad. También empezaron a construir hacia arriba. Construyeron edificios muy altos llamados rascacielos. Con el tiempo, se comenzaron a usar materiales mejorados para construir rascacielos mucho más altos.

En la actualidad, en las zonas muy pobladas, las personas modifican la tierra para satisfacer las necesidades cambiantes de la comunidad. A medida que más gente se muda a una ciudad, se crean más medios de transporte. La ciudad puede tener un proyecto para ensanchar las calles, así pueden andar más carros, camiones y autobuses. También se pueden construir más líneas de ferrocarril para que más trenes puedan llegar a la ciudad. Además, se pueden hacer edificios más altos para que vivan más personas en la zona.

4. **Explica** dos maneras en las que las personas modifican la tierra.

....

....

....

En los grandes rascacielos pueden vivir y trabajar más personas que en los edificios más pequeños.

La gente y la tierra

Algunas de las actividades que realizan las personas pueden ayudar o dañar el medio ambiente. Los científicos y otras personas buscan cómo mejorar el medio ambiente y la manera de usar los recursos. A través de los años, los agricultores se dieron cuenta de que sembrar los mismos cultivos todos los años daña el suelo. Como resultado, en la actualidad muchos agricultores rotan los cultivos, es decir, no plantan lo mismo que plantaron el año anterior. Además, los agricultores planifican un período de descanso en el que no siembran ningún cultivo. De esta manera, el suelo está húmedo y en mejores condiciones para cultivar.

Los mineros también trabajan para ayudar al medio ambiente. Después de que excavan el suelo para buscar minerales, en la tierra queda muy poca o ninguna vegetación. Entonces, los mineros plantan árboles y otra vegetación en la tierra.

Los líderes de las comunidades ayudan al medio ambiente con algunas de sus decisiones. Aprueban leyes que prohíben a la gente arrojar basura al suelo. También aprueban leyes para asegurar que el agua que bebemos sea potable. Algunas leyes protegen los océanos. Estas leyes no permiten que las empresas arrojen materiales que pueden hacer daño al océano o a la vida marina.

Otras personas ayudan al medio ambiente todos los días. Algunas compran automóviles que no contaminan el aire. También usan el calor del sol o el viento para hacer funcionar los aparatos. Otros organizan grupos para limpiar las playas, los parques y los lagos. Cuando la tierra está limpia, es más segura para las personas y los animales.

Limpiar la tierra es una manera de ayudar al medio ambiente.

Otra manera de ayudar al medio ambiente es conservar la tierra. Las personas conservan la tierra cuando protegen un área especial en parques estatales o nacionales. El primer parque nacional se creó en 1872. En la actualidad, hay más de 350 parques nacionales en los Estados Unidos. Esta tierra está protegida. No está permitido construir ni asentarse allí.

El primer parque nacional fue Yellowstone.

5. **Haz una lista** de tres maneras en las que las personas ayudan al medio ambiente.

....

....

....

¿Entiendes?

🡒 TEKS 4.B, 12.B, 19.B

6. 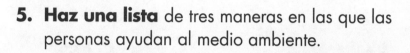 **Causa y efecto Explica** el efecto de una ley que ayuda al medio ambiente.

....

....

....

7. **Describe** cómo se ha modificado la tierra en tu comunidad.

mi Historia: Ideas

....

....

....

8. Trabaja con un grupo pequeño para **investigar** una organización local que trabaje para detener la contaminación. Reúnan información y evalúen el trabajo que ha hecho. Luego **identifiquen** un plan de acción para apoyar la organización. **Presenten** su plan de acción a la clase. Asegúrense de que su plan incluya una solución. Pongan su plan en práctica en su comunidad.

Lección 1 🔶 TEKS 4.A, 5.C

La tierra y el agua

1. **Identifica** el nombre de los accidentes geográficos debajo de cada ilustración.

2. **Rotula** los continentes y los océanos en el mapa de abajo.

El mundo

Lección 2 🔶 TEKS 4.B

Estado del tiempo, clima y fuerzas de la naturaleza

3. **Describe** y **compara** dos maneras en las que las personas se pueden adaptar al clima desértico del Suroeste y al clima de llanuras del Medio Oeste.

Uso de los recursos de la tierra

4. **Describe** el trabajo que hacen muchas personas en una región agrícola.

....

....

....

5. ◉ **Causa y efecto** Las fábricas usan recursos naturales para hacer productos. **Describe** un efecto que tienen las fábricas sobre el medio ambiente.

....

....

....

6. Dibuja algo que tengas en tu casa que esté hecho con algún recurso natural. Luego **identifica** el nombre del recurso natural que se usó para hacerlo.

....

Práctica de TEKS

Nuestra interacción con el medio ambiente

7. Describe cómo las personas de Texas y la Florida han cambiado la manera de construir edificios.

....

....

....

8. Explica por qué hay personas que se establecen cerca de una represa.

....

....

....

9. Analiza qué ocurriría si se talaran árboles pero no se plantaran otros en su lugar.

....

....

....

10. Lee la pregunta y encierra en un círculo la mejor respuesta.

¿Qué oración **describe** lo que ocurre cuando hay una erupción volcánica, un huracán o un terremoto?

A Las personas se mudan de las granjas a la ciudad.

B Las personas derriban puentes.

C El paisaje no cambia.

D Es posible que el paisaje cambie.

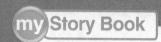

Conéctate en línea para escribir e ilustrar tu **myStory Book** usando **miHistoria: Ideas** de este capítulo.

¿Cómo es nuestra interacción con el planeta?

TEKS
ES 4.B
SLA 17

Todos los días, las personas modifican su medio ambiente. Algunas acciones dañan la tierra. Otras ayudan a mejorarla.

Piensa en cómo interactúas con el medio ambiente. Luego escribe sobre las actividades que puedes hacer para usar menos recursos naturales.

....

....

....

Dibuja a alguien haciendo una actividad que ayuda al medio ambiente.

Las comunidades forman una nación

 mi Historia: ¡Despeguemos!

PREGUNTA PRINCIPAL

¿Cómo influye nuestro pasado en nuestro presente?

Describe algo que sea especial en tu comunidad.

....

....

....

Conocimiento y destrezas esenciales de Texas

1.A Describir cómo los individuos, los acontecimientos y las ideas han cambiado las comunidades, en el pasado y en el presente.

1.B Identificar a individuos, incluyendo a Pierre-Charles L'Enfant, Benjamin Banneker y Benjamin Franklin, quienes han ayudado a formar comunidades.

1.C Describir cómo individuos, incluyendo a Daniel Boone, Christopher Columbus, los Padres de la Patria y Juan de Oñate, han contribuido a la expansión de comunidades existentes o a la creación de nuevas comunidades.

2.A Identificar por qué las personas han formado comunidades, incluyendo la necesidad de seguridad y protección, libertad de religión, de leyes y de bienestar material.

2.B Identificar cómo las personas de las comunidades locales y otras comunidades satisfacen sus necesidades de gobierno, educación, comunicación, transporte y recreación.

2.C Comparar las maneras en que otras comunidades satisfacen sus necesidades.

3.A Usar vocabulario relacionado con el concepto de cronología, incluyendo tiempos pasados, presentes y futuros.

3.B Crear e interpretar líneas cronológicas.

3.C Aplicar los términos de año, década y siglo para describir los tiempos históricos.

4.A Describir y explicar variaciones del ambiente físico, incluyendo el clima, los accidentes geográficos, los recursos naturales y los peligros naturales.

4.B Identificar y comparar cómo las personas de las diferentes comunidades se adaptan o modifican el ambiente físico en el cual viven, tales como desiertos, montañas, zonas acuosas y llanuras.

10.A Identificar los propósitos de la Declaración de Independencia y de la Constitución de EE.UU., incluyendo la Carta de Derechos.

14.A Identificar y comparar las obras heroicas de héroes estatales y nacionales, incluyendo a Hector P. Garcia y James A. Lovell y a otros individuos tales como Harriet Tubman, Juliette Gordon Low, Todd Beamer, Ellen Ochoa, John "Danny" Olivas y otros héroes contemporáneos.

15.A Identificar diferentes escritores y artistas tales como Kadir Nelson, Tomie dePaola y Phillis Wheatley y sus historias, poemas, estatuas, pinturas y otros ejemplos de herencia cultural de las comunidades.

15.B Explicar la significancia de diferentes escritores y artistas tales como Carmen Lomas Garza, Laura Ingalls Wilder y Bill Martin Jr. y sus historias, poemas, estatuas, pinturas y otros ejemplos de herencia cultural de las comunidades.

17.B Ordenar en secuencia y categorizar la información.

17.E Interpretar y crear visuales, incluyendo gráficos, diagramas, tablas, líneas cronológicas, ilustraciones y mapas.

La Misión San Luis
Una comunidad multicultural

mi Historia: Video

Aproximadamente entre 1560 y 1690, se construyeron más de 100 misiones españolas en toda la Florida. Una misión es un asentamiento donde hay una iglesia en la que se enseña religión. Una de las misiones más famosas es la Misión San Luis. Esta misión, ubicada en Tallahassee, es una de las últimas que quedan en pie en la actualidad. "También es el único lugar donde los apalaches y los españoles vivieron juntos", nos cuenta Grace. Los apalaches son indígenas norteamericanos, y los españoles son pobladores que llegaron desde España. "Me encanta aprender sobre otras culturas", añade Grace. Ya nadie vive en la misión, pero la han reconstruido. Los visitantes pueden recorrerla y ver representaciones de cómo era la vida allí hace siglos.

"Los indígenas y los españoles compartían esta misión", explica Grace. En esa época, los indígenas y los colonos europeos no solían vivir juntos. La Misión San Luis era especial.

A Grace le encantó visitar una de las últimas misiones que quedan en pie.

91

Las calabazas y los frijoles son algunos de los productos que cultivaban los apalaches.

Los españoles construyeron un fuerte para proteger su asentamiento.

Las personas que trabajan en la misión visten ropa de la época para enseñar cómo era la vida hace mucho tiempo.

Los apalaches fueron los primeros norteamericanos que se asentaron en esta región. La cercanía del río y la fertilidad del suelo hacían de la región un buen lugar para vivir. Con el paso de los años, los apalaches aprendieron mucho sobre agricultura y comenzaron a cultivar maíz, frijoles y calabazas, entre otros productos. "¡Mi abuela también cultiva esos productos!", se entusiasma Grace. Ella y su familia llegaron a los Estados Unidos desde Puerto Rico. El inglés es la segunda lengua de Grace, y por eso emplea muchas palabras en español cuando habla. "Mi abuela siempre cuenta que nuestra familia cultiva esos productos desde hace mucho tiempo", dice Grace.

Cuando los españoles llegaron a la costa de la Florida, buscaban un lugar donde establecer una comunidad, construir un fuerte para proteger el asentamiento y difundir la religión cristiana. Los apalaches se interesaron en el cristianismo y confiaron en que los españoles los ayudarían a protegerse. Por eso los recibieron bien al verlos llegar. Durante la convivencia, los dos grupos se enseñaron mutuamente sus maneras de hacer las cosas y aprendieron a respetar sus diferencias. "Mi familia y yo también aprendimos muchas cosas cuando llegamos a los Estados Unidos", nos cuenta Grace. A pesar de que la mayoría de las misiones comenzaban a desaparecer en esa época, San Luis floreció.

Este dormitorio está decorado con telas españolas.

Grace observó varios artefactos españoles en este comedor.

En 1656, los españoles construyeron su fuerte donde hoy está ubicada la Misión San Luis. La edificación se levanta sobre la cima de una colina, desde donde se ven con claridad las tierras más bajas de los alrededores. "Este lugar me recuerda la granja de mi familia en Puerto Rico", cuenta la mamá de Grace. "¡Es cierto! ¡También está en la cima de una colina!", recuerda Grace. Para los españoles, era muy importante construir su fuerte en la cima de una colina, así podían ver si se acercaba alguien para atacarlos.

Hoy en día, los visitantes de la Misión San Luis pueden experimentar cómo se vivía entre los apalaches y los españoles. "¡Este lugar es increíble!", dice Grace. "Seguramente, aquí se realizaban ceremonias especiales y se organizaban juegos", comenta mientras recorre el punto central conocido como *la plaza*. La iglesia y la casa del jefe de los apalaches son solo algunos de los edificios que se reconstruyeron imitando el aspecto que tenían hace cientos de años. Grace también disfruta al observar todos los artefactos domésticos de los españoles. ¡El pasado cobra vida en la Misión San Luis!

Piénsalo Según esta historia, ¿por qué crees que es importante visitar lugares como la Misión San Luis? A medida que lees el capítulo, piensa de qué manera aprender sobre el pasado influye en tu vida en el presente.

Los guías turísticos y las otras personas que trabajan en la Misión San Luis disfrutan enseñando a los visitantes sobre el pasado.

Los primeros pobladores de Norteamérica

¡Imagínalo!

Mira la fotografía. Escribe qué recurso natural se usó para construir estas viviendas.

Todas las comunidades tienen una historia moldeada por los primeros habitantes del lugar. Tu comunidad es especial tanto por su pasado como por su presente.

Grupos de indígenas norteamericanos

LEYENDA
— Límite actual

ÁRTICO

SUBÁRTICO

PACÍFICO NOROESTE

MESETA

OCÉANO PACÍFICO

GRAN CUENCA

LLANURAS

ZONA BOSCOSA DEL NORESTE

CALIFORNIA

ZONA BOSCOSA DEL SURESTE

OCÉANO ATLÁNTICO

SUROESTE

Golfo de México

0   1,000 mi
0   1,000 km

N O E S

Grupos culturales

Los indígenas norteamericanos fueron los primeros pobladores de América del Norte, o Norteamérica. Había muchos grupos de indígenas distintos, y cada uno tenía su propia cultura y sus **costumbres**, es decir, su forma particular de hacer las cosas.

En el mapa se muestran las regiones de América del Norte donde vivían los indígenas. Cada grupo usaba los recursos naturales de su región para satisfacer sus necesidades. Los indígenas que vivían en la región del Pacífico Noroeste pescaban en el océano Pacífico. Los que vivían en las llanuras aprovechaban el suelo fértil para la agricultura.

1. **Identifica** y subraya dos maneras en que los indígenas norteamericanos usaban los recursos naturales para vivir.

DESCIFRA LA PREGUNTA PRINCIPAL

Aprenderé cómo influye la geografía en las comunidades y cómo se relacionan el pasado y el presente.

Vocabulario

costumbre   reserva

vivienda   gobierno

comunal   tradición

confederación

cooperar

Los cheroquíes del Sureste

Hace mucho tiempo, un grupo de indígenas norteamericanos llamados cheroquíes se asentaron en los bosques del sureste de los Estados Unidos. Los cheroquíes escogieron esta región por las características de su geografía: suelo fértil, ríos y árboles.

Los cheroquíes se establecieron por primera vez en América del Norte hace más de 1,000 años. Eran cazadores y agricultores. Comían carne, frutas y verduras. Usaban árboles para construir sus viviendas. Hacían estructuras de madera y las cubrían con lodo de las riberas cercanas. Con el tiempo, los cheroquíes empezaron a construir cabañas de troncos, que los protegían de la nieve y el frío del invierno.

Un cheroquí famoso llamado Sequoyah inventó un sistema de 86 símbolos para escribir en su lengua. Desde entonces es posible leer y escribir en cheroquí.

2. ◉ **Idea principal y detalles Describe** cómo los cheroquíes crearon una nueva comunidad.

....

....

....

TEKS
1.A, 1.B, 2.A, 2.B, 2.C, 3.A, 4.B, 15.A, 15.B, 17.B

Los cheroquíes usaban recursos naturales para hacer recipientes de cerámica y canastas tejidas.

Los iroqueses del Noreste

Los iroqueses se asentaron en los bosques del territorio que es hoy el centro y el norte de Nueva York y el sur del Canadá. Al igual que los cheroquíes, los iroqueses escogieron esa región por su geografía. En los bosques había muchos animales y plantas. Los iroqueses usaban los ríos para pescar y trasladarse.

Aldea iroquesa

Como los cheroquíes, los iroqueses usaban árboles para construir sus viviendas. Sin embargo, las viviendas iroquesas tenían una forma diferente. ¡Medían hasta 200 pies de longitud! Se llamaban **viviendas comunales**. Las viviendas comunales podían albergar hasta diez familias. Cada familia tenía su propio espacio. En el centro de la vivienda comunal se prendían fogatas y las familias las compartían.

Hace más de 500 años, los iroqueses crearon una confederación. Una **confederación** es un acuerdo formal, es decir, un tratado, que establece la colaboración entre grupos. La Confederación Iroquesa incluía cinco grupos de cultura similar: los mohawks, los oneidas, los onondagas, los cayugas y los senecas. También se la conocía como la confederación de las cinco naciones. Contaba con reglas para proteger los derechos de cada uno de los cinco grupos. Todos los grupos iroqueses participaban en la votación de decisiones importantes.

3. **Describe** de qué manera la idea de formar una confederación cambió las comunidades.

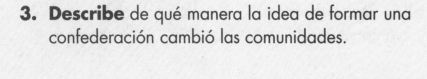

Cooperación entre los grupos

Tal como lo demuestra la Confederación Iroquesa, algunos grupos indígenas se unían para **cooperar**, es decir, trabajar conjuntamente. Aunque la Confederación permitía que cada grupo se gobernara por su cuenta, las cinco naciones consideraban que era mejor unirse para tener más fuerza y poder. El propósito principal de la Confederación Iroquesa era la *Gran Ley de la Paz*. Según esta ley, todas las decisiones debían tomarse de forma pacífica. Si había desacuerdos entre los grupos, no estaba permitida la agresión.

Los grupos de indígenas norteamericanos no solo cooperaban entre sí, sino que también colaboraron con los primeros colonos ingleses. Cuando llegaron esos colonos, hace aproximadamente 300 años, algunos indígenas les enseñaron a cultivar productos como la calabaza, el calabacín, los frijoles y el maíz. También les explicaron diferentes técnicas para pescar en aguas poco profundas.

Sin embargo, en ocasiones se desataban guerras entre los grupos indígenas. Hace aproximadamente 400 años, los iroqueses lucharon contra los hurones, los eries y los algonquinos. Los iroqueses intercambiaban pieles de castor por armas y otros suministros con los colonos europeos. Cuando los castores comenzaron a extinguirse, los iroqueses se desplazaron hacia el oeste en busca de esos animales, adentrándose en el territorio de otros indígenas. Como los iroqueses tenían mejores armas que los grupos con los que se enfrentaban, ganaron las llamadas Guerras de los Castores.

Los indígenas norteamericanos llevan pieles de castor a los colonos ingleses.

4. ◉ **Causa y efecto**
Identifica y subraya los efectos del trabajo en conjunto de los grupos iroqueses.

97

Indígenas norteamericanos en la actualidad

Hoy en día, en los Estados Unidos viven unos 2 millones de indígenas. Aproximadamente 1 millón de indígenas viven en el Canadá.

Algunos indígenas de los Estados Unidos viven en **reservas**, es decir, tierras que el gobierno de los Estados Unidos les otorgó hace muchos años. Cada reserva tiene su propio **gobierno**. Un gobierno es un sistema de reglas que organizan la vida de las personas. Los indígenas que viven en las reservas tienen que obedecer las leyes establecidas por este gobierno. No solo tienen que respetar las leyes establecidas por el gobierno de su reserva, sino que también tienen que respetar las leyes del gobierno de los Estados Unidos.

Ben Nighthorse Campbell pertenece al grupo de cheyenes del norte y es miembro del Consejo de Jefes del grupo. También formó parte del gobierno de los Estados Unidos durante 18 años.

Los indígenas tienen tradiciones. Una **tradición** es una manera especial de hacer algo, que se pasa de generación en generación. Las tradiciones cheroquíes incluyen juegos, danzas, canciones y ropa. Algunos indígenas visten ropa tradicional, como los tocados de plumas. En la fotografía se muestra a Ben Nighthorse Campbell con un tocado que representa la valentía y el coraje.

5. **Identifica** quién crea las leyes en las reservas de los indígenas norteamericanos.

....

....

Ben Nighthorse Campbell viste ropa tradicional de los indígenas en una reunión del gobierno de los Estados Unidos.

6. ⊙ **Idea principal y detalles Compara** los asentamientos de los indígenas norteamericanos. Luego, completa la tabla con detalles que apoyen la idea principal.

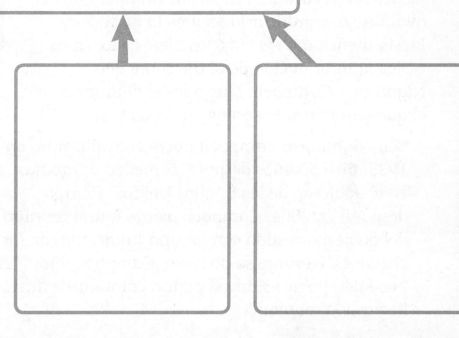

Los indígenas escogían dónde asentarse según la geografía del lugar.

7. ❓ **Describe** tradiciones del pasado en tu familia o tu comunidad.

mi Historia: Ideas

....

....

....

8. Identifica algún artista o escritor local con raíces indígenas, cuya obra ayude a recordar y a mantener viva su cultura. Elige un artista plástico o un escritor. Comparte una obra del artista con tus compañeros. **Explica** de qué manera la obra del artista refleja su cultura.

....

....

Secuencia

Una secuencia es el orden en el que ocurren los sucesos. Las palabras *primero, segundo, tercero, luego, después, siguiente, finalmente, pasado, futuro, ahora* y *más tarde* pueden ayudarte a identificar la secuencia de sucesos. Las fechas también pueden ayudarte a identificar la secuencia de sucesos. Presta atención a los días, los meses y los años.

Lee la información de abajo sobre Ben Nighthorse Campbell. Luego lee el diagrama en el que se muestra la secuencia de sucesos.

Ben Nighthorse Campbell nació en California, en 1933. Casi 50 años después, comenzó a trabajar en el gobierno de los Estados Unidos. Tiempo después, en 2004, Campbell asistió a una reunión del gobierno vestido con la ropa tradicional de los cheyenes. Durante su discurso, Campbell dijo: "Tenía poco tiempo. No sabía si podría cambiarme antes de llegar a la reunión".

Ben Nighthorse Campbell

Ben Nighthorse Campbell

Ben Nighthorse Campbell nació en California, en 1933.

Casi 50 años después, comenzó a trabajar en el gobierno de los Estados Unidos.

Tiempo después, en 2004, Campbell asistió a una reunión del gobierno vestido con la ropa tradicional de los cheyenes.

¡Inténtalo!

Lee el fragmento sobre Sequoyah. Luego completa la secuencia de sucesos en el diagrama de abajo. Encierra en un círculo las palabras o las fechas del pasaje que te ayudaron a identificar la secuencia correcta.

Sequoyah hizo una contribución muy importante a la cultura cheroquí. En 1821, desarrolló un conjunto de símbolos que correspondían a las 86 sílabas de la lengua cheroquí. Después se comenzó a enseñar la lengua en todas las escuelas cheroquíes. Finalmente, los cheroquíes comenzaron a imprimir libros y periódicos en la lengua cheroquí.

Sequoyah

Sequoyah

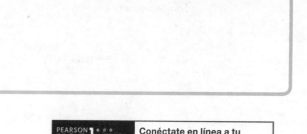

Los primeros exploradores

Imagina que viajas al lugar que se muestra en la fotografía. Describe lo que podrías hallar al llegar.

¿Te gusta viajar a lugares nuevos y conocer otras personas? ¡A los exploradores les gusta mucho! Un **explorador** es una persona que viaja en busca de nuevas tierras y descubrimientos.

Los exploradores zarpan desde Europa

Los exploradores europeos creían que llegar a Asia por mar llevaría menos tiempo que por tierra. Todos querían ser los primeros en descubrir una ruta marítima a Asia. Una **ruta** es el camino que se toma para llegar a un lugar.

Rutas de los exploradores europeos

CANADÁ

INGLATERRA

EUROPA

AMÉRICA DEL NORTE

FRANCIA

ESTADOS UNIDOS

PORTUGAL

ESPAÑA

OCÉANO ATLÁNTICO

San Salvador

N

MÉXICO

Golfo de México

O   E

ÁFRICA

Mar Caribe

S

0   1,000 mi

0   1,000 km

LEYENDA

- Cristóbal Colón
- Juan Ponce de León
- Jacques Cartier
- Samuel de Champlain
- Juan Caboto
- Henry Hudson

El mapa muestra las fronteras actuales.

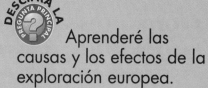
DESCIFRA LA PREGUNTA PRINCIPAL

Aprenderé las causas y los efectos de la exploración europea.

Vocabulario

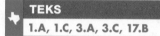

explorador

ruta

Hace más de 500 años, en la década de 1480, algunos exploradores portugueses comenzaron a buscar una ruta marítima que llevara a Asia rodeando África. A principios de la década de 1490, España fue el primer país en enviar exploradores hacia el oeste a través del océano Atlántico. Estos exploradores no solo buscaban una manera de llegar a Asia por mar, sino también especias y hierbas que necesitaban para cocinar y para usar como medicamentos. Además, esperaban hallar oro, seda y otras riquezas.

A fines de la década de 1490, los exploradores ingleses también comenzaron a buscar una ruta marítima a Asia. Los ingleses querían adquirir tierras en las Américas; por eso también enviaron exploradores a esas tierras.

A principios del siglo XVI, Francia también buscaba una ruta marítima a Asia. Durante la búsqueda, los exploradores franceses construyeron asentamientos en América del Norte y comerciaron con los indígenas del actual Canadá.

TEKS
1.A, 1.C, 3.A, 3.C, 17.B

Especias, oro, seda, gemas

1. ◎ **Secuencia Analiza** la sección. Luego haz una lista de los países europeos en el orden en que cada uno comenzó a buscar una ruta marítima a Asia.

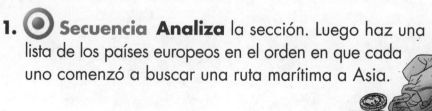

PEARSON realize · Conéctate en línea a tu lección digital interactiva.

103

Exploradores españoles

Hace mucho tiempo, las especias eran muy valiosas. Las especias se usaban para evitar que la comida se echara a perder. España contrató a Cristóbal Colón, un explorador nacido en Italia, para que navegara hasta China en busca de especias.

Colón zarpó en 1492. Pensó que llegaría a China si navegaba hacia el oeste desde España. Pero nunca llegó a China. Desembarcó en una isla en la costa de lo que actualmente es la Florida. Cuando vio por primera vez a los habitantes del lugar, los llamó "indios". Los llamó así porque pensó que había llegado a las Indias Orientales, cerca del sur de China. Luego navegó hacia otras islas. Creó un asentamiento en una isla que llamó La Española.

En La Española vivía un grupo de indígenas llamados taínos. La vida de los taínos cambió después de la llegada de los españoles. Muchos murieron a causa de las enfermedades que estos trajeron.

Américo Vespucio fue otro explorador que navegó al servicio de España. Exploró muchos lugares, incluso el territorio que hoy es Venezuela. América del Norte y América del Sur fueron llamadas así en su honor.

Colón tenía tres barcos: la Niña, la Pinta y la Santa María.

Exploradores franceses

Cuando los franceses llegaron a América del Norte, en la década de 1520, comenzaron a explorar la región. Navegaron por río hacia el norte, atravesando el centro de América del Norte. Jacques Cartier navegó por el río San Lorenzo en 1535.

Samuel de Champlain exploró la región del San Lorenzo y los Grandes Lagos. Fundó la ciudad de Quebec en 1608. Champlain aprendió mucho de los indígenas y entabló una buena relación con ellos.

En 1634, Jean Nicolet intentó hallar el paso del noroeste a la India, es decir, una ruta marítima que uniera el océano Atlántico con el Pacífico por el noroeste. No logró encontrarlo, pero exploró el lago Michigan. Robert de La Salle exploró los Grandes Lagos y el río Mississippi.

2. **Describe** de qué manera Cristóbal Colón contribuyó a la creación de nuevas comunidades.

....

....

Las rutas de Vespucio y La Salle

AMÉRICA DEL NORTE

Fuerte Frontenac

OCÉANO ATLÁNTICO NORTE

EUROPA

FRANCIA

Río Mississippi

ESPAÑA

PORTUGAL

ASIA

Fuerte San Luis

La Española

Golfo de México

ÁFRICA

OCÉANO PACÍFICO

AMÉRICA DEL SUR

OCÉANO ATLÁNTICO SUR

N
O   E
S

LEYENDA
← Vespucio, 1499
← Vespucio, 1500
← La Salle, 1682
◄-- La Salle, 1684
🏰 Fuerte

0   1,200 mi
0   1,200 km

Exploradores ingleses

Los ingleses también querían explorar las Américas. En junio de 1497, Juan Caboto llegó a la costa de América del Norte y desembarcó allí. Caboto exploró la costa antes de regresar a Inglaterra. Quería contarles a todos sobre su descubrimiento. Más tarde, Inglaterra reclamó la totalidad de América del Norte. Los ingleses creían que Caboto había sido el primero en descubrir este territorio.

En 1580, Sir Francis Drake se convirtió en el primer explorador inglés en dar la vuelta al mundo en barco. Reclamó para Inglaterra el territorio cercano al área que hoy es San Francisco. Cuando Drake concluyó su viaje, fue homenajeado por la reina.

A partir de 1607, Henry Hudson navegó al servicio de Inglaterra en busca del paso del noroeste a la India. Tras muchos intentos fallidos, se mudó a los Países Bajos. En 1609 zarpó desde allí nuevamente en busca del paso del noroeste. No lo halló, pero descubrió un río inmenso en América del Norte: era el río Hudson, en el actual estado de Nueva York.

3. Identifica y subraya las oraciones que indican lo que cada explorador ayudó a reclamar o descubrir.

Henry Hudson y su tripulación navegan por el río Hudson.

4. ◉ **Secuencia Analiza** la lista de sucesos. Luego completa la tabla ordenando los sucesos.

Samuel de Champlain funda la ciudad de Quebec.
Jean Nicolet explora el lago Michigan.
Henry Hudson descubre el río Hudson.

Fecha	Suceso

5. ❓ **Identifica** un explorador de esta lección. **Explica** cómo contribuyó a formar una comunidad.

mi Historia: Ideas

....

....

....

6. En esta lección leíste acerca de Cristóbal Colón, un explorador internacional. **Compara** y **contrasta** a Cristóbal Colón con Daniel Boone, un explorador estadounidense de una época posterior. **Describe** cómo cada uno contribuyó a la expansión de las comunidades existentes o a la creación de nuevas comunidades.

....

....

....

Líneas cronológicas

Una línea cronológica muestra cuándo ocurrieron los sucesos. Puede dividirse en años, décadas o siglos. Una década equivale a diez años, y un siglo, a 100 años. La línea cronológica de esta página muestra cuándo algunos estados pasaron a formar parte de los Estados Unidos. Está dividida en períodos de 50 años, es decir, períodos de cinco décadas.

En la línea cronológica, los sucesos se ubican en el orden en el que ocurrieron. El suceso que ocurrió primero, es decir, el más antiguo, se ubica en el extremo izquierdo de la línea cronológica. ¿Cuál de los cuatro estados que se muestran abajo fue el primero del país? Si miras hacia la izquierda, verás que Virginia fue el primer estado del país. Al leer la línea cronológica de izquierda a derecha, aprenderás qué sucesos ocurrieron primero, después, más tarde y por último. El último suceso, es decir, el más reciente, se muestra a la derecha.

Los estados pasan a formar parte del país

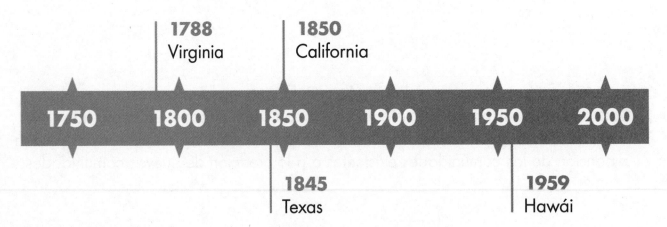

	1788 Virginia	1850 California			
1750	1800	1850	1900	1950	2000
		1845 Texas		1959 Hawái	

Mira la línea cronológica. ¿Qué estado pasó a formar parte del país primero: California o Texas? Si lees de izquierda a derecha, verás que Texas fue un estado antes que California. ¿Cuántos años pasaron entre un suceso y otro? ¡Correcto! La respuesta es cinco años.

TEKS

ES 3.B Crear e interpretar líneas cronológicas.

ES 3.C Aplicar los términos de año, década y siglo para describir los tiempos históricos.

ES 17.E Interpretar y crear visuales, incluyendo líneas cronológicas.

¡Inténtalo!

Completa la línea cronológica. **Interpreta** la línea cronológica para responder las siguientes preguntas.

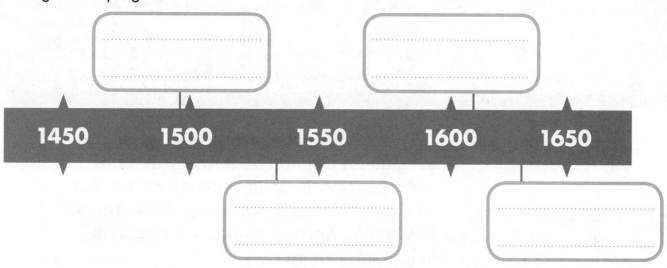

1. Lee la siguiente lista de años y sucesos. Luego completa la línea cronológica con el nombre de cada explorador para mostrar cuándo viajó.

   1535 Jacques Cartier navegó por el río San Lorenzo.

   1492 Cristóbal Colón zarpó hacia las Américas.

   1634 Jean Nicolet exploró el lago Michigan.

   1609 Henry Hudson descubrió el río Hudson.

2. **Identifica** el nombre del explorador que viajó primero.

   ....

3. El asentamiento San Agustín, en la Florida, fue fundado en 1565. **Explica** si esto sucedió antes o después de que Jacques Cartier navegara en el río San Lorenzo.

   ....

4. **Identifica** a los dos exploradores que viajaron con menos de tres décadas de diferencia uno de otro.

   ....

   ....

PEARSON realize Conéctate en línea a tu lección digital interactiva.

109

Las primeras comunidades españolas

¡Imagínalo!

Mira las dos imágenes de San Diego, California.
Comenta cómo ha cambiado San Diego con el tiempo.

Los exploradores de Portugal, España, Francia
e Inglaterra llegaron a las Américas. Estos
exploradores y los indígenas americanos que
vivían en el territorio tenían culturas distintas.
Hoy en día, América es una rica mezcla de
todas estas culturas.

Analicemos en mayor detalle a los exploradores
españoles que trajeron su cultura a América.

Exploración española en la Florida

Algunos de los exploradores que zarparon hacia
las Américas buscaban oro, gemas y riquezas. Otros
querían hacerse famosos.

Los indígenas norteamericanos contaban
una **leyenda**, es decir, un relato sobre el pasado
cuyos datos no se pueden comprobar. Esa leyenda
especial trataba sobre un manantial mágico cuya
agua devolvía la juventud a quien la bebiera. El
explorador español Juan Ponce de León intentó
hallar el manantial. Buscaba la Fuente de la
Juventud.

En 1513, durante su búsqueda, Ponce de León
llegó a la región que hoy es St. Augustine, Florida.
Tomó el control de las tierras para España. Llamó
a la región *La Florida*, que quiere decir "tierra de
flores".

Ponce de León

DESCIFRA LA PREGUNTA PRINCIPAL

Aprenderé sobre los primeros exploradores y colonos españoles en América del Norte.

Vocabulario

leyenda · · · colonizar
fuerte · · · misión
colonia · · · ciudadano

Ponce de León y sus hombres no hallaron la Fuente de la Juventud. Decepcionado, el explorador español abandonó la Florida. Navegó a lo que hoy es Puerto Rico y luego volvió a España.

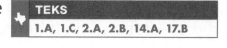

TEKS
1.A, 1.C, 2.A, 2.B, 14.A, 17.B

Ponce de León regresó a la Florida y desembarcó en la costa oeste en 1521. Llevó consigo a casi 200 colonos, 50 caballos y otros animales, además de herramientas agrícolas. A su llegada, Ponce de León y su grupo lucharon contra un grupo de indígenas. Ponce de León sufrió una herida y murió poco después.

Ponce de León fue el primer europeo en explorar la región de la Florida ubicada cerca de la actual St. Agustine. Después de él, otros exploradores siguieron recorriendo la región.

1. Describe las consecuencias que tuvo la llegada de Ponce de León en las comunidades indígenas.

....

....

....

....

La Florida actual

Alabama · Georgia
Tallahassee ★ · Jacksonville ●
St. Augustine ●

Golfo de México · Tampa ●

Miami ●

N O E S

LEYENDA
★ Capital
● Ciudad

0 — 140 mi
0 — 140 km

España y Francia luchan por establecerse en la Florida

Tanto España como Francia querían construir un asentamiento en la Florida. En 1564, los franceses establecieron un fuerte y una colonia sobre el río Saint Johns. Un **fuerte** es un edificio fortificado o un área que sirve como defensa contra los ataques de los enemigos. Una **colonia** es un lugar gobernado por otro país. El fuerte francés se llamó fuerte Caroline.

El fuerte Caroline estaba ubicado cerca del lugar donde antes habían desembarcado los españoles. Los barcos con tesoros españoles navegaban la costa de la Florida pasando frente al fuerte Caroline en su recorrido entre América del Sur y España. El fuerte y el asentamiento de los franceses representaban una amenaza para los barcos españoles. El rey Felipe II de España pensó un plan para proteger los barcos de ataques enemigos. Envió a don Pedro Menéndez de Avilés, un explorador español, a establecer y liderar una colonia española en la Florida. El rey confiaba en Menéndez para que protegiera los barcos españoles.

El rey Felipe II de España quería proteger los barcos con tesoros españoles, como el que se muestra a la izquierda. El fuerte Caroline, que se ve en la foto de abajo, era una amenaza para ellos.

El rey Felipe ordenó a Menéndez que explorara y poblara la Florida. También le ordenó que expulsara a los colonos y piratas de otros países. Un pirata es una persona que asalta barcos en el mar.

Menéndez llegó a la Florida en 1565. Junto con sus soldados y los colonos, construyó un fuerte para protegerse. Lo llamaron Castillo de San Marcos. El área estaba a resguardo del océano. Era un lugar fácil de defender. Después, Menéndez fundó un asentamiento en lo que hoy es St. Augustine. Lo llamó San Agustín.

Menéndez derrotó a los franceses del fuerte Caroline. Después, un huracán del Atlántico destruyó una flota entera de barcos franceses. De esta manera, España logró controlar la costa de la Florida. Llegaron más españoles para establecerse en San Agustín. Este fue el primer asentamiento europeo permanente en América del Norte.

Don Pedro Menéndez de Avilés

2. ◉ **Secuencia Repasa** la sección. Luego haz una lista que incluya la secuencia de los sucesos que dieron lugar al asentamiento de los españoles en San Agustín.

....

....

....

....

....

....

St. Augustine es la ciudad europea más antigua de los Estados Unidos.

Los españoles exploran la región del Suroeste

A principios del siglo XVI, los españoles ya vivían en Nueva España, en lo que hoy es México. Allí oyeron otra leyenda indígena, que describía las Siete Ciudades de Oro, una de ellas llamada Cíbola. Supuestamente, esta ciudad estaba ubicada al norte, en lo que hoy es la región del Suroeste de los Estados Unidos.

El explorador español Francisco Vázquez de Coronado influyó en la historia de la región con sus exploraciones en busca de oro. Cíbola resultó ser una aldea indígena. Allí no había oro. De todos modos, los zuñis le dijeron a Coronado que fuera hacia el norte, hasta Quivira. Hoy se cree que los indígenas inventaban leyendas para confundir a los exploradores españoles. Coronado tampoco encontró oro en Quivira y, desilusionado, regresó a Nueva España en 1540. Aun así, incluso 60 años después, exploradores como Juan de Oñate siguieron los pasos de Coronado en busca del oro de Quivira.

Juan de Oñate

Oñate partió desde Nueva España en 1598 con una expedición formada por soldados, colonos, niños y ganado. Los recién llegados atravesaron el desierto de Chihuahua. A los 45 días de viaje, se quedaron sin alimento ni agua. Los exploradores no encontraban casi nada en el lugar para comer y beber. Muchos estuvieron a punto de morir. Finalmente, encontraron nada menos que el río Grande. Eso les salvó la vida.

Luego de haber descansado, cazado y pescado durante diez días, Oñate ordenó dedicar un día a la Acción de Gracias. Un miembro del grupo describió así la celebración:

> *Prendimos una gran fogata, cocinamos carne y pescado, y luego nos sentamos todos juntos a disfrutar de un banquete inolvidable. Estábamos felices de haber dejado atrás nuestras dificultades…*

Algunos historiadores consideran que esta fue la primera celebración de Acción de Gracias. En El Paso, Texas, todos los años se conmemora este importante suceso.

Asentamientos españoles en el Suroeste

Después del día de Acción de Gracias, Oñate colonizó Nuevo México para España, y la mayoría de los miembros de su expedición comenzaron a construir viviendas. **Colonizar** es poblar tierras en nombre de otro país. Este fue el primer asentamiento español en el Suroeste. Oñate era famoso por su crueldad. De hecho, cuando regresó de buscar oro en Quivira, se encontró con que la mayoría de los habitantes de su colonia se habían ido. Pero él no fue el único español que se asentó en el Suroeste.

En lo que hoy es Texas, los españoles establecieron asentamientos llamados misiones. Una **misión** es un asentamiento que tiene una iglesia donde se enseña religión. En 1691, en la actual San Antonio vivían los papayas. Hacia 1718 se estableció allí la misión San Antonio de Valero. Más tarde, esa misión pasó a ser conocida como El Álamo.

Las misiones de Texas enseñaban a los indígenas norteamericanos la cultura española.

3. Describe cómo contribuyó Juan de Oñate a la creación o expansión de comunidades.

....

....

Asentamientos españoles en California

Después de establecerse en San Agustín y en la región del Suroeste, los españoles colonizaron otros lugares. Colonizaron distintas partes de California. Allí construyeron pueblos. También construyeron presidios, o fuertes. En California, al igual que en la Florida y el Suroeste, los españoles también establecieron misiones.

Las primeras misiones de California se construyeron en la década de 1760. Se establecieron con el propósito de enseñar la cultura y la religión española a los indígenas que vivían allí. El rey de España envió a un líder religioso llamado Junípero Serra para seguir estableciendo misiones. Él y otros líderes enseñaron a algunos grupos indígenas a leer y escribir en español y a preparar comidas españolas.

Los españoles construyeron pueblos como este, ubicado en la actual California.

España pierde poder

España enviaba dinero para mantener las misiones. Pero a principios del siglo XIX, España ordenó a los líderes religiosos que dejaran de construir misiones en California. La última misión se construyó en 1823.

Las personas que llegaban a California en esa época querían que el gobierno mexicano expulsara a los indígenas de las misiones. México tenía el control de California. En 1826, el jefe de gobierno de California permitió a muchos indígenas salir de las misiones y convertirse en ciudadanos mexicanos. Un **ciudadano** es un miembro oficial de una comunidad. Cuando los indígenas se fueron de las misiones, necesitaron conseguir trabajo y vivienda. Su vida se volvió más difícil. Sin embargo, muchos indígenas de California rechazaban la influencia de las misiones en su cultura.

4.  **Secuencia Identifica** y subraya las oraciones que indican cuándo se construyeron las primeras misiones y cuándo se construyó la última.

TEKS 1.A, 2.A, 14.A

5. ⊙ **Resumir** Escribe dos oraciones que **resuman** lo que aprendiste sobre los asentamientos españoles en las Américas.

....

....

....

....

....

6. ⁇ **Identifica** por qué los españoles formaron comunidades para cubrir sus necesidades de seguridad y protección en el actual territorio de los Estados Unidos.

mi Historia: Ideas

....

....

....

7. En esta lección leíste acerca de los exploradores españoles de los siglos XVI y XVII. **Compara** un explorador español del pasado con Ellen Ochoa, una heroína hispana de la actualidad. **Describe** cómo sus ideas cambiaron a las comunidades en el pasado y en el presente.

....

....

Las primeras comunidades francesas

¡Imagínalo!

Escribe dos cosas que veas en la ilustración que te indican que se trata de una escena del pasado.

Los exploradores franceses recorrieron diferentes partes de América del Norte. Llevaron la cultura francesa a los lugares que visitaron. Muchas de las ciudades que fundaron los franceses en América del Norte conservan parte de la cultura francesa.

Los franceses llegan a América del Norte

En 1498, Vasco da Gama, un explorador de Portugal, descubrió una ruta de navegación a la India. Los franceses creían que sería más rápido viajar por vías de navegación fluviales, por lo que exploraron ríos y arroyos.

En 1534, Jacques Cartier llegó a Terranova. Luego exploró el golfo de San Lorenzo en el territorio que hoy es el Canadá. Cartier navegó corriente arriba por el río San Lorenzo. Se dio cuenta de que esa no era la ruta directa a Asia que estaba buscando. Era muy peligroso seguir viaje hacia el oeste en aguas tan turbulentas, y por eso Cartier decidió regresar.

La ciudad de St. Louis, en Missouri, fue poblada inicialmente por los franceses. En 1700, los sacerdotes construyeron allí una misión. Los indígenas norteamericanos se unieron a los sacerdotes, pero el asentamiento no duró.

Terranova, Canadá

LEYENDA
— Límite actual

N
O   E
S

0   300 mi
0   300 km

OCÉANO ATLÁNTICO

Quebec

Río Churchill   Labrador

Terranova

Golfo de San Lorenzo

Aprenderé sobre los primeros exploradores y pobladores franceses en América del Norte.

Vocabulario

expedición

territorio

Alrededor de 1760, un francés llamado Pierre Laclede viajó al lugar donde se había establecido la misión en 1700. Allí instaló un puesto de comercio donde se intercambiaban pieles por otros artículos. Laclede quería comprar pieles a los indígenas. Llamó a la región St. Louis en homenaje al rey Luis de Francia. Laclede dijo que su objetivo era establecer "una de las ciudades más bellas de América". ¡Y lo logró!

Con el tiempo, Francia perdió el control de St. Louis. La ciudad atrajo a nuevos pobladores y nuevos comercios. Sin embargo, sigue habiendo una gran influencia de la cultura francesa en St. Louis.

TEKS
1.A, 1.B, 2.A, 2.B, 3.C, 4.A, 4.B, 17.B

1. **Describe** la manera en que las ideas de Laclede influyeron en St. Louis.

....

....

....

....

La zona de la ribera de St. Louis recibió su nombre en homenaje a Pierre Laclede.

PEARSON
realize™   Conéctate en línea a tu
lección digital interactiva.   119

Champlain funda la ciudad de Quebec

En 1608, Samuel de Champlain zarpó desde Francia rumbo al territorio del actual Canadá. Construyó una aldea cerca de una región donde vivía un grupo de indígenas llamados hurones. Mantuvo una relación pacífica con esa nación indígena.

Champlain llamó Quebec a su aldea. Inglaterra y Francia pelearon para quedarse con ella. Ambos países la codiciaban por su ubicación. Quebec estaba entre dos vías de navegación, los ríos San Lorenzo y San Carlos. Los pobladores podían aprovechar estos ríos para comerciar y desplazarse de un lugar a otro. En 1759, los ingleses ganaron una batalla contra los franceses. Como resultado, el dominio francés en el Canadá terminó.

Le Chateau Frontenac

Hoy, la cultura francesa sigue teniendo mucha influencia en Quebec. Sus habitantes hablan francés y conservan las costumbres y tradiciones francesas. El Viejo Quebec es un lugar turístico muy visitado. Esta zona de la ciudad está en la cima de una colina. En el corazón del Viejo Quebec se alza Le Chateau Frontenac. Se construyó en 1893 sobre la colina, con vista al río San Lorenzo. Desde allí se ven lugares que están a millas de distancia.

2. **Explica** por qué la ubicación de la ciudad de Quebec era tan importante.

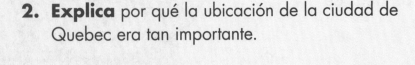

Exploración del río Mississippi

En lugar de recorrer la costa, los franceses exploraron las vías de navegación fluviales tierra adentro. En 1672, un francés llamado Louis Joliet quedó a cargo de una expedición por el río Mississippi. Una **expedición** es un viaje que tiene un propósito particular. Joliet y un sacerdote de apellido Marquette navegaron corriente abajo por el río Mississippi desde el territorio actual del Canadá. Visitaron los lugares hoy conocidos como Green Bay, Wisconsin y Chicago, en Illinois. Descubrieron que el río Mississippi desemboca en el golfo de México.

Décadas antes, a principios del siglo XVII, Robert de La Salle exploró los Grandes Lagos y el río Mississippi, entre otros lugares. Por eso reclamó toda la región del Mississippi para Francia. En 1634, Jean Nicolet y siete indígenas emprendieron una expedición en una canoa grande y recorrieron el lago Michigan. Nicolet también descubrió lo que hoy en día es el estado de Wisconsin.

Gracias a estos y otros exploradores, los franceses comenzaron a ganar poder y dominio en América del Norte. Reclamaron grandes partes del continente para Francia.

3. Secuencia **Identifica** quién exploró primero el río Mississippi: Louis Joliet o Robert de La Salle.

....

Joliet recorrió en canoa los rápidos inexplorados cercanos a la actual Montreal, Canadá.

Los franceses pierden poder en América del Norte

Tanto los británicos como los franceses querían controlar el norte de América del Norte. Así comenzó la Guerra contra la Alianza Franco-Indígena. Duró de 1754 a 1763. Algunos indígenas lucharon junto a los franceses contra los británicos. Los franceses fueron derrotados y perdieron gran parte de sus tierras a manos de los británicos.

En 1803, Francia perdió aún más poder en América del Norte. Los Estados Unidos compraron a Francia el territorio de Luisiana. Un **territorio** es una superficie de tierra en posesión de un país, ya sea dentro o fuera de las fronteras de ese país. Este suceso se conoce como la Compra de Luisiana. El territorio se extendía desde el río Mississippi hasta las montañas Rocosas, y su adquisición aumentó en más del doble el tamaño de los Estados Unidos.

Un soldado británico lucha en la Guerra contra la Alianza Franco-Indígena.

4. **Traza** el contorno de la Compra de Luisiana. Luego **traza** una línea punteada marcando el contorno del conjunto de estados.

Compra de Luisiana

MONTAÑAS ROCOSAS

Compra de Luisiana

Río Mississippi

Territorio de Indiana

Ohio

New Hampshire
Vermont

Mass.

Nueva York

Pennsylvania

Rhode Island
Connecticut
Nueva Jersey
Delaware
Maryland

Virginia

Kentucky

Tennessee

Carolina del Norte

Carolina del Sur

Territorio sin organizar

Georgia

Territorio del Mississippi

OCÉANO ATLÁNTICO

LEYENDA
- Estado
- Territorio
- Compra de Luisiana
- Zona en disputa

N O E S

0   400 mi

0   400 km

5. ◉ **Secuencia Identifica** tres de los sucesos principales de la lección y escríbelos en orden, del primero al último. **Explica** por qué fue importante cada suceso.

6. ❓ **Describe** la exploración del río Mississippi durante el siglo XVII.

mi Historia: Ideas

....

....

....

7. Investiga sobre los hugonotes, otro grupo de inmigrantes franceses que se establecieron en América del Norte hace mucho tiempo. **Explica** a un compañero por qué los hugonotes se fueron de Francia y formaron comunidades en el actual territorio de los Estados Unidos.

....

....

Las primeras comunidades inglesas

¡Imagínalo!

Imagina que viajas en barco de Inglaterra a Virginia en 1607. Dibuja tres cosas que llevarías.

La exploración de América del Norte abrió la posibilidad de poblar nuevas tierras. Primero, los españoles y los franceses establecieron nuevos asentamientos. Después llegaron los ingleses.

La colonia Roanoke

En 1587, Sir Walter Raleigh envió pobladores ingleses a establecer una colonia en la isla Roanoke, en la actual Carolina del Norte. Raleigh puso a John White al mando de los colonos. Cuando se acabaron las provisiones, White regresó a Inglaterra y no volvió a la colonia hasta 1590.

Cuando John White regresó a la isla, los 113 hombres, mujeres y niños que había dejado allí habían desaparecido. White halló la palabra *CROATOAN* tallada en un árbol. Algunos creen que él mismo había pedido a los pobladores que tallaran esta palabra si se mudaban durante su ausencia.

La colonia perdida sigue siendo un misterio. Algunos científicos creen que por entonces se produjo una **sequía**, es decir, una escasez de agua. Algunos historiadores piensan que tal vez los colonos se fueron a vivir con los indígenas norteamericanos, o que murieron por las enfermedades o el hambre.

1. **Identifica** y subraya la pista que indica lo que pudo suceder con los pobladores de la colonia Roanoke.

Colonia Roanoke

DESCIFRA LA PREGUNTA PRINCIPAL

Aprenderé por qué los pobladores ingleses llegaron a América del Norte.

Vocabulario

sequía   cuáquero
deuda   peregrino
intérprete

Jamestown

Alrededor del 14 de mayo de 1607, 105 colonos ingleses llegaron al territorio de la actual Virginia. Llegaron en tres barcos comandados por el capitán Christopher Newport: el *Godspeed*, el *Discovery* y el *Susan Constant*. Los colonos llamaron Jamestown a la nueva colonia y King James I a un río cercano, en ambos casos en honor al rey.

Mucho antes de la llegada de los ingleses, los indígenas habían construido aldeas y cultivaban la tierra en Virginia. Al poco tiempo de haber desembarcado, los pobladores ingleses se quedaron sin provisiones. El capitán John Smith, uno de los líderes de la colonia, partió en busca de alimentos con otros hombres, pero fue capturado por indígenas junto con su grupo. Los indígenas llevaron a los colonos ante su jefe, Powhatan. Según una leyenda, la hija de Powhatan, llamada Pocahontas, salvó la vida de Smith.

Cuando Smith volvió a Jamestown, solo quedaban unos 38 colonos con vida. El resto había muerto de hambre o enfermedades.

2. **Identifica** algunas cosas que las primeras comunidades necesitaban para sobrevivir.

....

....

TEKS
1.A, 1.B, 1.C, 2.A

Pocahontas salva al capitán John Smith.

Las colonias de Inglaterra

Los pobladores de la colonia Roanoke desaparecieron. En Jamestown murieron muchos. Aun así, los ingleses no se dieron por vencidos y fundaron 13 colonias más. En la década de 1660, algunos colonos se habían desplazado hacia el sur desde Virginia. Establecieron una colonia en lo que hoy es Carolina del Norte y Carolina del Sur. La llamaron Carolina.

Los colonos que se establecieron en las colonias del Sur traían consigo esclavos africanos. Los africanos esclavizados trabajaban la tierra.

En 1733, James Oglethorpe fundó la colonia de Georgia. Oglethorpe fundó esta colonia para ayudar a las personas que estaban en prisión por no pagar sus deudas. Una **deuda** es dinero que se le debe a otra persona. Aquellas personas con deudas se establecieron en Georgia. Oglethorpe quería ofrecerles la posibilidad de empezar una nueva vida en su colonia.

Mary Musgrove también desempeñó un papel clave en la fundación de Georgia. Musgrove era una indígena creek que oficiaba de intérprete para Oglethorpe. Como **intérprete**, ayudaba a los ingleses y a los indígenas a comunicarse entre sí, porque sabía hablar ambas lenguas. De esa manera contribuyó a mantener una relación buena y pacífica entre los ingleses y los indígenas.

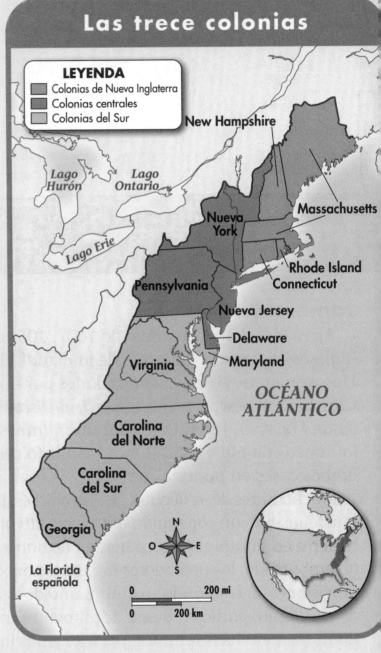

Las trece colonias

LEYENDA
- Colonias de Nueva Inglaterra
- Colonias centrales
- Colonias del Sur

New Hampshire
Lago Hurón
Lago Ontario
Massachusetts
Nueva York
Lago Erie
Rhode Island
Connecticut
Pennsylvania
Nueva Jersey
Delaware
Virginia
Maryland
OCÉANO ATLÁNTICO
Carolina del Norte
Carolina del Sur
Georgia
La Florida española
N O E S
0   200 mi
0   200 km

3. **Identifica** y encierra en un círculo los nombres de las colonias del Sur en el mapa.

Fundación de las colonias centrales

Las colonias centrales eran Nueva York, Nueva Jersey, Pennsylvania y Delaware. ¿Sabes por qué las llamamos así? Porque estaban exactamente en el medio, entre las del sur y las del norte.

En 1664, los Países Bajos perdieron en una guerra contra los ingleses las tierras donde más tarde se establecerían tres de las colonias centrales. El duque de York obtuvo una parte de esas tierras. La llamó Nueva York en homenaje a sí mismo. El duque repartió las tierras restantes entre dos amigos. Con el tiempo, estas tierras se convirtieron en las colonias de Nueva Jersey y Delaware. Pero el origen de Pennsylvania es muy diferente.

William Penn estableció la colonia de Pennsylvania como un "experimento sagrado". Penn era cuáquero. Un **cuáquero** es alguien que practica una religión que cree en la paz y el trato igualitario para todos. Muchas personas se sumaron a la colonia de Penn. Algunos de los primeros pobladores de la colonia provenían de Alemania e Irlanda, y viajaron allí en busca de libertad de religión.

Estatua de William Penn

Benjamin Franklin ha pasado a ser uno de los habitantes más famosos de Filadelfia, Pennsylvania. Se mudó allí porque ese lugar ofrecía más oportunidades que Boston, Massachusetts, su ciudad de origen. Franklin siempre intentaba contribuir a mejorar los lugares donde vivía. Por eso creó el primer cuerpo de bomberos de Filadelfia. Gracias al aporte de Franklin, Filadelfia se volvió una ciudad más segura.

4. Escoge una de las colonias centrales y **explica** cómo se fundó.

....

....

....

Benjamin Franklin se desempeñó como bombero en Filadelfia.

Colonias de Nueva Inglaterra

Massachusetts, Connecticut, Rhode Island y New Hampshire eran las colonias de Nueva Inglaterra.

En 1620, William Bradford condujo a un grupo de peregrinos a bordo de un barco llamado *Mayflower*. Un **peregrino** es una persona que viaja por motivos religiosos. Sesenta y seis días después de la partida, los peregrinos desembarcaron en el puerto de Provincetown, en la actual Massachusetts. Llegaron a las colonias para poder practicar libremente su religión.

Primero, los peregrinos formaron una comunidad en Plymouth, Massachusetts. Después redactaron un plan de gobierno llamado Pacto del Mayflower. Este pacto decía que los colonos redactarían sus propias leyes en beneficio de la comunidad. Todos acordaron obedecer esas leyes. Era la primera vez que los colonos europeos redactaban sus propias leyes en los Estados Unidos.

Bradford se convirtió en el líder de la comunidad e hizo un buen trabajo. Los peregrinos y los indígenas comenzaron a intercambiar alimentos y otros artículos. Squanto, un indígena que hablaba inglés, oficiaba de intérprete. En 1621, los peregrinos y los indígenas se sentaron a compartir un festín con productos de la cosecha. Hoy recordamos ese día como la primera celebración de Acción de Gracias.

Una mujer llamada Anne Hutchinson no compartía las creencias de los peregrinos. Comenzó a difundir sus propias creencias. En consecuencia, fue obligada a abandonar Massachusetts en 1634. Tiempo después, Anne Hutchinson fundó Portsmouth, en Rhode Island.

Estas personas representan la primera celebración de Acción de Gracias.

5. ◉ **Secuencia Identifica** y subraya las dos primeras cosas que hicieron los peregrinos tras su llegada a los Estados Unidos.

6. ⊙ **Idea principal y detalles** **Repasa** la sección. Luego completa el diagrama con detalles que apoyen la idea principal. **Identifica** las necesidades por las que las personas forman comunidades.

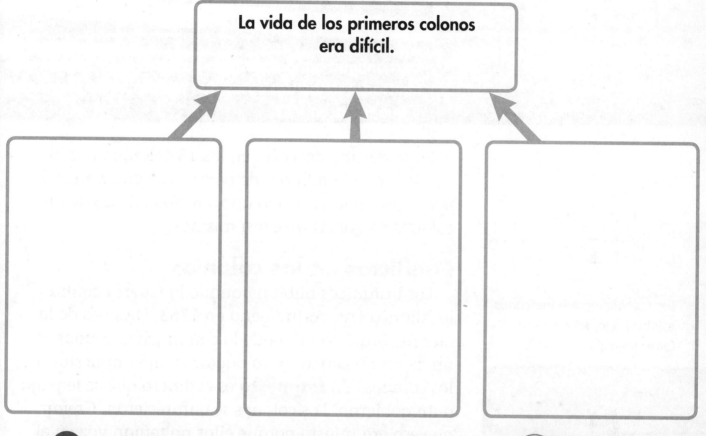

La vida de los primeros colonos era difícil.

7. ❓ **Identifica** una razón que llevó a los ingleses a asentarse en las Américas. **Explica** por qué esa razón sigue siendo importante para todos.

mi Historia: Ideas

....

....

8. Describe cómo Benjamin Franklin cambió su comunidad con la creación del primer cuerpo de bomberos de Filadelfia.

....

....

....

PEARSON
realize. Conéctate en línea a tu lección digital interactiva.

129

La formación de una nueva nación

¡Imagínalo!

Esta antigua bandera estadounidense es un símbolo de libertad. Escribe tres cosas que puedes hacer libremente y que te hacen feliz.

En la década de 1770, en las 13 colonias vivían alrededor de 2 millones de personas, gobernadas por Gran Bretaña. Cada año, crecía el deseo de los colonos de gobernarse a sí mismos.

Conflictos en las colonias

Los británicos habían ganado la Guerra contra la Alianza Franco-Indígena en 1763. Después de la guerra, Gran Bretaña quedó con muchas deudas. A fin de reunir dinero para pagarlas, fijó impuestos a los colonos. Un **impuesto** es el dinero que se le paga a un gobierno. Los colonos se enfurecieron. Creían que eso era injusto porque ellos no tenían voz en el gobierno británico.

En 1764, los británicos aprobaron la Ley del Azúcar, un impuesto sobre gran parte del azúcar que llegaba a las colonias. Más tarde, en 1765, Gran Bretaña aprobó la Ley del Timbre. Esta ley establecía un impuesto sobre todos los artículos impresos, como los periódicos y los documentos legales.

Los colonos se enfurecieron aún más y proclamaron: "¡No a los impuestos sin representación!". Se negaban a pagar los impuestos si no tenían voz en el gobierno.

La Ley del Timbre se anuló, pero hubo nuevos impuestos sobre el papel, el vidrio y el plomo. Muchos colonos se negaron a comprar estos objetos y los británicos perdieron mucho dinero.

Los colonos norteamericanos estaban enojados con Gran Bretaña.

DESCIFRA LA PREGUNTA PRINCIPAL

Aprenderé las causas y los efectos de la Guerra de Independencia.

Vocabulario

impuesto independencia
protestar revolución
cuerpo constitución
  legislativo
patriota

En 1773, los británicos aprobaron la Ley del Té, que establecía que los colonos solo podían comprar té a Gran Bretaña. Para **protestar**, es decir, quejarse, algunos colonos se disfrazaron de indígenas norteamericanos. Subieron a los barcos británicos anclados en el puerto de Boston y ¡arrojaron todo el té al mar! Este suceso se llamó el Motín del Té de Boston. Los británicos, enojados por esto, cerraron el puerto de Boston y despojaron al cuerpo legislativo de Massachusetts de muchos de sus poderes. Un **cuerpo legislativo** es la parte del gobierno que se encarga de crear las leyes.

La disputa era por el dinero, el poder y el control. ¿Quién debía gobernar el territorio norteamericano, Gran Bretaña o los colonos?

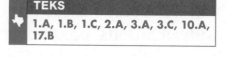

TEKS
1.A, 1.B, 1.C, 2.A, 3.A, 3.C, 10.A, 17.B

1. **Explica** por qué los colonos arrojaron todo el té al mar en el puerto de Boston.

....

....

....

....

....

El Motín del Té de Boston

PEARSON realize Conéctate en línea a tu lección digital interactiva.

131

Patriotas norteamericanos

El enojo contra el gobierno británico crecía cada vez más entre los patriotas norteamericanos. Un **patriota** es una persona que ama y defiende a su país y los derechos de su pueblo. Los patriotas querían que las colonias norteamericanas fueran libres.

Los patriotas provenían de diversos sectores. Algunos eran jóvenes, como Nathan Hale. Otros eran mayores, como Benjamin Franklin. Algunos eran líderes, como Thomas Jefferson. Otros eran agricultores, como Daniel Shays. Todos trabajaron con empeño para obtener la **independencia**, es decir, la libertad para las colonias.

El 18 de abril de 1775, un patriota llamado Paul Revere cabalgó desde Boston hasta Lexington, Massachusetts, para advertir a los líderes coloniales Samuel Adams y John Hancock que se acercaban tropas británicas para arrestarlos. Revere también quería evitar que los británicos se apropiaran de las armas de los colonos. Se detuvo en todas las viviendas que encontró durante el trayecto para advertir a los habitantes que llegaban los británicos.

Estaba por estallar una guerra: la Guerra de Independencia, es decir, una guerra entre las colonias norteamericanas y los británicos. A esta guerra también se la llama Revolución Norteamericana. Una **revolución** tiene lugar cuando las personas quieren tomar el poder y crear un nuevo gobierno. La guerra comenzó el 19 de abril de 1775 en las ciudades de Lexington y Concord, en Massachusetts.

La cabalgata de Paul Revere

2. **Explica** por qué algunas personas se hicieron patriotas.

....

....

....

La libertad y el gobierno

En el verano de 1776, Thomas Jefferson redactó la Declaración de Independencia. En esta declaración se informaba al mundo por qué las colonias se separaban de Gran Bretaña. También se explicaba qué representaba la nueva nación.

La primera parte del documento establecía que las personas tienen derechos que el gobierno debe proteger. La segunda parte enumeraba las quejas de los colonos contra el rey británico. La tercera parte afirmaba que las colonias habían pasado a ser estados libres e independientes, y ya no formaban parte de Gran Bretaña.

La Guerra de Independencia duró ocho años. Ese fue el tiempo que les llevó a los Estados Unidos lograr su independencia de Gran Bretaña. En mayo de 1787, se reunieron cincuenta y cinco personas en Filadelfia para redactar un nuevo plan de gobierno: la Constitución de los Estados Unidos. Una **constitución** es un plan de gobierno escrito, donde se explican las creencias y las leyes de un país. George Washington, Benjamin Franklin y James Madison fueron tres de los Padres de la Patria, es decir, los líderes que redactaron la Declaración de Independencia y la Constitución. Así contribuyeron al crecimiento del país.

El 17 de septiembre de 1787, la tarea estaba terminada. Los Estados Unidos tenían su nuevo plan de gobierno. La nueva nación independiente ya no sería gobernada por un rey, sino por el pueblo.

3. ◉ **Resumir** Resume el contenido de las tres partes de la Declaración de Independencia.

....

....

....

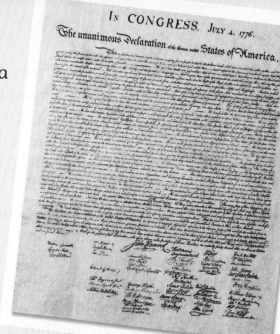
La Declaración de Independencia

La firma de la Declaración de Independencia

Washington, D.C.

George Washington lideró a los soldados de las colonias en la Guerra de Independencia. Después de la guerra, quería regresar a su hogar en Mount Vernon, Virginia, y trabajar sus tierras. Pero los otros líderes querían que Washington se hiciera cargo del nuevo gobierno.

El 4 de febrero de 1789, el pueblo eligió a Washington como su primer presidente. Los legisladores decidieron construir la nueva capital en un lugar que llamaron Ciudad Federal. Hoy se la conoce como Washington, D.C.

Se destinaron cien millas cuadradas de tierra. Un afroamericano llamado Benjamin Banneker midió el terreno para determinar sus límites. Banneker había aprendido por su cuenta a medir tierras mediante el estudio de las estrellas en el cielo nocturno. Usó piedras para marcar cada milla del terreno.

En 1791, un francés llamado Pierre L'Enfant diseñó Washington, D.C. Escogió el lugar donde se construirían los dos edificios más importantes: el Capitolio y la Casa Blanca. También diseñó anchas calles bordeadas de árboles. Además, destinó espacios para colocar estatuas en homenaje a personas importantes.

Washington, D.C., lleva ese nombre en homenaje a George Washington. Se lo recuerda como un gran líder. Un general resumió así la vida de Washington: "...primero en la guerra, primero en la paz y primero en el corazón de sus compatriotas".

George Washington

4. **Identifica** y subraya el nombre de las personas que ayudaron a crear Washington, D.C.

Washington, D.C.

5. Secuencia **Analiza** la lección. Luego ordena en **secuencia** estos sucesos según el año en que ocurrieron.

> • Se termina de redactar la Constitución de los Estados Unidos.
>
> • Gran Bretaña aprueba la Ley del Timbre.
>
> • Finaliza la Guerra contra la Alianza Franco-Indígena.
>
> • Paul Revere cabalga hasta Lexington.

1763 ....

1765 ....

1775 ....

1787 ....

6. **Explica** cómo los Padres de la Patria ayudaron a construir una nueva nación.

mi Historia: Ideas

....

....

....

7. **Investiga** sobre la Carta de Derechos. **Explica** qué es la libertad de religión y por qué los Padres de la Patria la incluyeron en la Constitución. **Identifica** dos grupos que se establecieron en las colonias en busca de libertad de religión.

....

....

Lección 1  TEKS 4.B

Los primeros pobladores de Norteamérica

1. Lee la pregunta con atención. Determina cuál es la mejor respuesta entre las cuatro opciones. Encierra en un círculo la mejor respuesta.

¿Cuál fue la razón por la que los iroqueses se establecieron en lo que hoy es el estado de Nueva York y el Canadá?

A separarse de otros grupos

B demostrar que eran líderes fuertes

C usar los árboles de los bosques en la construcción de sus viviendas

D buscar pieles de castor

Lección 2 TEKS 1.A

Los primeros exploradores

2. Repasa la lección. Luego completa la tabla con la información correcta sobre cada explorador.

Explorador	País	Dónde exploró
Cristóbal Colón		
Samuel de Champlain		
Sir Francis Drake		

136

Las primeras comunidades españolas

3. **Identifica** las razones por las que los españoles exploraron las Américas y construyeron pueblos y presidios.

....

....

....

....

....

4. **Identifica** una manera en que los españoles satisficieron su necesidad de enseñar su cultura a los indígenas norteamericanos. Después, expresa el punto de vista de los indígenas.

....

....

....

....

Las primeras comunidades francesas

5. **Identifica** a los franceses que fundaron St. Louis y Quebec.

....

....

Lección 5 ⭐ TEKS 1.C

Las primeras comunidades inglesas

6. **Describe** la manera en que William Bradford contribuyó a la creación de una nueva comunidad.

....

....

Lección 6 🦴 TEKS 3.C, 10.A, 17.B

La formación de una nueva nación

7. **Identifica** los propósitos de la Declaración de Independencia y la Constitución de los Estados Unidos.

....

....

....

....

....

8. ◉ **Secuencia Numera** estos sucesos para mostrar el orden. Luego escribe el año o los años en los que ocurrió cada suceso. Escribe una oración **aplicando** el término *año* para describir uno de estos tiempos históricos.

_____ Comenzó la Guerra de Independencia. _____

_____ Se produjo el Motín del Té de Boston. _____

_____ George Washington se convirtió en nuestro primer presidente. _____

_____ James Madison ayudó a redactar la Constitución de los Estados Unidos. _____

....

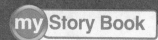
Conéctate en línea para escribir e ilustrar tu **myStory Book** usando **miHistoria: Ideas** de este capítulo.

¿Cómo influye nuestro pasado en nuestro presente?

TEKS
ES 3.A
SLA 17

En este capítulo aprendiste cómo nuestra historia influye en nuestra vida actual. Los exploradores vinieron a los Estados Unidos desde todas partes del mundo. Nosotros aprendimos de esos primeros exploradores.

Piensa en tu propia vida. **Escribe** sobre algo que hayas aprendido en el pasado y que te ayude hoy en día.

....

....

....

....

Ahora **dibuja** algo que aprendiste cuando eras más pequeño y te sirve en el presente.

El gobierno de los Estados Unidos

mi Historia: ¡Despeguemos!

PREGUNTA PRINCIPAL

¿Por qué es necesario el gobierno?

Piensa en por qué los líderes crean reglas. Luego **escribe** por qué las reglas son importantes.

....

....

....

....

....

....

....

....

Conocimiento y destrezas esenciales de Texas

1.A Describir cómo los individuos, los acontecimientos y las ideas han cambiado las comunidades, en el pasado y en el presente.

2.A Identificar por qué las personas han formado comunidades, incluyendo la necesidad de seguridad y protección, libertad de religión, de leyes y de bienestar material.

9.A Describir la estructura básica del gobierno en la comunidad local, en el estado y en la nación.

9.B Identificar los oficiales gubernamentales locales, estatales y nacionales y explicar cómo se eligen.

9.C Identificar los servicios que comúnmente proporcionan los gobiernos locales, estatales y nacionales.

9.D Explicar cómo se financian los servicios gubernamentales locales, estatales y nacionales.

10.A Identificar los propósitos de la Declaración de Independencia y de la Constitución de EE. UU., incluyendo la Carta de Derechos.

10.B Describir y explicar el concepto de "consentimiento de los gobernados" y su relación con las funciones del gobierno local, estatal y nacional.

17.A Investigar acontecimientos actuales e históricos y datos gráficos acerca de la comunidad y el mundo, usando una variedad de recursos escritos, orales y visuales válidos y el Internet.

17.C Interpretar material oral, visual e impreso identificando la idea principal, distinguiendo entre hecho y opinión, identificando causa y efecto y comparando y contrastando.

18.A Expresar sus ideas oralmente basándose en el conocimiento y las experiencias.

George Washington
El primer presidente de los Estados Unidos

mi Historia: Video

Tal vez conozcas esta historia sobre George Washington cuando era un niño. La historia cuenta que su padre le regaló un hacha pequeña, de las que se usan para cortar madera. Un día, George cortó un cerezo con el hacha. Su padre vio el cerezo en el suelo. Sorprendido y disgustado, le preguntó a su hijo: "¿Qué hiciste?".

"No puedo mentir, papá. Corté el árbol con el hacha", dijo George. Aunque al padre de George no le gustó que el niño cortara el árbol, se sintió feliz de que su hijo fuera honesto.

Esta historia en realidad no es cierta. Quizás alguien la inventó para mostrar que George Washington era honesto. Sin embargo, hay historias sobre él que sí son ciertas. Estas historias están basadas en hechos reales. Los siguientes son algunos datos sobre Washington.

Washington nació en 1732, en Virginia. Allí vivió con su familia en una granja. En 1743, fue a vivir con unos parientes en Mount Vernon. Al poco tiempo comenzó a trabajar de topógrafo. Como topógrafo, medía la tierra y trazaba mapas.

Washington trabajó como topógrafo.

141

George Washington ayudó a entrenar al Ejército Continental.

El arriesgado plan de George Washington funcionó: cruzaron el río Delaware y sorprendieron a los británicos.

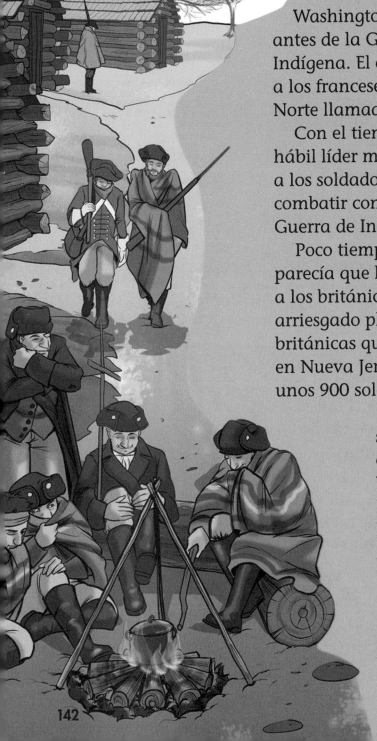

Washington se unió al ejército en 1754, poco antes de la Guerra contra la Alianza Franco-Indígena. El objetivo de esa guerra era mantener a los franceses fuera de una parte de América del Norte llamada valle de Ohio.

Con el tiempo, Washington se convirtió en un hábil líder militar. En 1775, le pidieron que liderara a los soldados de las colonias norteamericanas para combatir contra los británicos. Esa guerra se llamó Guerra de Independencia.

Poco tiempo después de iniciada la guerra, parecía que los norteamericanos perderían frente a los británicos. Sin embargo, Washington creó un arriesgado plan: decidió sorprender a las fuerzas británicas que acampaban cerca del río Delaware, en Nueva Jersey. ¡Los norteamericanos capturaron a unos 900 soldados británicos!

Un invierno, durante la guerra, los soldados norteamericanos acamparon en un lugar de Pennsylvania llamado Valley Forge. Tenían pocas provisiones. Había poca comida y la mayoría de los soldados no tenía ropa de abrigo. Algunos soldados volvieron a sus casas. Muchos otros se quedaron para apoyar a su líder, George Washington.

En Valley Forge, los soldados usaban las provisiones que encontraban.

Muchos estadounidenses confiaban en Washington.

Washington y otros líderes ayudaron a construir un gobierno fuerte.

La Guerra de Independencia terminó en 1783. Las colonias de América del Norte ganaron y se liberaron de Gran Bretaña. Las colonias se convirtieron en los Estados Unidos de América. Después de la guerra, Washington planeaba volver a su casa en Mount Vernon. Pero ya era un líder famoso y le quedaba mucho por hacer. En 1787, Washington viajó a Filadelfia para asistir a una gran reunión llamada Convención Constitucional. Los líderes de los Estados Unidos se reunieron para escribir un plan para el nuevo gobierno. Ese plan se conoció con el nombre de Constitución de los Estados Unidos.

En 1788, Washington fue elegido como primer presidente de los Estados Unidos. Washington usó las ideas y las leyes de la Constitución para mostrar cómo debía ser el trabajo del presidente. En la actualidad, los presidentes siguen haciendo muchas de las tareas que hizo Washington como presidente.

Washington murió en Mount Vernon en 1799. La historia del cerezo no es cierta. Sin embargo, las acciones de Washington nos permiten saber que fue un hombre honesto, valiente y leal a su país.

Piénsalo Según esta historia, ¿cómo demostró Washington que era leal a su país? A medida que lees el capítulo, piensa en lo que muestra la vida de Washington sobre el modo de apoyar al gobierno.

Nuestra república constitucional

Encierra en un círculo las imágenes de objetos relacionados con la seguridad de las personas.

Piensa en algunas de las reglas que sigues en el salón de clase. Algunas reglas ayudan a mantener el orden. Por ejemplo, los estudiantes deben escuchar mientras otros hablan. Otras reglas tienen como fin proteger a todos. Durante los simulacros de incendio, es importante caminar con calma y en silencio. Los estudiantes, maestros y directores crean y siguen las reglas para que las escuelas funcionen bien.

Los bomberos protegen a las personas.

Por qué necesitamos un gobierno

En las comunidades de todo el mundo, las personas establecen gobiernos. Las personas necesitan gobiernos para hacer leyes que mantengan el orden y ayuden a las comunidades a funcionar bien. Así como hay reglas para el salón de clase, también hay leyes que describen cómo deben comportarse los ciudadanos. Algunas de esas leyes están relacionadas con la seguridad. Los límites de velocidad y los semáforos están para ayudar a prevenir accidentes de tránsito. También hay leyes que protegen los derechos de las personas.

Las personas también necesitan gobiernos para obtener servicios que no pueden conseguir por sí solas. Los gobiernos contratan policías y bomberos. La policía se asegura de que las personas respeten las leyes. Al igual que los bomberos, la policía trabaja para proteger a las personas y sus pertenencias.

Aprenderé por qué necesitamos un gobierno y cómo es el gobierno de los Estados Unidos.

Vocabulario

república constitucional

representar

libertad

Hay distintas formas o tipos de gobierno en distintas comunidades del mundo. En los Estados Unidos, el gobierno está a cargo de sus ciudadanos. Es una república constitucional. En una **república constitucional**, las personas son gobernadas por los líderes que ellas mismas eligen. Estos funcionarios u oficiales gubernamentales deben respetar las leyes del país.

En algunos gobiernos del mundo, las personas no pueden elegir a sus líderes. Hay países gobernados por un rey o una reina cuyo padre o madre había sido el rey o la reina antes que ellos. El rey o la reina puede permitir o no a las personas votar las leyes. Un país también puede estar gobernado por una sola persona o un grupo pequeño que tiene todo el poder. En esos países, los ciudadanos no pueden elegir a los líderes ni votar las leyes.

TEKS
1.A, 2.A, 9.A, 9.C, 10.A, 17.C, 18.A

1. **Identifica** y subraya las razones por las que las personas necesitan un gobierno. Luego **identifica** la forma de gobierno de los Estados Unidos.

Los gobiernos colocan señales al lado de los caminos para recordar a los conductores que manejen con cuidado.

PEARSON realize™ Conéctate en línea a tu lección digital interactiva.

145

Libertad y felicidad

En el siglo XVIII, el rey George III y el gobierno británico gobernaban las colonias de América del Norte. Muchas personas que vivían en las colonias, como Patrick Henry, hablaban en contra del dominio británico. Henry y otros colonos querían que otras personas los pudieran **representar**, es decir, hablar por ellos ante el gobierno. También querían un gobierno que protegiera los derechos de todos los gobernados, no solo de quienes vivían en Gran Bretaña. Algunos de los derechos que querían los colonos eran el derecho a vivir en libertad, el derecho a practicar cualquier religión, el derecho a votar y el derecho a un juicio justo.

Los colonos querían **libertad**, es decir, no querían estar bajo el dominio británico. Le pidieron a Thomas Jefferson que escribiera la Declaración de Independencia. Uno de los propósitos fue afirmar los derechos que deben tener las personas.

"Sostenemos como evidentes [claras] estas verdades: que todos los hombres son creados [nacen] iguales; que son dotados por su Creador de ciertos derechos inalienables [seguros]; que entre estos están la vida, la libertad y la búsqueda de la felicidad".

—Declaración de Independencia

Patrick Henry habla en contra del dominio británico.

La Declaración de Independencia tenía otro propósito. Jefferson escribió que un gobierno debe proteger los derechos de sus ciudadanos. Si un gobierno les quitara esos derechos, las personas podrían cambiar el gobierno o formar uno nuevo. Los colonos no tenían esos derechos cuando los gobernaba Gran Bretaña. Para conseguirlos, pelearon en una guerra contra Gran Bretaña. Esa guerra se llamó Guerra de Independencia. Los colonos de América del Norte ganaron la guerra en 1783.

2. ◉ **Causa y efecto Identifica** la causa y el efecto que faltan. Luego completa el diagrama.

La Guerra de Independencia

Causa	Efecto
	Los colonos escribieron la Declaración de Independencia.
Los colonos pelearon contra Gran Bretaña en la Guerra de Independencia.	

Celebración del Día de la Independencia

Los estados se unen

Las colonias ya se habían declarado estados de una nueva nación antes del final de la Guerra de Independencia. Después de la guerra, los estados tuvieron problemas. Sus habitantes discutían por dinero y por tierras. Además, el gobierno no podía establecer reglas para el comercio entre los estados. Los colonos de América del Norte necesitaban un plan que uniera al país. Entonces, los líderes se reunieron y escribieron la Constitución de los Estados Unidos.

Algunas de las leyes de la Constitución se basan en las ideas de un gobierno que hubo en Grecia hace mucho tiempo. Una de esas ideas dice que el gobierno obtiene su poder de los habitantes. En los Estados Unidos, las personas votan por líderes para que las representen. En Grecia, en cambio, los ciudadanos solo votaban para resolver ciertos asuntos.

Para que la Constitución llegara a ser ley, nueve de los 13 estados tenían que firmarla. Al hacerlo, los estados acordaban que la Constitución era la ley máxima. Aunque cada estado tenía su propia constitución y sus propias leyes, las leyes de los estados no podían ir en contra de la Constitución de los Estados Unidos.

Constitución de los Estados Unidos

Los líderes se reunieron en Filadelfia para escribir la Constitución.

En 1788, New Hampshire fue el noveno estado en firmar y aceptar la Constitución de los Estados Unidos. De ese modo, la Constitución de los Estados Unidos se convirtió en el nuevo plan de gobierno.

3. ⊙ **Resumir Escribe** un resumen que **identifique** el propósito de la Constitución de los Estados Unidos.

....

....

....

¿Entiendes?

TEKS 2.A, 10.A, 18.A

4. ⊙ **Resumir Escribe** un resumen que **explique** por qué las personas necesitan un gobierno.

....

....

....

....

5. ❓ **Explica** por qué los líderes norteamericanos escribieron la Constitución de los Estados Unidos.

mi Historia: Ideas

....

....

....

6. En esta lección aprendiste sobre el propósito de la Declaración de Independencia. Sin embargo, no todos los colonos estaban de acuerdo con la idea de separarse de Gran Bretaña. Asume el rol de un colono que está a favor de la independencia. **Prepara** un discurso para **expresar** tus ideas oralmente acerca del propósito de la Declaración de Independencia y de por qué debe firmarse.

Resumir

Cuando resumes, cuentas la idea principal y los detalles clave con tus palabras. Puedes identificar la idea principal de algún material impreso que hayas leído. También puedes hallar la idea principal de un material oral, es decir, de algo que hayas oído, o de un material visual, como una foto. En los materiales impresos, orales y visuales, la idea principal es la idea más importante. Los detalles brindan información sobre la idea principal.

Cuando escribas un resumen, expresa la idea principal con tus palabras. Luego vuelve a usar tus palabras para escribir una o dos oraciones que describan los detalles.

Lee el pasaje. Identifica la idea principal y los detalles. Luego lee el resumen.

La bandera de los Estados Unidos

Al exhibir la bandera de los Estados Unidos, debemos seguir ciertas reglas en señal de respeto. Una regla dice que, cuando la bandera cuelga en una pared, la parte azul con las estrellas debe estar arriba y a la izquierda al mirarla de frente. En el interior de muchos edificios, la gente cuelga de la pared la bandera de los Estados Unidos. Otra regla es que la bandera nunca debe tocar el piso o el suelo.

Esta oración da la idea principal.

Estas oraciones son los detalles clave.

Resumen

Hay que seguir ciertas reglas para mostrar la bandera de los Estados Unidos. La bandera se debe colgar de cierta manera en la pared. Además, debe estar por encima del suelo.

Esta oración da la idea principal con las propias palabras del escritor.

Estas oraciones hablan sobre los detalles clave con las propias palabras del escritor.

TEKS

ES 17.C Interpretar material oral, visual e impreso identificando la idea principal.

¡Inténtalo!

Con un compañero, lean el pasaje en voz alta. Estudien los elementos visuales.

Tal vez conozcas el dicho en inglés que dice que, cuando firmas un papel, "pones tu John Hancock". Ese dicho tiene su origen en 1776, cuando se escribió la Declaración de Independencia. Un grupo de líderes se reunió en Filadelfia para decidir qué incluir en la Declaración. Cuando Thomas Jefferson terminó de escribirla, los líderes firmaron el documento antes de enviarlo al rey británico. John Hancock fue uno de los primeros en firmarlo. Hizo una firma muy grande para que el rey pudiera leerla sin lentes. Fue así como la firma de Hancock se hizo famosa. Hoy en día, cuando alguien firma un papel, se dice en inglés que ha puesto su "John Hancock".

John Hancock

1. **Interpreta** el material que leíste y oíste, y los elementos visuales. Comenta la idea principal con tu compañero.

   ....

2. **Identifica** y subraya los detalles clave.

3. Escribe un resumen que **identifique** la idea principal y los detalles clave. Lee tu resumen a un compañero.

   ....

   ....

   ....

Los tres poderes del gobierno

¡Imagínalo!

Escribe quién crees que vive y trabaja en la Casa Blanca, en Washington, D.C.

Los autores de la Constitución de los Estados Unidos querían asegurarse de que el poder para gobernar la nación se dividiera de manera equitativa, es decir, igualitaria. Organizaron el gobierno en tres partes o poderes. El poder **legislativo** hace leyes, y crea y recauda impuestos para financiar el gobierno. El poder **ejecutivo** hace que las leyes se cumplan. Los jueces del poder **judicial** verifican que las leyes sean justas. Cada poder tiene responsabilidades y deberes específicos en nuestro gobierno. Ningún poder tiene más autoridad que los otros.

El poder legislativo

El poder legislativo se llama **Congreso**. Tiene dos partes: el Senado y la Cámara de Representantes.

El Senado está formado por dos representantes de cada estado. Un **representante** es una persona elegida para hablar en nombre de otros. Los ciudadanos votan para escoger a esos representantes. Hay 100 senadores. Los senadores son elegidos cada seis años y pueden ser elegidos muchas veces.

Capitolio de los Estados Unidos

DESCIFRA LA PREGUNTA PRINCIPAL

Aprenderé sobre las tres partes del gobierno.

Vocabulario

legislativo	representante
ejecutivo	proyecto de ley
judicial	vetar
Congreso	gabinete

Hay 435 representantes en la Cámara de Representantes. La cantidad de representantes depende de la cantidad de personas que viven en cada estado. Cuantas más personas viven en un estado, más representantes tiene ese estado. Texas tiene 32 representantes. Todos los representantes son elegidos cada dos años. Al igual que los senadores, los representantes hablan en nombre de las personas que votaron por ellos.

Los representantes del Congreso crean y recaudan impuestos. El dinero que proviene de los impuestos se usa para financiar el gobierno. El Congreso también hace leyes para el país. Algunas tienen que ver con la seguridad. Otras exigen que se trate a todas las personas con justicia. Todas las leyes empiezan como ideas. Cuando una idea se escribe para que el gobierno decida si va a ser una ley, se llama **proyecto de ley**. Para que un proyecto de ley se convierta en ley, las dos partes del Congreso deben votar a favor y aprobarlo. Entonces, el proyecto de ley se envía para que lo firme el presidente.

1. Subraya las oraciones que **explican** cómo se financia el gobierno nacional.

TEKS
9.A, 9.B, 9.D, 17.A

Los miembros del Congreso se reúnen en el Capitolio de los Estados Unidos.

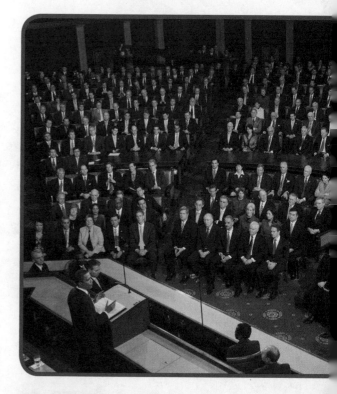

PEARSON realize Conéctate en línea a tu lección digital interactiva.

153

El poder ejecutivo

El poder ejecutivo hace cumplir las leyes. Este poder está encabezado por el presidente de los Estados Unidos. Todos los votantes de la nación pueden elegir al presidente. El presidente ocupa este puesto durante cuatro años y solo puede ser presidente durante dos períodos. El presidente vive y trabaja en la Casa Blanca, en Washington, D.C.

El presidente tiene más de una función en nuestro gobierno. Una de sus responsabilidades es firmar proyectos de ley para que se conviertan en leyes. Sin embargo, si el presidente no está de acuerdo con un proyecto de ley, lo puede **vetar**, es decir, rechazar. Si se veta un proyecto de ley, la única manera en la que puede convertirse en ley es que la mayoría de los miembros del Congreso vuelva a votar para aprobarlo.

El presidente está a cargo del ejército. Eso significa que el presidente es el comandante en jefe del Ejército de Tierra, la Marina, la Infantería de Marina y la Fuerza Aérea. El presidente también representa a nuestro país ante el resto del mundo. Como uno de los líderes del mundo, el presidente se reúne con los líderes de otros países para trabajar y resolver problemas.

El monte Rushmore está en Dakota del Sur. Allí se ven los rostros de los presidentes Washington, Jefferson, Roosevelt y Lincoln.

El presidente también trabaja con el gabinete.
El **gabinete** es un grupo de consejeros, es decir,
personas que le dicen al líder lo que piensan sobre
un tema. Cada consejero está a cargo de uno de
los 15 departamentos, o grupos, del poder ejecutivo.
Los consejeros le dan información al presidente
sobre temas importantes para el país. Pueden
ser temas sobre educación, salud o seguridad. El
presidente elige a esos consejeros. Sin embargo, el
Senado debe aprobar las designaciones que haga
el presidente.

La oficina que tiene el presidente en la Casa Blanca se llama Despacho Oval.

2. ◎ **Resumir** Escribe un resumen que **describa**
las responsabilidades del presidente.

_____

_____

_____

_____

El poder judicial

El poder judicial está formado por cortes. Los jueces de las cortes se aseguran de que las leyes sean justas. También deciden cuáles son las consecuencias de no cumplir las leyes.

La Corte Suprema es la corte más importante de los Estados Unidos. Tiene nueve jueces. Los jueces de la Corte Suprema se llaman magistrados. Los magistrados de la Corte Suprema se aseguran de que las leyes aprobadas por el Congreso respeten la Constitución de los Estados Unidos. La mayoría de los casos que la Corte Suprema escucha son apelaciones de tribunales inferiores. Una apelación es una solicitud para revisar una decisión judicial anterior.

Edificio de la Corte Suprema de los Estados Unidos

El presidente nomina, es decir, elige a los magistrados de la Corte Suprema. Sin embargo, el Senado debe aprobar todas las designaciones del presidente. La función de magistrado de la Corte Suprema no tiene un período limitado. Una vez elegido, el magistrado puede cumplir sus funciones sin límite de tiempo.

La Constitución de los Estados Unidos incluye maneras de garantizar que los tres poderes del gobierno trabajen juntos. Ese sistema se llama "controles y equilibrios". Eso significa que un poder puede controlar las acciones de otro. De esa manera, se garantiza que los tres poderes compartan el gobierno. Ningún poder tiene más autoridad que los otros.

Los nueve magistrados de la Corte Suprema

3. **Describe** las funciones de los magistrados que trabajan en la Corte Suprema de los Estados Unidos.

....

....

....

....

¿Entiendes?

TEKS 9.A, 17.A

4. Idea principal y detalles **Analiza** lo que leíste en la lección. Luego **describe** la estructura básica del gobierno de la nación completando el diagrama.

Poderes del gobierno

Poder legislativo

Poder ejecutivo

Poder judicial

5. **Describe** por qué tenemos tres poderes de gobierno.

mi Historia: Ideas

....

....

....

6. Usa Internet y otros materiales de referencia para **identificar** a las personas que te representan en el gobierno nacional y **explica** cómo fueron elegidas para representarte.

Niveles del gobierno

¡Imagínalo!

Escribe por qué las escuelas son importantes para una comunidad.

En nuestro país hay tres niveles de gobierno: local, estatal y nacional. Cada nivel proporciona servicios a los ciudadanos. El pueblo es el que da el derecho a gobernar a cada nivel del gobierno.

El consentimiento de los gobernados

En la Declaración de Independencia, Thomas Jefferson escribió que la autoridad del gobierno deriva del "consentimiento de los gobernados". Esto significa que, como los individuos establecen el gobierno, dan autoridad a ese gobierno. También significa que las personas tienen el poder de cambiar el gobierno.

Los Estados Unidos son una república constitucional. Las personas dan autoridad al gobierno mediante la votación de líderes. Eligen funcionarios gubernamentales que actúen, es decir, gobiernen, en representación de ellas. La Constitución de los Estados Unidos describe de qué manera se eligen los funcionarios gubernamentales y cuáles son sus deberes.

La Constitución de los Estados Unidos es la ley suprema del país. A veces, las personas quieren cambiar la Constitución. Los cambios en la Constitución se llaman enmiendas. Los representantes de ambas partes del Congreso votan las enmiendas.

La Declaración de Independencia, 1776

Sostenemos como evidentes estas verdades: ... Que para garantizar estos derechos se instituyen entre los hombres los Gobiernos, cuyos Poderes legítimos derivan del Consentimiento de los Gobernados...

DESCIFRA LA PREGUNTA PRINCIPAL

Aprenderé por qué en los Estados Unidos hay tres niveles de gobierno y qué hace cada uno.

Vocabulario

alcalde

concejo

gobernador

censo

Si el Congreso aprueba la enmienda, se envía a los estados para su aprobación. Si 38 de los 50 estados aprueban la enmienda, se cambia la Constitución.

Además, cada estado tiene su propia constitución. En la mayoría de los estados, para hacer cambios en la constitución, estos deben ser aprobados por los ciudadanos del estado. La Constitución de Texas se aprobó en 1876. Desde entonces, se han aprobado 474 enmiendas a la Constitución.

Los ciudadanos esperan que los funcionarios u oficiales gubernamentales elegidos actúen en su nombre. Si están disconformes con los funcionarios, las personas pueden actuar. Pueden expresar sus opiniones en juntas municipales. Pueden llamar o escribir a los funcionarios para comentar asuntos de la ciudad, del estado o del país. Además, pueden elegir nuevos funcionarios en las siguientes elecciones.

1. **Explica** por qué el "consentimiento de los gobernados" es un concepto importante para el funcionamiento de los gobiernos local, estatal y nacional.

....

....

....

TEKS
9.A, 9.B, 9.C, 9.D, 10.B

Los ciudadanos pueden participar en juntas municipales para expresar sus opiniones ante los funcionarios gubernamentales locales.

El gobierno local

Los gobiernos locales proporcionan servicios a las ciudades y los pueblos. Cada gobierno puede estar organizado de diferente manera. La manera en la que está organizado el gobierno de una ciudad o de un pueblo se describe en la carta de la ciudad o del pueblo. Una carta es un documento legal que describe qué autoridad tiene el gobierno local.

En algunas ciudades y algunos pueblos, las personas eligen a un alcalde o administrador municipal como jefe del poder ejecutivo. El **alcalde** es el líder de una comunidad.

Las personas que crean las reglas y leyes de una comunidad son parte del concejo municipal. Un **concejo** es un grupo de personas que crea leyes. Generalmente, las personas de una comunidad eligen a los miembros del concejo. Estos legisladores forman el poder legislativo. En algunas ciudades y algunos pueblos, el concejo designa un administrador municipal que haga cumplir las leyes del concejo. A veces, el alcalde de una ciudad o un pueblo es un antiguo miembro del concejo.

El poder judicial está formado por las cortes de una ciudad o un pueblo. Un juez decide qué sucede con las personas que no cumplen las leyes. A veces, un jurado, o grupo de ciudadanos, decide si alguien no cumplió una ley. Generalmente, el alcalde o el concejo de la ciudad o el pueblo designan a los jueces locales. Sin embargo, algunos jueces locales son elegidos.

El alcalde de San Antonio, Julián Castro, lee a los niños. Castro es un líder en su comunidad.

El gobierno local proporciona muchos servicios que las personas de la comunidad usan todos los días. Está a cargo del departamento de policía y del cuerpo de bomberos. El gobierno local también está a cargo de las escuelas, las bibliotecas y los parques. Se asegura de que se recoja la basura. Además, se encarga de cortar los árboles que se dañan durante una tormenta. El gobierno local mantiene las carreteras. Las pavimenta para que se pueda circular bien por ellas. También pinta las líneas de las carreteras y pone señales para la seguridad de los conductores.

Los gobiernos locales proporcionan escuelas para la educación pública.

¿De dónde saca el gobierno local el dinero para financiar todos esos servicios? Parte del dinero proviene del gobierno estatal. Otros servicios se financian con el dinero de los impuestos que recauda el gobierno local. Los gobiernos locales cobran impuestos sobre la propiedad, como las casas y los negocios que se encuentran en la ciudad o en el pueblo. Algunos gobiernos locales también cobran un impuesto sobre los productos que la gente compra.

Los ciudadanos también deben pagar tarifas por usar algunos servicios. Estas tarifas ayudan a financiar los servicios. Por ejemplo, en muchas ciudades grandes, la ciudad proporciona autobuses para el transporte de las personas. Pero las personas tienen que pagar el pasaje de autobús.

2. **⊙ Idea principal y detalles Identifica** y subraya algunos de los servicios que proporciona el gobierno local.

3. **Explica** cómo los gobiernos locales financian los servicios que proporcionan.

....

....

El gobierno estatal

Cada estado tiene un gobierno que lo dirige. Los estados también tienen una constitución. Las constituciones estatales describen las responsabilidades del gobernador, del cuerpo legislativo y de las cortes. El **gobernador** es el jefe del poder ejecutivo de un estado y es elegido por los habitantes del estado. El gobernador puede nombrar funcionarios gubernamentales para hacer cumplir las leyes.

El cuerpo legislativo estatal hace leyes para el estado. En la mayoría de los 50 estados, el poder legislativo se divide entre el Senado y la Cámara de Representantes. Los habitantes de cada estado eligen a los miembros del cuerpo legislativo estatal. Esos legisladores se reúnen en el capitolio, que se encuentra en la capital del estado.

Las cortes también forman parte del poder judicial de los gobiernos estatales. Los jueces de las cortes estatales se ocupan de los problemas que no pueden resolver las cortes locales. En algunos estados, los ciudadanos eligen a los jueces. En otros, los jueces son designados.

El gobierno estatal también proporciona servicios. Decide las reglas de votación, por ejemplo, si hay que mostrar un documento de identidad al votar. Los gobiernos estatales también trabajan con los gobiernos locales para mantener las carreteras estatales. Algunos de estos servicios se financian con dinero del gobierno nacional. Otros se financian con los impuestos que recauda el estado.

4. **Identifica** y escribe el nombre de tu gobernador y de tus representantes estatales. **Explica** cómo son elegidos.

Antes de ser presidente, George W. Bush fue gobernador de Texas.

Los miembros del cuerpo legislativo de Texas se reúnen en este edificio de Austin, que es la ciudad capital.

El gobierno nacional

Los tres poderes del gobierno nacional, o federal, sirven de modelo para los otros dos niveles de gobierno: local y estatal. El presidente, los miembros del Congreso y los magistrados de la Corte Suprema comparten la responsabilidad de dirigir el país. El presidente y los miembros del Congreso son elegidos por los ciudadanos. El presidente designa a los magistrados de la Corte Suprema. El presidente también designa a los miembros del gabinete para que lo asesoren sobre diferentes temas.

El gobierno nacional proporciona servicios que no se ofrecen a nivel local y estatal. Algunos de estos servicios se financian con los impuestos. Otros servicios se financian con las tarifas que pagan las personas que usan esos servicios. El gobierno nacional imprime papel moneda (billetes) y hace monedas. Está a cargo del Servicio Postal de los Estados Unidos. Se encarga del comercio entre estados y entre países. Además, el gobierno nacional administra los parques nacionales.

El gobierno nacional también presta otro tipo de servicios a toda la nación. Cada diez años, el gobierno nacional realiza un **censo**, es decir, un conteo de la población. Ese conteo ayuda al gobierno a decidir cuánto dinero necesitan las distintas comunidades. El gobierno nacional también puede organizar un ejército para proteger a la nación o a sus habitantes. El gobierno a veces envía soldados para ayudar a personas y comunidades que sufrieron una tormenta fuerte.

Los guardabosques enseñan sobre las plantas y los animales que habitan los parques nacionales.

5. ⊙ **Resumir** Escribe un resumen que **identifique** los servicios que proporciona el gobierno nacional.

....

....

Los gobiernos trabajan juntos

Si bien cada gobierno local, estatal y nacional tiene sus propias responsabilidades, muchas veces trabajan juntos. Trabajan juntos para llevar a cabo grandes proyectos, como la construcción de caminos, puentes y edificios. A veces, los líderes locales y estatales piden ayuda al gobierno nacional si hay una tormenta u otro desastre y necesitan recursos para ayudar a sus ciudadanos.

Los tres niveles del gobierno funcionan de manera parecida. Todos recaudan dinero de los impuestos que pagan los ciudadanos. Con ese dinero se financian los servicios que proporcionan los gobiernos. El gobierno nacional cobra impuestos sobre el dinero que ganan las personas con su trabajo. Algunos estados también cobran este tipo de impuesto. Los gobiernos locales cobran impuestos sobre los productos que compran las personas y sobre las propiedades, como casas y negocios. Los gobiernos locales también cuentan con dinero del estado para financiar los servicios. Los estados cuentan con dinero del gobierno nacional para financiar los servicios.

Una corte local

Las cortes de los tres niveles también trabajan juntas. Si una corte local no resuelve un problema, el caso pasa a la corte estatal. Los casos que no se resuelven en las cortes estatales pueden entonces ser resueltos por los magistrados de la Corte Suprema de Justicia de los Estados Unidos.

6. **Explica** la manera en que cada nivel del gobierno financia los servicios que proporciona.

....

....

....

TEKS 9.A, 9.B, 9.C

7. ◉ **Idea principal y detalles Identifica** tres servicios que proporciona cada uno de los tres niveles del gobierno.

Los tres niveles del gobierno

Servicios del gobierno local:	Servicios del gobierno estatal:	Servicios del gobierno nacional:

8. ❓ **Explica** por qué las personas eligen líderes locales, estatales y nacionales.

mi Historia: Ideas

....

....

....

9. En esta lección aprendiste sobre los tres niveles del gobierno. Investiga y **describe** la estructura básica del gobierno de tu pueblo o ciudad y del estado de Texas. **Identifica** a los líderes locales y los representantes estatales. **Explica** cómo son elegidos tus representantes.

....

....

....

PEARSON realize. Conéctate en línea a tu lección digital interactiva.

165

Comparar puntos de vista

Cuando comparas puntos de vista, puedes aprender ideas diferentes sobre un asunto. Las personas usan frases clave para mostrar sus puntos de vista, como *pienso que, creo que* y *en mi opinión*. Lee el punto de vista de cada ciudadano sobre qué hacer con las tierras comunitarias que no se usan. Luego mira el diagrama y lee las similitudes y diferencias que hay entre esos puntos de vista.

Punto de vista 1

Pienso que se debería hacer un área de juego en la tierra que no se usa. Podríamos poner un tobogán, columpios y un arenero. Así, los niños de la comunidad tendrían un lugar seguro para jugar. Además, creo que esto los ayudará a estar más activos y sanos.

Punto de vista 2

En mi opinión, deberíamos hacer un mercado de frutas y verduras en la tierra que no se usa. Pienso que un mercado de frutas y verduras ayudará a los niños y los adultos de la comunidad a mantenerse sanos. El mercado también ayudará a los agricultores locales a ganar dinero.

Punto de vista 1

- Los niños tendrían un lugar seguro para jugar.
- Ayudaría a los niños a estar más activos.

Ambos

Ayudaría a los niños a estar sanos.

Punto de vista 2

- Ayudaría a los adultos a estar sanos.
- Ayudaría a los agricultores a ganar dinero.

Objetivo de aprendizaje

Aprenderé a comparar puntos de vista.

TEKS

ES 17.C Interpretar material oral, visual e impreso comparando y contrastando.

¡Inténtalo!

Compara los puntos de vista de los ciudadanos sobre cómo lograr que las escuelas no estén superpobladas. Luego completa el diagrama y muestra las similitudes y las diferencias que hay entre los dos puntos de vista.

Punto de vista 1

Muchas familias nuevas se han mudado a nuestra comunidad. Como resultado, la escuela está superpoblada, porque cada vez hay más estudiantes. Creo que necesitamos construir una escuela nueva. Costará dinero pero así los salones de clase no estarán tan llenos. Los maestros podrán dedicar más tiempo a cada estudiante.

Punto de vista 2

En mi opinión, deberíamos dividir el horario escolar. Los estudiantes de los grados K a 3 irían a la escuela de 7:00 A.M. a 1:00 P.M. Los estudiantes de los grados 4 a 6 irían a la escuela de 1:30 P.M. a 6:30 P.M. La escuela estaría menos superpoblada y no tendríamos que gastar dinero en la construcción de una escuela nueva.

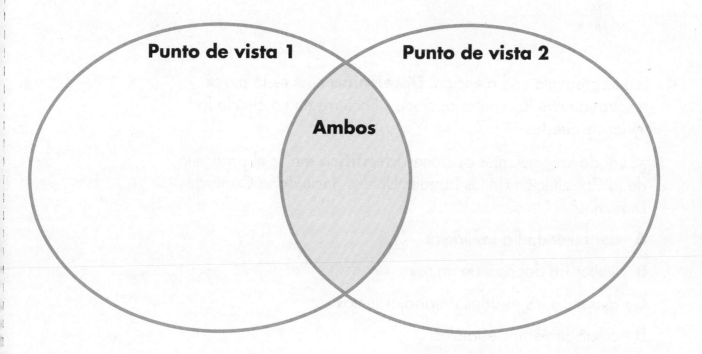

Punto de vista 1   Punto de vista 2

Ambos

PEARSON realize Conéctate en línea a tu lección digital interactiva.

167

Lección 1 TEKS 9.C, 10.A

Nuestra república constitucional

1. **Identifica** algunos servicios que los gobiernos locales proporcionan para ayudar a proteger a las personas.

   ....

   ....

   ....

2. Subraya la frase que **describe** lo que significa tener libertad.

   pagar impuestos   ir a la escuela

   ir a trabajar   vivir como queremos

3. ⊙ **Resumir Identifica** los propósitos de la Declaración de Independencia.

   ....

   ....

   ....

   ....

4. Lee la pregunta con atención. **Determina** cuál es la mejor respuesta entre las cuatro opciones. Encierra en un círculo la mejor respuesta.

   ¿Cuál de las siguientes opciones **identifica** mejor el propósito de la Constitución de los Estados Unidos, incluida la Carta de Derechos?

   A dar autoridad a los líderes

   B limitar los deberes de un rey

   C ayudar a los estados a trabajar juntos

   D crear gobiernos estatales

Los tres poderes del gobierno

5. Traza una línea y une cada poder del gobierno con la frase que **describe** su función.

poder ejecutivo   crea las leyes

poder legislativo   se asegura de que las leyes sean justas

poder judicial   hace cumplir las leyes

6. Identifica las dos partes del Congreso.

....

....

7. Explica las distintas funciones que tiene el presidente como líder del poder ejecutivo.

....

....

....

8. Explica cómo son elegidos los miembros de los tres poderes del gobierno nacional.

....

....

....

9. Describe el sistema que garantiza que los tres poderes del gobierno trabajen juntos.

....

....

....

Lección 3 ⬦ TEKS 9.B, 9.C, 10.B

Niveles del gobierno

10. Lee la pregunta y **encierra en un círculo** la mejor respuesta.

Identifica uno de los servicios que proporciona el gobierno estatal.

F Imprime dinero.

G Administra parques nacionales.

H Decide las reglas para votar.

I Se encarga del servicio postal.

11. ◉**Resumir Identifica** un funcionario u oficial gubernamental de cada nivel del gobierno y **explica** cómo es elegido.

....

....

....

....

12. Describe la manera en la que los tres niveles del gobierno trabajan juntos para proporcionar servicios.

....

....

13. Describe el concepto de consentimiento de los gobernados en relación con la manera en que funcionan todos los niveles del gobierno.

....

....

....

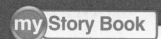

Conéctate en línea para escribir e ilustrar tu **myStory Book** usando **miHistoria: Ideas** de este capítulo.

 ## ¿Por qué es necesario el gobierno?

 TEKS
ES 9.A
SLA 17

El gobierno mantiene el orden, protege nuestras comunidades y nos proporciona muchos servicios. Cada nivel del gobierno, cualquiera sea el servicio que proporciona, trabaja para ayudar a las personas.

Piensa en nuestro gobierno. Explica cómo podría cambiar tu vida si nuestro gobierno no fuera una república constitucional.

....

....

....

Ahora dibuja algo que puedes hacer libremente porque nuestro gobierno lo hace posible.

Civismo

¿Cómo puedo participar?

Describe algunas maneras en las que las personas ayudan a otros. Luego escribe sobre algo que hiciste para ayudar a alguien.

....

....

....

....

....

Conocimiento y destrezas esenciales de Texas

1.A Describir cómo los individuos, los acontecimientos y las ideas han cambiado las comunidades, en el pasado y en el presente.

2.A Identificar porqué las personas han formado comunidades, incluyendo la necesidad de seguridad y protección, libertad de religión, de leyes y de bienestar material.

9.B Identificar los oficiales gubernamentales locales, estatales y nacionales y explicar cómo se eligen.

9.C Identificar los servicios que comúnmente proporcionan los gobiernos locales, estatales y nacionales.

10.A Identificar los propósitos de la Declaración de Independencia y de la Constitución de EE.UU., incluyendo la Carta de Derechos.

11.A Identificar características de lo que significa ser un buen ciudadano, lo que incluye la veracidad, la justicia, la igualdad, el respeto por uno mismo y por los demás, la responsabilidad en el diario vivir y la participación en el gobierno, manteniéndose informado sobre los asuntos gubernamentales, respetuosamente siguiendo las disposiciones de los oficiales públicos y votando.

11.B Identificar personajes históricos tales como Helen Keller y Clara Barton y figuras contemporáneas tales como Ruby Bridges, militares y paramédicos militares, quienes han sido un ejemplo de buena ciudadanía.

11.C Identificar y explicar la importancia de actos individuales de responsabilidad cívica, incluyendo el obedecer las leyes, servir a la comunidad, servir en un jurado y votar.

12.A Dar ejemplos de cambios en la comunidad como resultado de decisiones individuales y grupales.

12.B Identificar ejemplos de acciones que individuos y grupos llevan a cabo para mejorar la comunidad.

12.C Identificar ejemplos de organizaciones sin fines de lucro y/o civiles tales como la Cruz Roja, y explicar cómo sirven al bien común.

17.C Interpretar material oral, visual e impreso identificando la idea principal, distinguiendo entre hecho y opinión, identificando causa y efecto y comparando y contrastando.

17.E Interpretar y crear visuales, incluyendo gráficos, diagramas, tablas, líneas cronológicas, ilustraciones y mapas.

19.A Usar un proceso de solución de problemas para identificar un problema, reunir información, hacer una lista y considerar opciones, considerar las ventajas y desventajas, elegir e implementar una solución y evaluar la efectividad de la solución.

Trabajar como voluntario
Mentor, tutor, amigo

mi Historia: Video

Alicia es voluntaria del club de niños y niñas de su vecindario. Un voluntario es una persona que mejora la comunidad y ayuda a otros. Hoy, Alicia va a llevar a una niña de 9 años llamada Kareena a visitar el club. La vida diaria de Kareena es como la de cualquier niña de 9 años. Va a la escuela, ayuda con las tareas domésticas y se pregunta qué será cuando sea grande. Kareena quiere saber qué hace Alicia como voluntaria del club de niños y niñas.

"Hola, Kareena, bienvenida al club de niños y niñas", dice Alicia. "¡Te voy a llevar a recorrerlo!". Durante el recorrido, Kareena se emociona al ver todas las cosas interesantes que tiene el club: un cuarto de juegos, una sala de estudio, un cuarto de computadoras, un cuarto de arte y hasta un cuarto para ver televisión. "Debe ser divertido pertenecer a un club como este", dice Kareena. "¿Tienen juegos de damas? ¡No juego desde los seis años!".

Alicia estaba feliz de poder mostrar el club de niños y niñas a Kareena.

173

A Alicia le encanta trabajar en la mesa de entrada, donde saluda a los niños que llegan al club.

A Alicia le gusta ayudar a los niños a hacer la tarea.

Alicia ayuda a Kareena a usar la computadora.

Desde hace un año, Alicia es voluntaria del club de niños y niñas cinco días a la semana. Lo que más le gusta es trabajar en la mesa de entrada. Da la bienvenida a los niños y los ayuda a decidir por dónde empezar. También le gusta ayudar a los niños más pequeños con la tarea. A veces, demuestra su creatividad decorando el tablero de avisos. "Hasta un simple juego de mesa puede ser muy divertido con estos niños", nos dice Alicia. Alicia perteneció al club de niños y niñas cuando era pequeña y así se dio cuenta de la importancia de los voluntarios. Tener un mentor adolescente en el club fue una gran influencia en la vida de Alicia. Un mentor es alguien en quien puedes confiar y que te puede guiar. "Quiero ser un modelo para otros niños", explica Alicia "y quiero ayudar a mi comunidad de la misma manera en que ella me ayudó a mí". A Alicia le gustaba ir al club cuando era niña y, ahora que es voluntaria, se esfuerza por ser una influencia importante en la vida de otra persona.

El personal del club de niños y niñas valora la ayuda de Alicia.

Saber interactuar con los niños es una de las destrezas más importantes que Alicia aprende como voluntaria.

Ser voluntario es parte de ser un buen ciudadano. Como voluntaria, Alicia contribuye al éxito del club. "Los adolescentes que trabajan aquí como voluntarios ganan experiencia", explica, "y a cambio, el personal recibe ayuda en todo lo que hay por hacer". El personal del club, es decir, el grupo de personas que trabajan aquí, es muy pequeño. Tanto el personal como los niños valoran la ayuda de los voluntarios.

Ser voluntaria no solo le da a Alicia la oportunidad de ayudar a su comunidad, sino que le permite crecer de varias maneras. "Algunas de las destrezas que aprendo aquí, en especial saber interactuar con los niños, no se aprenden en un libro".

Alicia está enviando solicitudes para entrar a la universidad; sabe que su trabajo como voluntaria es algo muy bueno para incluir en este tipo de solicitud. Además piensa en un futuro más lejano. "Casi todos en mi familia han estado en el ejército", explica. "Algún día, yo también quisiera servir a mi país, pero primero quiero terminar la universidad". Al trabajar como voluntarios, aprendemos destrezas que pueden ser útiles el resto de nuestra vida.

Piénsalo Según lo que acabas de leer, ¿crees que te gustaría trabajar como voluntario cuando crezcas? A medida que lees el capítulo, piensa en lo que la historia de Alicia te dice acerca de ser un buen ciudadano.

Alicia y Kareena se divirtieron mucho jugando básquetbol.

PEARSON **realize** Conéctate en línea a tu lección digital interactiva.

175

Buenos ciudadanos, buenas obras

¡Imagínalo!

Marca con una X los recuadros de las fotografías que muestran niños ayudando.

Tú eres un ciudadano porque eres miembro de una comunidad, un estado o una nación. Los buenos ciudadanos tienen características importantes. Muestran respeto por los demás y por ellos mismos. Son veraces, justos y honestos. Saben que todas las personas son iguales y merecen el mismo trato.

Ser un buen ciudadano

¿Cómo sabes si eres un buen ciudadano? Das la bienvenida a la familia que acaba de mudarse a la casa de al lado. Ayudas al vecino a llevar las bolsas de las compras. Una tormenta deja ramas caídas por toda la acera. Recoges las ramas. Todas estas acciones demuestran que eres un buen ciudadano. Estás haciendo buenas obras. Una **obra** es una acción. Una buena obra es una acción que ayuda a otras personas.

En las comunidades hay muchos ciudadanos que hacen buenas obras. A veces, cuando el cuerpo de bomberos necesita un camión nuevo, los ciudadanos reúnen dinero para comprarlo. Cuando faltan personas para leer a los niños en la biblioteca, algunos ciudadanos se ofrecen a hacerlo en su tiempo libre. Muchas veces, los ciudadanos trabajan juntos por el bien de toda la comunidad.

Los buenos ciudadanos ayudan a las personas de la comunidad.

Vocabulario

obra
enmienda
voluntario

Las personas observan qué hacen y cómo se comportan otros ciudadanos de su comunidad. Los buenos ciudadanos son modelos en su comunidad. Es decir, dan un buen ejemplo a los demás.

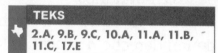

TEKS

2.A, 9.B, 9.C, 10.A, 11.A, 11.B, 11.C, 17.E

1. **Identifica** y dibuja de qué manera puedes ser un buen ciudadano.

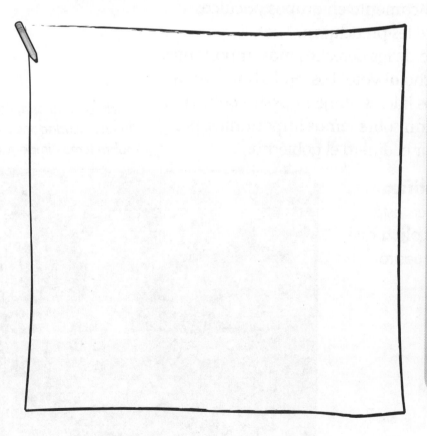

Este buen ciudadano dedica su tiempo libre a leer a los niños en la biblioteca.

PEARSON realize Conéctate en línea a tu lección digital interactiva.

177

Nuestros derechos

Los ciudadanos de los Estados Unidos tienen muchos derechos. Algunos de esos derechos aparecían en la Constitución de los Estados Unidos, tal como fue escrita por primera vez. La Constitución es el plan de gobierno de nuestro país.

Algunas personas pensaban que la Constitución debía incluir más derechos básicos de los ciudadanos. Como resultado, en 1791 se agregaron diez **enmiendas**, es decir, cambios, a la Constitución. Estas diez enmiendas se llaman Carta de Derechos. La Carta de Derechos protege ciertos derechos básicos de los ciudadanos.

Según la Carta de Derechos, los ciudadanos tienen derecho a practicar la religión que deseen o a no tener ninguna religión. También les da derecho a decir y escribir sus opiniones. Además, los ciudadanos tienen derecho a un juicio justo si se los acusa de un crimen. La Carta de Derechos también permite a las personas reunirse públicamente en grupos pacíficos para hablar sobre temas que les preocupan.

Carta de Derechos

En los Estados Unidos, uno de los derechos más importantes de los ciudadanos es el derecho al voto. Los ciudadanos votan para elegir a sus líderes. Estos líderes dirigen nuestro gobierno. Los ciudadanos también votan sobre temas importantes, por ejemplo, cómo debería gastar el dinero el gobierno.

¡Incluso en la escuela, los buenos ciudadanos votan sobre temas importantes!

2. Mira la fotografía. **Identifica** qué responsabilidad cívica está cumpliendo la niña y **explica** qué importancia tiene para nuestro gobierno.

....

....

....

....

Nuestras responsabilidades

Votar es tanto un derecho como una responsabilidad de los buenos ciudadanos. Una responsabilidad es un deber, es decir, algo que debe hacerse. El estudio de los derechos y los deberes de los ciudadanos se llama civismo. Al votar en las elecciones escolares, los estudiantes ayudan a tomar decisiones. Cuando los ciudadanos tienen 18 años, pueden votar para elegir a los líderes de la comunidad, como el alcalde. También pueden votar por líderes estatales y nacionales, como el gobernador o el presidente.

Los buenos ciudadanos también tienen otras responsabilidades. Por ejemplo, deben respetar los derechos y la propiedad de los demás. Si esperas tu turno con paciencia en el bebedero, estás respetando los derechos de los demás. Si le devuelves a un compañero de clase el lápiz que te prestó, estás respetando la propiedad de los demás.

Los buenos ciudadanos tienen una responsabilidad con su comunidad. Algunos ciudadanos son voluntarios. Un **voluntario** mejora la comunidad y ayuda a otras personas. Los voluntarios no reciben dinero por su trabajo. Pueden trabajar en comedores comunitarios, recolectar ropa para los desamparados o llevar comida a personas que están muy enfermas y no pueden salir de su casa. A veces, los voluntarios ayudan a limpiar los parques y las aceras. Ayudan porque quieren hacerlo.

Algunos voluntarios sirven comida a las personas que necesitan alimento.

3. **Identifica** tres maneras de ser un buen ciudadano y servir a la comunidad.

....

....

Nuestras reglas y nuestras leyes

Tenemos reglas en la casa y en la escuela. En algunas familias, una de las reglas es que cada cual tienda su propia cama. Esta regla ayuda a que haya limpieza y orden. En muchas escuelas, una de las reglas es que los estudiantes caminen y no corran por los pasillos. Si esta regla no se obedece, alguien puede resultar lastimado.

Cada comunidad tiene leyes. Los gobiernos hacen las leyes para el bien común de todas las personas. Algunas leyes nos protegen. Por ejemplo, una comunidad puede tener una ley que diga que las personas deben cruzar la calle por un cruce peatonal. Esa ley comunitaria hace que cruzar la calle sea seguro.

Las reglas y las leyes nos ayudan a saber qué hacer. Ayudan a mantener el orden. Imagina que los estudiantes de un salón de clase gritaran las respuestas en cualquier momento. Sería muy difícil trabajar. Por eso, una de las reglas es levantar la mano cuando quieres hablar.

Algunas personas deciden no seguir las reglas ni respetar las leyes. Cuando hacen eso, ponen en peligro su seguridad y la de los demás. A veces, las personas que no respetan las leyes deben pagar una multa o incluso ir a la cárcel.

Es importante que todos los ciudadanos respeten las reglas y las leyes. Las reglas y las leyes ayudan a que la comunidad, el estado y la nación sean lugares seguros y ordenados para vivir.

Las personas respetan las leyes de la comunidad para que todos estén protegidos.

Los estudiantes levantan la mano para hablar por turnos en clase.

4. (●) **Resumir Describe** dos reglas o leyes y **explica** cómo ayuda cada una a las personas de una comunidad.

....

....

....

5. Imagina que un grupo de personas se mudaran a un nuevo lugar y vivieran alejados unos de otros y sin leyes. **Identifica** por qué quisieran formar una comunidad.

....

¿Entiendes?

🦫 TEKS 2.A, 11.B, 11.C

6. (◉) **Hechos y opiniones** Lee cada enunciado. **Identifica** si es un hecho o una opinión. Luego escribe "hecho" u "opinión" al lado de cada enunciado.

.... Los pasillos de la escuela son más seguros si todos caminan.

.... Creo que limpiar los escritorios antes de irnos a casa debería ser una regla del salón de clase.

7. (?) Piensa en una buena obra que has hecho. **Analiza** qué aprendiste al hacer esa buena obra.

mi Historia: Ideas

....

....

8. Investiga quiénes son los paramédicos, **identifica** qué hacen por la comunidad y **explica** por qué los llamamos héroes. **Analiza** maneras de apoyar a los paramédicos. Luego trabaja en grupo para poner en práctica tu plan.

....

....

....

Conflicto y resolución

A veces, cuando las personas no están de acuerdo en algo, hay un conflicto. Un conflicto es un desacuerdo importante, es decir, un problema. Cuando hay un problema, es importante buscar una resolución, es decir, una solución, que ayude a todos a llevarse bien. Una solución es una manera de resolver un problema. Para resolver un problema, puedes cooperar, es decir, trabajar en conjunto.

Lee los pasos. Luego lee el párrafo para ver cómo se resolvió un problema.

Pasos para la resolución de problemas

Paso 1 Identifica el problema.

Paso 2 Reúne información.

Paso 3 Haz una lista de opciones.

Paso 4 Considera las ventajas de cada opción.

Paso 5 Considera las desventajas de cada opción.

Paso 6 Elige una solución.

Paso 7 Implementa la solución.

Paso 8 Evalúa la solución que elegiste.

Harry y Ann terminaron sus dibujos de animales. Harry quería usar bolitas de algodón para hacer la lana de su oveja. Ann quería usar las mismas bolitas de algodón para hacer las colas de sus conejos. Ambos vieron que había un problema. ¿Cómo podrían resolverlo? Encontraron una solución usando los pasos para la resolución de problemas. Ann usó tres bolitas de algodón para las colas de sus conejos. Harry usó el resto de las bolitas de algodón para la lana de su oveja.

Resolución de problemas

Paso 1

Paso 7

TEKS

ES 19.A Usar un proceso de solución de problemas para identificar un problema, reunir información, hacer una lista y considerar opciones, considerar las ventajas y desventajas, elegir e implementar una solución y evaluar la efectividad de la solución.

¡Inténtalo!

Lee el párrafo. Luego responde las preguntas.

Aiden y María comparten una computadora del salón de clase los días de escuela. A veces, los dos necesitan usar la computadora al mismo tiempo. Hoy, los dos necesitan terminar sus proyectos porque deben entregarlos al día siguiente. Aiden y María tienen un problema.

1. **Describe** el problema que tienen Aiden y María.

   ....

   ....

   ....

2. **Explica** qué deben hacer Aiden y María para resolver el problema.

   ....

   ....

   ....

   ....

   ....

3. **Identifica** una solución para el problema de Aiden y María.

   ....

   ....

   ....

Tomar la iniciativa por nuestros derechos

¡Imagínalo!

Las personas tienen el derecho de decir lo que piensan y sienten, siempre que eso no lastime a otros.

En la actualidad, los ciudadanos tienen muchos derechos y libertades. Pero estos derechos y libertades no fueron fáciles de obtener. A través de la historia, tanto líderes famosos como personas comunes trabajaron mucho para garantizar que todos recibieran el mismo trato.

Susan B. Anthony

Aun después de que la Carta de Derechos se agregara a la Constitución de los Estados Unidos, las mujeres no tenían los mismos derechos que los hombres. Susan B. Anthony quería cambiar eso. Cuando era joven, iba a reuniones y pronunciaba discursos sobre el trato justo que debían recibir las personas.

En 1848, Elizabeth Cady Stanton, Lucretia Mott y otras mujeres organizaron una **convención**, es decir, una reunión de mucha gente. Querían hablar sobre los derechos de las mujeres. Un grupo grande de personas se reunió en Seneca Falls, Nueva York. Uno de los derechos que querían las mujeres era el derecho al **sufragio**, es decir, el derecho al voto. Fue la primera vez que las mujeres se reunieron en público para exigir este derecho. La Convención de Seneca Falls fue el comienzo del movimiento sufragista.

Tres años después, en 1851, Susan B. Anthony comenzó a participar en el movimiento sufragista junto a su amiga Elizabeth Cady Stanton.

En 1880, Susan B. Anthony habló en una reunión sobre el sufragio, en Chicago, Illinois.

Escribe qué crees que está diciendo la estudiante de la fotografía.

DESCIFRA LA PREGUNTA PRINCIPAL

Aprenderé sobre algunas personas que lucharon por los derechos y las libertades de los ciudadanos de nuestro país.

Vocabulario

convención   segregar
sufragio   delegado
derechos civiles

En 1869, Susan B. Anthony y Elizabeth Cady Stanton formaron la Asociación Nacional Americana para el Sufragio Femenino. Susan B. Anthony fue presidenta de este grupo durante ocho años.

En 1870, se aprobó la Decimoquinta Enmienda de la Constitución de los Estados Unidos. La enmienda daba a los hombres afroamericanos el derecho al voto. Pero las mujeres todavía no podían votar. En 1872, Anthony votó en las elecciones para presidente de los Estados Unidos. Esa acción iba en contra de la ley, así que fue arrestada. También debía pagar $100 por violar la ley, pero se negó a hacerlo. Pensaba que era injusto.

Después de la muerte de Anthony, en 1906, otras mujeres continuaron la lucha. Finalmente, en 1920, la Decimonovena Enmienda se volvió ley. ¡Las mujeres habían conseguido el derecho al voto!

TEKS
1.A, 11.B, 12.A, 12.B, 17.C

Las mujeres votaron por primera vez en 1920.

1. ◎ **Hechos y opiniones Identifica** y escribe un hecho sobre Susan B. Anthony.

....

....

....

Thurgood Marshall

Thurgood Marshall trabajó mucho por los derechos civiles. Los **derechos civiles** son los derechos que tienen todos los ciudadanos de ser tratados con igualdad ante la ley. Marshall creía que todos los ciudadanos, no solo algunos, debían tener derechos civiles.

Thurgood Marshall

Marshall se crió en Baltimore, Maryland. Muchas veces debatía en casa con su padre y su hermano. Las personas que tienen diferentes puntos de vista a menudo debaten, es decir, tratan de convencer a otros de sus ideas. Marshall siguió debatiendo en la universidad, donde se graduó de abogado. Después, comenzó a debatir en la corte para cambiar las leyes injustas.

En ese entonces, las leyes **segregaban**, es decir, separaban, a las personas afroamericanas de las personas blancas en muchos lugares. Esto ocurría en teatros, restaurantes y otros sitios públicos. Además, los afroamericanos y los blancos estaban segregados en las escuelas y en las universidades. Marshall quería terminar con la segregación, sobre todo en las escuelas.

El reverendo afroamericano Oliver Brown quería que su hija Linda fuera a una escuela para niños blancos. La escuela afroamericana quedaba lejos de la casa de los Brown. Para llegar allí, Linda tenía que pasar por un peligroso cruce de ferrocarril. La escuela para blancos estaba cerca de la casa de los Brown, pero las autoridades de la escuela no aceptaban a Linda. Otras familias afroamericanas se unieron a la lucha por los derechos civiles.

El caso de Linda Brown se llevó a la Corte Suprema. Marshall debatió sobre este caso, para tratar de convencer a los magistrados de la Corte Suprema de que la segregación escolar no estaba bien. Su habilidad para debatir lo ayudó a ganar el caso. En 1954, los nueve magistrados de la Corte Suprema votaron por el fin de la segregación escolar. A este caso se lo conoce como *Brown contra la Junta de Educación.*

Marshall siguió protegiendo los derechos de las personas. En 1967, Marshall fue elegido como el primer magistrado afroamericano de la Corte Suprema. Marshall trabajó en la Corte Suprema durante 24 años.

2. Crea un cartel que apoye la igualdad de derechos.

3. Una madre y su hija se sientan en las escaleras de la Corte Suprema después de que la segregación se declaró ilegal. **Identifica** y encierra en un círculo la parte de la fotografía que muestra un cambio en los derechos civiles.

Nettie Hunt explica a su hija Nickie el caso Brown contra la Junta de Educación. *El titular del periódico dice: "La Corte Suprema prohíbe la segregación en las escuelas públicas".*

Eleanor Roosevelt

Eleanor Roosevelt trabajó mucho para mejorar la vida de las personas. Roosevelt fue Primera Dama, es decir, la esposa del presidente. Su esposo, Franklin D. Roosevelt, fue presidente de 1933 a 1945. Como Primera Dama, Roosevelt viajó alrededor del mundo para visitar a niños en las escuelas, a personas enfermas en los hospitales, a trabajadores en las minas y hasta a personas que estaban en la cárcel. Comentaba a su esposo todo lo que aprendía sobre esas personas. Ella sabía muy bien que todas las personas necesitan derechos humanos básicos.

En 1945, Eleanor Roosevelt tuvo la oportunidad de trabajar como líder de los derechos humanos. Fue nombrada delegada estadounidense ante la Organización de las Naciones Unidas (ONU). Un **delegado** es una persona elegida para actuar en nombre de otros. La ONU es un grupo mundial que trabaja por la paz. En la ONU, Roosevelt dirigió un grupo que trabajaba por los derechos humanos. El grupo escribió una carta de derechos para todas las personas. Esa carta decía que todas las personas del mundo tenían derechos humanos. Tenían derecho a recibir el mismo trato ante la ley. Tenían derecho a la propiedad, y a irse de su país y luego regresar.

Eleanor Roosevelt visitó a muchos niños.

4. Identifica algunos de los derechos humanos por los que trabajó Eleanor Roosevelt.

....

....

....

....

¿Entiendes?

TEKS 11.B, 12.A, 17.C

5. ⊙ Hechos y opiniones Lee cada enunciado. **Identifica** si es un hecho o una opinión. Luego escribe "hecho" u "opinión" al lado de cada enunciado.

.... Eleanor Roosevelt trabajó por los derechos humanos.

.... Thurgood Marshall fue el mejor magistrado de la Corte Suprema.

.... Susan B. Anthony fue la mujer más importante de la historia de los Estados Unidos.

6. ❓ Identifica uno de los líderes sobre los que leíste en esta lección. **Explica** por qué fue un buen ciudadano o una buena ciudadana.

mi Historia: Ideas

....

....

....

....

7. Investiga la vida de Helen Keller. Averigua por qué fue una buena ciudadana. Con una computadora, crea una imagen digital que exprese su vida. Comparte lo que aprendiste con el resto de la clase.

Hechos y opiniones

Un hecho es algo que se puede comprobar para saber si es verdadero o falso. La oración "George Washington fue el primer presidente de los Estados Unidos" es un hecho. Puede comprobarse con una investigación. La oración "George Washington fue un hombre divertido" es una opinión. Una opinión describe los sentimientos, creencias o ideas de alguien. No se puede comprobar si una opinión es verdadera o falsa.

Lee la carta de Caroline en voz alta y observa la fotografía. Contrasta los hechos y las opiniones en la tabla.

Hola, abuela:

Recibí tu carta. ¿Sabes qué aprendí hoy en la escuela? Leímos sobre algunos líderes. Thurgood Marshall fue el mejor de los líderes. Era abogado. Siempre debatía por buenas razones. Marshall trabajó para acabar con la segregación en las escuelas. También fue el primer magistrado afroamericano de la Corte Suprema. ¡Tú también deberías leer sobre Thurgood Marshall!

Cariños,
Caroline

Thurgood Marshall

Hechos	Opiniones
• Marshall era abogado. • Trabajó para acabar con la segregación en las escuelas. • Fue el primer magistrado afroamericano de la Corte Suprema. • Usaba lentes.	• Marshall fue el mejor de todos los líderes. • Siempre debatía por buenas razones. • ¡Tú también deberías leer sobre Thurgood Marshall! • Era apuesto.

Objetivo de aprendizaje

Aprenderé la diferencia entre un hecho y una opinión.

TEKS

ES 17.C Interpretar material oral e impreso distinguiendo entre hecho y opinión.
SLA 12 Los estudiantes analizan, infieren y sacan conclusiones sobre el propósito del autor en contextos históricos y contemporáneos, y proporcionan evidencia del texto.

¡Inténtalo!

Con un compañero, túrnense para **leer en voz alta** la carta que escribió la abuela de Caroline. Luego completa la tabla con hechos y opiniones según lo que escuchas y lo que ves en la fotografía.

Hola, Caroline:

Estoy de acuerdo contigo. Creo que Thurgood Marshall fue alguien muy especial. Hoy fui a la biblioteca y leí sobre algunos líderes. Leí acerca de Eleanor Roosevelt. Ella también fue una gran líder. Fue la Primera Dama de 1933 a 1945. Su esposo, Franklin Delano Roosevelt, era el presidente en esa época. La señora Roosevelt quería igualdad de derechos para todas las personas. Cuando vengas de visita, creo que la pasaremos muy bien aprendiendo sobre otros líderes.

Con cariño,
Tu abuela

Eleanor Roosevelt

Hechos	Opiniones

PEARSON **realize** Conéctate en línea a tu lección digital interactiva.

191

Tomar la iniciativa por una causa

¡Imagínalo!

ADOPTA UNA MASCO

Mira la ilustración. Explica qué está haciendo la niña en el albergue para animales.

En nuestro país y en el mundo entero hay muchas personas que apoyan distintas causas. Una **causa** es algo en lo que se cree con firmeza. Algunas personas trabajan por la paz mundial, otras trabajan para proteger la Tierra; algunos grupos reúnen dinero para investigaciones que buscan hallar una cura para las enfermedades. Las personas y las organizaciones se unen para trabajar por buenas causas.

Mary McLeod Bethune con un grupo de estudiantes

Mary McLeod Bethune

Mary McLeod Bethune quería que las niñas afroamericanas pudieran ir a la escuela. Quería abrir una escuela en Daytona Beach, Florida. Aunque solo tenía $1.50, Bethune no iba a renunciar a esta causa tan importante.

En 1904, Bethune abrió una escuela. Se llamó Instituto Industrial y Normal Daytona. Allí comenzó a enseñar a las niñas afroamericanas a leer y escribir. Usaba cajas viejas como escritorios, quemaba ramas para hacer lápices y aplastaba bayas para hacer tinta. Las niñas también aprendían a cocinar, coser y limpiar. Bethune quería que sus estudiantes fueran buenas ciudadanas, así que ellas también trabajaron en la comunidad.

Aprenderé cómo las personas toman la iniciativa por causas importantes.

Vocabulario

causa   huelga

sindicato   boicot

lema

Algunas personas de la comunidad donaron dinero para la causa de Bethune. En 1923, la escuela de Bethune se unió al Instituto Cookman, una escuela para varones. La escuela nueva se llamó Escuela Bethune-Cookman.

Más adelante, Mary McLeod Bethune creó una organización para mujeres afroamericanas. Esta organización trabajaba para que las mujeres afroamericanas tuvieran mejores viviendas, mejores condiciones de trabajo y, por supuesto, una mejor educación. Bethune trabajó mucho por el éxito de su organización.

En 1936, el presidente Franklin D. Roosevelt pidió a Bethune que dirigiera la Administración Nacional de la Juventud (NYA, por sus siglas en inglés). Este fue un gran honor para Bethune. La NYA ayudaba a los jóvenes a buscar trabajos de medio tiempo, y Bethune los ayudaba a capacitarse para el trabajo.

En la actualidad, la escuela de Bethune sigue funcionando, pero ahora se llama Universidad Bethune-Cookman. Mary McLeod Bethune es un modelo para los estudiantes y para todas las personas que apoyan una buena causa.

TEKS
1.A, 11.B, 12.A, 12.B, 12.C, 17.C

1. **⊙ Hechos y opiniones Identifica** y subraya tres hechos sobre Mary McLeod Bethune.

Estudiante de la Administración Nacional de la Juventud

César Chávez

De niño, César Chávez trabajó en una granja. Sabía que la vida de los trabajadores agrícolas era difícil, y que les pagaban muy poco y tenían que trabajar muchas horas. Años más tarde, decidió que su causa sería ayudar a los trabajadores agrícolas a tener una vida mejor. Muchos tipos de trabajadores tienen sindicatos. Un **sindicato** es un grupo de trabajadores que se unen. Los trabajadores generalmente quieren un mejor trato y mejores sueldos. Chávez creía que los trabajadores agrícolas necesitaban un sindicato. En 1962, Chávez creó la Asociación Nacional de Trabajadores Agrícolas (NFWA, por sus siglas en inglés). Chávez fue elegido presidente de la NFWA. Más adelante, se cambió el nombre de la asociación por Unión de Campesinos. El **lema**, o frase, del sindicato era "Viva la causa".

César Chávez se reúne con trabajadores agrícolas.

En 1965, Chávez dirigió la primera huelga del sindicato. Una **huelga** ocurre cuando los trabajadores dejan de trabajar hasta que las cosas cambien. Chávez comenzó un boicot. Un **boicot** ocurre cuando las personas se niegan a hacer algo por alguna razón. Chávez pidió a las personas que no compraran más uvas. También quería que las tiendas dejaran de venderlas.

La huelga de los trabajadores agrícolas siguió por varios años. Finalmente, los dueños de las granjas estuvieron de acuerdo en aumentar el sueldo de los trabajadores. El conflicto se resolvió de manera pacífica.

Las personas usaban prendedores como este para apoyar el boicot a las uvas.

2. **Explica** por qué Chávez promovió el boicot a las uvas.

....

....

Clara Barton

A mediados del siglo XIX, durante la Guerra Civil, Clara Barton trabajó como voluntaria; ayudaba a los soldados a hallar el equipaje perdido y entregaba medicamentos. La Guerra Civil fue una lucha entre los estados del sur y los estados del norte de nuestro país. Barton también cuidaba a los soldados heridos. Muchos la llamaban "el ángel del campo de batalla".

Más adelante, mientras Barton estaba en Europa, estalló una guerra entre Francia y Alemania. Barton trabajó con la Cruz Roja en Europa cuidando a los soldados heridos. Quería llevar la Cruz Roja a los Estados Unidos. El deseo de Barton se hizo realidad en 1881.

En la actualidad, la Cruz Roja Americana sigue trabajando en la causa de Barton al ayudar y cuidar a gente en todo el mundo. Los trabajadores de la Cruz Roja llegan rápidamente para brindar su ayuda después de tormentas peligrosas, inundaciones y terremotos. Proveen alimentos, vivienda, agua potable y medicamentos. La Cruz Roja se asegura de que haya un suministro de sangre para las personas que lo necesitan. También ayuda a mantener el contacto con sus familiares a los soldados del ejército estadounidense que sirven a nuestro país lejos de sus hogares.

Clara Barton

3. 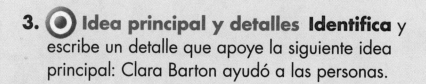 **Idea principal y detalles Identifica** y escribe un detalle que apoye la siguiente idea principal: Clara Barton ayudó a las personas.

Organizaciones civiles y sin fines de lucro

El trabajo que hizo Clara Barton y que continúa haciendo la Cruz Roja es el trabajo de las organizaciones sin fines de lucro. Una organización sin fines de lucro no se establece para ganar dinero. Su propósito es servir al bien común. Esto significa que las organizaciones sin fines de lucro trabajan para ayudar a los demás y satisfacer sus necesidades.

Muchas de las necesidades que satisfacen estos grupos son necesidades básicas, tales como alimentos, vivienda y ropa. Un banco de alimentos es otro ejemplo de una organización sin fines de lucro. Recibe alimentos donados por personas y empresas. El banco de alimentos da los alimentos a familias que lo necesitan. Estas familias tal vez estén luchando por satisfacer sus necesidades básicas.

Las organizaciones sin fines de lucro que operan dentro de una comunidad se llaman organizaciones civiles. Las organizaciones civiles proporcionan servicios a una comunidad y ayudan a sus residentes a satisfacer sus necesidades. El objetivo de una organización civil es mejorar la vida de las personas de una comunidad.

Voluntarios clasifican alimentos en el banco de alimentos local.

Trabajadores de la Cruz Roja Americana empacan provisiones.

4. Explica cómo sirven al bien común las organizaciones civiles y sin fines de lucro, como la Cruz Roja.

....

....

....

¿Entiendes?

TEKS 11.B, 12.A, 12.B, 17.C

5. ⊙ **Hechos y opiniones** Lee cada enunciado sobre César Chávez. **Decide** si es un hecho o una opinión. Luego escribe "hecho" u "opinión" al lado de cada enunciado.

.... César Chávez comenzó el primer sindicato para trabajadores agrícolas.

.... César Chávez trabajó para la causa más importante.

6. ❓ Piensa en los ejemplos que viste en esta lección de buenos ciudadanos que trabajan juntos. **Identifica** algunas maneras en las que las personas pueden lograr cambios cuando trabajan juntas.

mi Historia: Ideas

....

....

....

7. Investiga la vida y el trabajo de Ruby Bridges. Escribe un párrafo para **explicar** por qué fue una buena ciudadana.

....

....

....

....

Lección 1 TEKS 11.C, 17.E

Buenos ciudadanos, buenas obras

1. **Identifica** tres buenas obras que podría hacer un ciudadano en la comunidad.

....

....

....

....

2. Completa la siguiente tabla. **Identifica** dos derechos y dos responsabilidades de los ciudadanos.

Derechos	Responsabilidades

Tomar la iniciativa por nuestros derechos

3. Traza una línea para **unir** a cada líder con los derechos por los que luchó.

Thurgood Marshall

derecho al voto para las mujeres

Eleanor Roosevelt

igualdad de derechos para todas las personas

Susan B. Anthony

acabar con la segregación en las escuelas

4. ◉ **Hechos y opiniones** Lee los siguientes enunciados sobre Susan B. Anthony. **Identifica** cada enunciado como hecho u opinión.

.... Susan B. Anthony es alguien a quien debemos admirar.

.... Susan B. Anthony trabajó con Elizabeth Cady Stanton.

5. Explica qué tenían en común Susan B. Anthony, Thurgood Marshall y Eleanor Roosevelt.

....

....

....

....

....

Práctica de TEKS

Tomar la iniciativa por una causa

6. Escribe una oración para **describir** cómo Mary McLeod Bethune cambió las comunidades.

....

....

....

....

....

7. Lee la pregunta con atención. **Determina** cuál es la mejor respuesta entre las cuatro opciones. Encierra en un círculo la mejor respuesta.

¿Cuál de las siguientes opciones significa que César Chávez quería que las personas dejaran de comprar uvas?

A Se unió al ejército.

B Recolectaba uvas cuando era niño.

C Comenzó un boicot.

D Creó un sindicato.

8. Explica cómo la Cruz Roja Americana ayuda a servir al bien común después de inundaciones o tormentas peligrosas.

....

....

....

Conéctate en línea para escribir
e ilustrar tu **myStory Book** usando
miHistoria: Ideas de este capítulo.

 ## ¿Cómo puedo participar?

TEKS

ES 11.C

SLA 17

En este capítulo, aprendiste sobre el civismo. Aprendiste distintas maneras de participar en la escuela, en la comunidad y en el país.

Piensa en cómo puedes ayudar a otros en tu comunidad. Escribe sobre algo que puedes hacer hoy para marcar la diferencia.

....

....

....

....

Ahora dibuja algo que podrás hacer cuando crezcas para marcar la diferencia en tu escuela o en tu comunidad.

Una nación en crecimiento

 mi Historia: ¡Despeguemos!

¿Cómo cambia la vida a lo largo de la historia?

Mira la fotografía de un salón de clase de la década de 1960. **Describe** en qué se parecen y en qué se diferencian ese salón de clase y el tuyo.

....

....

....

....

Conocimiento y destrezas esenciales de Texas

1.A Describir cómo los individuos, los acontecimientos y las ideas han cambiado las comunidades, en el pasado y en el presente.

1.B Identificar a individuos, incluyendo a Pierre-Charles L'Enfant, Benjamin Banneker y Benjamin Franklin, quienes han ayudado a formar comunidades.

1.C Describir cómo individuos, incluyendo a Daniel Boone, Christopher Columbus, los Padres de la Patria y Juan de Oñate, han contribuido a la expansión de comunidades existentes o a la creación de nuevas comunidades.

2.A Identificar por qué las personas han formado comunidades, incluyendo la necesidad de seguridad y protección, libertad de religión, de leyes y de bienestar material.

2.B Identificar cómo las personas de las comunidades locales y otras comunidades satisfacen sus necesidades de gobierno, educación, comunicación, transporte y recreación.

4.A Describir y explicar variaciones del ambiente físico, incluyendo el clima, los accidentes geográficos, los recursos naturales y los peligros naturales.

8.E Identificar individuos, del pasado y de ahora, incluyendo Henry Ford y otros empresarios de la comunidad tales como Mary Kay Ash, Wallace Amos, Milton Hershey y Sam Walton que han comenzado nuevos negocios.

14.A Identificar y comparar las obras heroicas de héroes estatales y nacionales, incluyendo a Hector P. Garcia y James A. Lovell y a otros individuos tales como Harriet Tubman, Juliette Gordon Low, Todd Beamer, Ellen Ochoa, John "Danny" Olivas y otros héroes contemporáneos.

16.A Identificar científicos e inventores, incluyendo a Jonas Salk, Maria Mitchell, y otros que han descubierto avances científicos o creado o inventado nuevas tecnologías tales como Cyrus McCormick, Bill Gates y Louis Pasteur.

16.B Identificar el impacto de los avances científicos y las nuevas tecnologías en la computación, la pasteurización y las vacunas médicas en diferentes comunidades.

17.B Ordenar en secuencia y categorizar la información.

17.C Interpretar material oral, visual e impreso identificando la idea principal, distinguiendo entre hecho y opinión, identificando causa y efecto y comparando y contrastando.

17.D Usar diferentes partes de una fuente informativa, incluyendo la tabla de contenidos, el glosario y el índice, como también el teclado del Internet para localizar información.

17.E Interpretar y crear visuales, incluyendo gráficos, diagramas, tablas, líneas cronológicas, ilustraciones y mapas.

18.B Usar la tecnología para crear materiales visuales y escritos tales como historias, poemas, imágenes, mapas y organizadores gráficos para expresar ideas.

Benjamin Franklin
Un hombre que cambió la historia

Benjamin Franklin comenzó a trabajar para su hermano en 1718, cuando tenía 12 años. Su hermano tenía una imprenta en Boston, Massachusetts. En la imprenta se imprimía un periódico. El trabajo era difícil, pero a Franklin le gustaba.

Franklin comenzó a escribir artículos que aparecían en el periódico. A la gente le gustaba lo que escribía. Así, Franklin aprendió que ser buen escritor es una destreza muy valiosa.

Más adelante, Franklin se mudó a Filadelfia, Pennsylvania, y abrió su propia imprenta. Luego, escribió un libro llamado almanaque. Su almanaque contenía datos de interés para los colonos, como información, recomendaciones e informes sobre el estado del tiempo.

Para Franklin, trabajar por el bien de los demás era una gran satisfacción. Trabajó en muchos proyectos que ayudaban a los habitantes de las colonias norteamericanas.

Gracias a su trabajo en una imprenta, Benjamin Franklin aprendió que escribir es una destreza importante.

203

Benjamin Franklin y sus amigos abrieron una biblioteca para compartir libros con otras personas.

La compañía de bomberos de Franklin apagaba incendios en casas, graneros y establos.

Una de las maneras en que Franklin ayudó a los demás fue con la apertura de una biblioteca pública. En la década de 1730, solo los ricos tenían sus propios libros. Entonces, Franklin y otras personas pidieron a 50 amigos que les donaran una pequeña suma de dinero. Con ese dinero, compraron libros. Luego, abrieron una biblioteca donde la gente podía pedir libros prestados para leer en su casa. En la actualidad, hay bibliotecas públicas en casi todos los pueblos y ciudades de los Estados Unidos.

Franklin también trabajó en otros proyectos. Creó una compañía de bomberos. También creó una compañía de seguros. La compañía de seguros ayudaba a reparar las casas dañadas por los incendios. Luego, Franklin creó un hospital. Todos estos proyectos ayudaron a que Filadelfia cambiara.

Además, a Franklin le gustaban mucho las ciencias. A principios de la década de 1750, descubrió que el rayo es una forma de electricidad. Entonces, creó el pararrayos como un modo de proteger los edificios durante las tormentas.

A principios de la década de 1780, Franklin tenía dificultad tanto para leer como para ver de lejos. Para solucionar este problema, inventó los lentes bifocales. Este tipo de lentes permiten ver de cerca y de lejos.

El pararrayos de Franklin hace que el rayo se dirija hacia el suelo, y así los edificios quedan protegidos.

Franklin viajó a Francia. Muchas personas estaban ansiosas por conocerlo.

Franklin ayudó a escribir la Declaración de Independencia en 1776.

Gracias a sus inventos y a su trabajo por el bien de los demás, Franklin se hizo famoso. Mucha gente quería conocerlo. Se pintaban retratos de él. Muchos le pedían consejo.

Franklin viajó a Gran Bretaña y a Francia. En Gran Bretaña, trató de explicar que los colonos norteamericanos estaban muy enojados con los británicos. Franklin escribió cartas sobre los problemas de las colonias norteamericanas. Pero los británicos se negaban a cambiar las leyes que a los colonos les parecían injustas.

Finalmente, Franklin se unió con otros líderes de las colonias. Todos estaban de acuerdo con que debían liberarse de Gran Bretaña. También coincidían en que debían poder elegir a sus propios líderes. Franklin ayudó a escribir la Declaración de Independencia. Más adelante, ayudó a escribir la Constitución de los Estados Unidos.

Durante el siglo XIX, el trabajo de Franklin cambió la vida en los Estados Unidos en muchos aspectos. Todavía hoy podemos ver sus ideas a nuestro alrededor.

Piénsalo Según esta historia, ¿de qué manera Benjamin Franklin cambió la vida en los Estados Unidos? A medida que lees el capítulo, piensa de qué manera ayudar a los demás ha hecho que cambie la vida de las personas a lo largo de la historia.

PEARSON realize Conéctate en línea a tu lección digital interactiva.

205

Nuevas maneras de viajar

Marca con una *X* los medios de transporte que has usado para ir de un lugar a otro.

¿Cómo vas de un lugar a otro? Probablemente caminas, o vas en carro o en autobús. Hace mucho tiempo, los exploradores y los colonos viajaban en bote y a pie mientras trataban de aprender sobre nuevas tierras.

Viajes por caminos y ríos

Cuando los europeos llegaron a América del Norte en el siglo XVI, no sabían nada sobre esta tierra. Pero los indígenas norteamericanos la conocían bien. Viajaban en bote por los ríos y a pie por los caminos que habían hecho. Los indígenas les mostraron a los europeos dónde encontrar lo que necesitaban. Más adelante, los exploradores que llegaron de España trajeron caballos a América del Norte. Los caballos hicieron que viajar fuera más fácil y más rápido.

A medida que el país fue creciendo, muchos quisieron explorar el Oeste. En 1803, el presidente Thomas Jefferson contrató a Meriwether Lewis y a William Clark para explorar la tierra que estaba al oeste del río Mississippi. Les pidió que reunieran información sobre los indígenas y las tierras del Oeste.

Lewis y Clark viajaron con unos 48 hombres más. Una indígena llamada Sacagawea los ayudó a entender la lengua de los indígenas que encontraban en el camino.

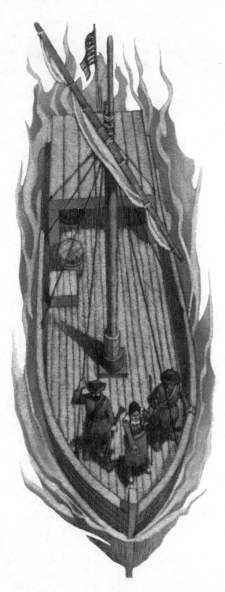

Los botes ayudaron a Lewis y Clark a explorar el Oeste.

DESCIFRA LA
PREGUNTA PRINCIPAL

Aprenderé cómo ha cambiado la vida de las personas gracias a las nuevas maneras de viajar.

Vocabulario

canal
caravana de carretas
transcontinental
peaje

Lewis y Clark tardaron dos años en terminar su viaje. En el mapa de abajo se muestra adónde fueron.

TEKS
1.A, 2.B, 17.C, 17.D

Sus historias hicieron que muchas personas quisieran irse a vivir al Oeste. Oían hablar de los enormes espacios abiertos y de la oportunidad de conseguir tierras para cultivar. Gracias a Lewis y Clark, muchas personas viajaron al Oeste y establecieron nuevas comunidades.

1. Usa la escala del mapa para **medir** la distancia que recorrieron Lewis y Clark en su viaje.

....

....

....

El viaje de Lewis y Clark

Fuerte Vancouver
Ciudad de Oregón
R. Missouri
Fuerte Hall
R. Snake
R. North Platte
Omaha
Council Bluffs
St. Joseph
R. Colorado
Fuerte Kearny
Independence
St. Louis
San Francisco
Sacramento

OCÉANO PACÍFICO

N
O   E
S

0   400 mi
0   400 km

LEYENDA
━━ Ruta de Lewis y Clark
△ Fuerte
● Ciudad
El mapa muestra las fronteras actuales.

El canal del Erie mejoró el transporte de personas y bienes.

Ríos y canales

A principios del siglo XIX, los ríos eran una vía importante para transportar bienes pesados. Sin embargo, algunos ríos eran demasiado estrechos o demasiado rápidos para los barcos grandes. A veces se construía un canal para permitir que los barcos más grandes pasaran sin riesgos. Un **canal** es una vía de navegación hecha por el hombre.

En 1825, el canal del Erie ayudó a conectar los Grandes Lagos con la Ciudad de Nueva York. Los bienes se transportaban desde lo que hoy son los estados de Wisconsin y Michigan a través de los Grandes Lagos. Luego atravesaban el canal del Erie hasta llegar al río Hudson, y de allí se transportaban hasta la Ciudad de Nueva York. En poco tiempo, la Ciudad de Nueva York se convirtió en un puerto muy importante. Un puerto es un pueblo o una ciudad que tiene un lugar para atracar los barcos.

Caravanas de carretas

Otro medio de transporte de principios del siglo XIX era la carreta. Muchos viajaban al Oeste en caravanas de carretas. Una **caravana de carretas** es un grupo de carretas que viajan juntas por seguridad.

Para facilitar el viaje al Oeste, el Congreso mandó a construir la Carretera Nacional. Muchas familias iniciaban su viaje en esa carretera pavimentada. La carretera iba desde Maryland hasta Illinois. Cuando terminaba la Carretera Nacional, seguían por el Camino de Oregón, que comenzaba en Independence, Missouri, y terminaba en Oregón.

El viaje hasta Oregón duraba unos seis meses. Los viajeros debían enfrentarse a duras condiciones del tiempo, a enfermedades y a montañas empinadas. Aunque más de 12,000 personas viajaron hacia el Oeste en la década de 1840, se necesitaba una manera más rápida y segura de viajar.

La gente viajaba a pie o en carreta en busca de una vida mejor en el Oeste.

2. Identifica y subraya las maneras en que los habitantes de las comunidades satisfacían sus necesidades de transporte.

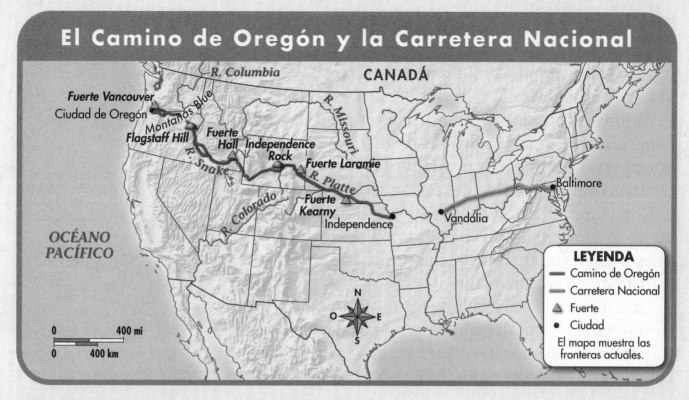

El Camino de Oregón y la Carretera Nacional

R. Columbia
CANADÁ
Fuerte Vancouver
Ciudad de Oregón
Montañas Blue
Flagstaff Hill
R. Snake
Fuerte Hall
Independence Rock
R. Missouri
Fuerte Laramie
R. Platte
Baltimore
R. Colorado
Fuerte Kearny
Independence
Vandalia

OCÉANO PACÍFICO

0   400 mi
0   400 km

LEYENDA
— Camino de Oregón
— Carretera Nacional
△ Fuerte
● Ciudad
El mapa muestra las fronteras actuales.

Los ferrocarriles cruzan el país

La primera locomotora de vapor se construyó en 1804. Las locomotoras de vapor son trenes que funcionan con un motor de vapor. Por los avances que hubo durante los diez años posteriores, las locomotoras se convirtieron en máquinas potentes, capaces de recorrer grandes distancias. Al poco tiempo, se comenzó a planificar la construcción de vías de ferrocarril.

En 1863, dos compañías comenzaron a construir una vía de ferrocarril a través de los Estados Unidos. Una compañía comenzó al este del río Mississippi y otra, cerca de la costa oeste. El 10 de mayo de 1869, las vías se encontraron en Promontory, Utah. El nuevo ferrocarril se llamó ferrocarril transcontinental. **Transcontinental** significa "que atraviesa el continente".

Los ferrocarriles fueron un gran avance en comparación con los lentos canales fluviales y los caminos fangosos y angostos. Con el ferrocarril, se podía viajar con rapidez y seguridad desde Omaha, Nebraska, hasta Sacramento, California.

Un remache de oro unió las vías del ferrocarril del Este y del Oeste.

3. Subraya la oración que **identifica** qué significa "transcontinental".

Las carreteras cruzan la nación

Durante el siglo XIX se construyeron muchos caminos nuevos en los Estados Unidos. Esos caminos hicieron que viajar fuera más fácil.

Algunos terratenientes construyeron caminos con peaje en sus tierras. El **peaje** es dinero que se paga por usar un camino. Los peajes servían para pagar la construcción y el arreglo de los caminos.

Con la construcción de los ferrocarriles, los caminos ya no se usaban tanto. Sin embargo, recuperaron su importancia cuando muchas personas comenzaron a transportarse en carro.

Finalmente, se construyó un gran sistema de carreteras en el siglo XX con dinero de la Ley de Ayuda Federal de Carreteras de 1956. Por fin se iba a poder viajar fácilmente por todos los Estados Unidos.

Aviones

El transporte siguió mejorando durante los primeros años del siglo XX. Dos hermanos, Orville y Wilbur Wright, comenzaron a construir aviones. El 17 de diciembre de 1903, hicieron volar su primer avión. Estuvo en el aire durante 12 segundos. De un momento a otro, ¡las personas podían volar!

Los hermanos Wright siguieron mejorando su diseño. La idea de viajar en avión se popularizó.

El primer vuelo exitoso de los hermanos Wright tuvo lugar en Kitty Hawk, Carolina del Norte.

Con los años, los aviones se volvieron más grandes y potentes. En la actualidad, los jets transportan personas y objetos por todo el mundo. Un viaje por el país, que antes duraba meses, ahora dura menos de seis horas.

4. ◉ **Sacar conclusiones Explica** cómo cambió la manera de viajar en el siglo XX.

....

....

🔻 **TEKS 2.B, 17.C, 17.D**

5. ◉ **Sacar conclusiones Analiza** cada enunciado. Luego escribe una conclusión que puedas sacar acerca de cada enunciado.

Los ferrocarriles fueron un gran avance en comparación con los caminos fangosos.

....

....

Las carreteras ayudaron a las personas a viajar por los Estados Unidos.

....

....

6. ❓ **Explica** por qué las caravanas de carretas eran la mejor manera de atravesar el país a principios del siglo XIX.

mi Historia: Ideas

....

....

7. En la biblioteca, trabaja en grupo para **investigar** el medio de transporte que se te haya asignado. Usa recursos impresos y digitales. Realiza búsquedas por palabra clave en la tabla de contenidos y usa el glosario o índice de materiales impresos para reunir información. Luego imagina que se trata de un medio de transporte totalmente nuevo y **crea** un anuncio publicitario. Presenta tu trabajo y coméntalo con tu grupo para identificar la idea principal, así como los hechos y las opiniones de los anuncios publicitarios de los demás grupos.

Fuentes primarias y secundarias

Las fuentes primarias son documentos, como fotografías, pinturas y mapas, o ciertos artefactos de la época en la que ocurrió un evento o acontecimiento. Las fuentes primarias fueron escritas o usadas por alguien que vio un suceso o lo vivió mientras ocurrió. A veces, a esa persona se la llama "testigo presencial".

Las fuentes primarias de esta página provienen del viaje de Lewis y Clark. La brújula los ayudó a encontrar el camino. La anotación de diario fue escrita por John Ordway, que viajaba con Lewis y Clark.

Mira la anotación de diario. Mientras lees, piensa en quién la escribió y por qué. También piensa en lo que te dice acerca del pasado.

Artefactos como las brújulas pueden ser fuentes primarias.

one of the hunters...killed a panther on an island. It was 7 1/2 feet in length. it differs from these in the States. it is of a redish brown. and the first we have killed. passed very rapid water we have to double man the canoes and drag them over the Sholes and rapid places. we have to be in the water half of our time.

August 3. 1805. John Ordway

¿Qué dice el diario de Ordway sobre el viaje de Lewis y Clark? ¿Qué vio? ¿De qué manera las palabras y la puntuación del diario se diferencian de la manera en la que escribimos en la actualidad?

Los diarios también son fuentes primarias. Esta anotación de diario dice: "uno de los cazadores... cazó una pantera en una isla. Medía 7 1/2 pies de largo. es diferente de las panteras de los Estados. esta es de color rojizo. y es la primera que matamos. navegamos por aguas muy rápidas tenemos que hacer el doble de esfuerzo y arrastrar las canoas en las orillas y en los lugares rápidos. tenemos que estar en el agua la mitad del tiempo. 3 de agosto. 1805. John Ordway".

Aprenderé las diferencias entre las fuentes primarias y las secundarias.

 TEKS

ES 1.A Describir cómo los individuos y los acontecimientos han cambiado las comunidades, en el pasado y en el presente..

SLA 22.A Utilizar y entender la función de los siguientes elementos gramaticales en el contexto de la lectura y la escritura.

SLA 22.B Utilizar el sujeto completo y el predicado completo en una oración.

SLA 22.C Utilizar oraciones completas, tanto sencillas como compuestas, con la concordancia correcta del sujeto y el verbo.

Este pasaje de un libro de texto también también habla sobre el viaje de Lewis y Clark. Sin embargo, lo escribió alguien que supo del viaje a través de lo que escribieron otras personas. Este libro es una fuente secundaria. En las fuentes secundarias, el autor no vio ni vivió los sucesos que describe.

Este libro es una fuente secundaria.

Los miembros de la expedición de Lewis y Clark enfrentaron muchos peligros. Los exploradores siguieron ríos que muchas veces eran muy angostos o muy rápidos.

A su regreso, trajeron muestras de plantas y animales que encontraron para mostrar a los demás lo que habían encontrado en el Oeste.

¡Inténtalo!

1. **Compara** la anotación de diario con el pasaje del libro de texto.

....

....

....

....

2. Usa Internet para **investigar** más información sobre el viaje de Lewis y Clark. **Interpreta** la información que encuentres y determina si proviene de una fuente primaria o secundaria.

....

....

Un nuevo hogar en los Estados Unidos

Haz una lista de las cosas que llevarías en tu bolso si te mudaras a una casa nueva.

En los Estados Unidos había muchos empleos disponibles.

Las personas se mudan a un lugar nuevo por distintas razones. Algunas necesitan encontrar trabajo. Algunas buscan libertad de religión o un lugar seguro donde vivir. Algunas esperan ganar más dinero. Otras se mudan para estar más cerca de su familia.

La promesa de América del Norte

Las personas que se van de un país y se instalan en otro se llaman **inmigrantes**. Los inmigrantes comenzaron a llegar a América del Norte hace cientos de años, con la idea de comenzar una vida nueva.

Algunos de los primeros inmigrantes venían de España, Francia e Inglaterra. Durante los siglos XVII y XVIII, cruzaron el océano Atlántico para llegar a América del Norte. Se instalaron en el Sureste, el Noreste e incluso bien al norte, en Canadá.

En 1783, los Estados Unidos se liberaron de Gran Bretaña. En ese entonces, la nación estaba formada por 13 estados, todos ubicados en el Este.

El Oeste era un enorme territorio con muchos ríos y montañas. El suelo era fértil y se podía encontrar oro en los arroyos y en las rocas. En esa búsqueda de oro, a veces se hallaban otros minerales, como plata. La gente tenía muchas maneras de ganar dinero en el Oeste.

Vocabulario

inmigrante   fiebre del oro
región   exclusión
fronteriza
finca

A mediados del siglo XIX, miles de inmigrantes de Europa y Asia llegaron a los Estados Unidos. La mayoría de ellos se instalaron en las ciudades de las costas este y oeste, donde había mucho trabajo y lugares para vivir. Otros inmigrantes compraron o alquilaron tierras para cultivar.

Desde la llegada de los primeros europeos a América del Norte, los inmigrantes han entrado a su nuevo hogar con grandes esperanzas. Los inmigrantes tenían las destrezas y la energía necesarias para construir un país todavía más grande.

Un inmigrante llamado John Roebling llegó a los Estados Unidos desde Alemania en 1831. Roebling construyó muchos puentes. Uno de los más conocidos es el puente de Brooklyn, ubicado en la Ciudad de Nueva York.

La mayoría de los inmigrantes europeos cruzaron el océano Atlántico en barco y llegaron a la bahía de Nueva York. Una de las primeras cosas que veían era la Estatua de la Libertad. Esta misma estatua sigue dando la bienvenida a los inmigrantes actuales.

TEKS
1.A, 1.B, 1.C, 2.A, 4.A

La Estatua de la Libertad sostiene una antorcha para dar la bienvenida a quienes llegan a los Estados Unidos.

1. **Causa y efecto Describe** dos causas por las que los inmigrantes se establecieron en el Oeste.

....

....

Hacia el Oeste

A medida que llegaban más inmigrantes y las ciudades se llenaban de gente, muchos empezaron a buscar tierras en la región fronteriza estadounidense. Una **región fronteriza** es una región que forma el límite de una zona poblada. Los pobladores cruzaban montañas empinadas y ríos anchos. La búsqueda de nuevas tierras era peligrosa. Un explorador llamado Daniel Boone ayudó a que la búsqueda fuera más fácil.

Durante muchos años, los indígenas habían usado el camino del paso de Cumberland. Ese camino atravesaba las montañas de Cumberland. En el mapa de abajo se ve el paso de Cumberland tal como es en la actualidad.

En 1775, Boone trabajó con 28 hombres para ensanchar el paso de Cumberland y agregar caminos nuevos. Ese nuevo camino se llamó Camino Wilderness. Ahora, las carretas podían atravesar las montañas. Como resultado, miles de pobladores y exploradores se trasladaron hacia el Oeste, más allá de los montes Apalaches. En 1805, Zebulon Pike exploró el río Mississippi. Luego, en 1813, Davy Crockett comenzó a explorar el territorio que hoy corresponde a Tennessee.

Daniel Boone ayudó a los nuevos pobladores a viajar a la región fronteriza estadounidense.

2. **Describe** de qué manera Daniel Boone contribuyó al cambio de las comunidades con el ensanchamiento del paso de Cumberland.

....

....

....

....

....

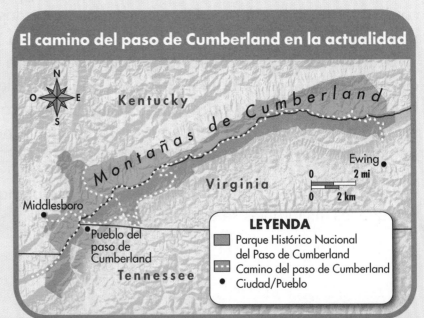

El camino del paso de Cumberland en la actualidad

Kentucky

Montañas de Cumberland

Ewing

0   2 mi

0   2 km

Virginia

Middlesboro

Pueblo del paso de Cumberland

Tennessee

LEYENDA
- Parque Histórico Nacional del Paso de Cumberland
- Camino del paso de Cumberland
- Ciudad/Pueblo

La Ley de Fincas

El número de personas que se mudaron al Oeste creció a partir de 1862. En ese año, el gobierno de los Estados Unidos aprobó la Ley de Fincas. Una **finca** es una porción de tierra que incluye una casa y otras construcciones.

La Ley de Fincas hizo posible que muchos estadounidenses obtuvieran 160 acres de tierra por muy poco dinero. La ley ayudó a poblar el territorio del Oeste. También ayudó a que se agregaran nuevos estados al país.

Los nuevos colonos que querían tierras tenían que comprometerse a construir una casa y vivir en esa tierra durante cinco años. Después de eso, la tierra pasaba a ser propia. Miles de familias viajaron en dirección oeste en busca de un nuevo hogar. Hacia principios del siglo xx, había 600,000 nuevos colonos en el Oeste.

Muchos de los nuevos colonos eran inmigrantes. Otros habían sido esclavos en el Sur. Al mudarse al Oeste, los nuevos colonos empezaban una vida nueva. Podían cultivar la tierra y criar animales para alimentar a sus familias. Podían crear comunidades nuevas y disfrutar de su libertad de religión.

Sin embargo, la vida de los nuevos colonos del Oeste era difícil. Construían las casas con los materiales que encontraban. Llevaban el agua en cubetas. Tenían que producir todos sus alimentos. Los vecinos estaban lejos unos de otros, así que era difícil conseguir ayuda. Muchos regresaron a su lugar de origen porque la vida en la región fronteriza era demasiado dura.

Las familias podían comprar tierra para empezar una vida nueva en el Oeste.

3. ◉ **Sacar conclusiones Identifica** un detalle que apoye la conclusión de que los nuevos colonos formaban comunidades para satisfacer la necesidad de bienestar material.

Inmigrantes de Asia

En 1848, se descubrió oro en California. Durante la **fiebre del oro**, miles de personas vinieron de todo el mundo en busca de oro. Algunas formaron comunidades para satisfacer su necesidad de bienestar material.

Durante la fiebre del oro llegaron muchos inmigrantes de China. Al principio, fueron bien recibidos. Pero con el tiempo, algunos estadounidenses pensaron que los inmigrantes chinos estaban ocupando demasiados puestos de trabajo. En 1882, el gobierno de los Estados Unidos aprobó la Ley de Exclusión China. **Exclusión** significa "mantener a alguien fuera de un lugar". Esa ley impidió la entrada de inmigrantes chinos durante diez años.

Los inmigrantes chinos necesitaban documentos especiales para trabajar en los Estados Unidos.

En la década de 1880, Japón comenzó a permitir la salida de trabajadores hacia los Estados Unidos. Muchos inmigrantes japoneses vivieron en California y Hawái, que todavía no era un estado. La mayoría trabajaba en granjas o vivía de la pesca. Algunos tenían empresas pequeñas.

4. Usa la escala. **Mide** la distancia que recorrieron los inmigrantes chinos para llegar a la parte continental de los Estados Unidos.

....

Inmigración desde China y Japón, 1848–1900

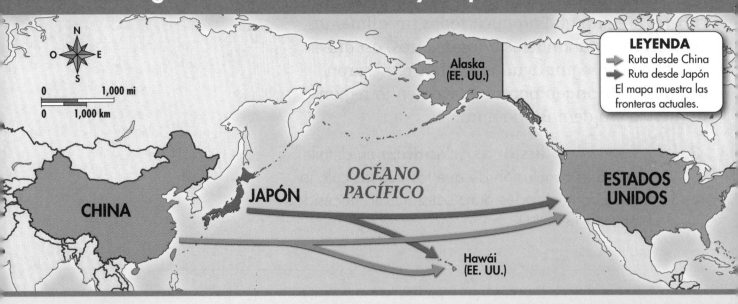

LEYENDA
➡ Ruta desde China
➡ Ruta desde Japón
El mapa muestra las fronteras actuales.

Alaska (EE. UU.)

OCÉANO PACÍFICO

JAPÓN

CHINA

ESTADOS UNIDOS

Hawái (EE. UU.)

0   1,000 mi
0   1,000 km

5. **Sacar conclusiones** **Analiza** la lección y saca una conclusión sobre cómo cada uno de estos sucesos contribuyó a cambiar las comunidades de los Estados Unidos.

Camino Wilderness: ....

....

Ley de Fincas de 1862: ....

....

Fiebre del oro: ....

....

Ley de Exclusión China de 1882: ....

....

6. **Describe** cómo crees que era cruzar el océano Atlántico en barco en el siglo XIX.

mi Historia: Ideas

....

....

....

7. Trabaja con un grupo pequeño para **investigar** sobre los inmigrantes que llegaron a los Estados Unidos provenientes de algún país, como Italia o Corea. Reúne información acerca de las razones por las que estos inmigrantes llegaron a los Estados Unidos. Crea una representación visual, como un mapa o un gráfico, que muestre en qué parte de los Estados Unidos se establecieron. Identifica las razones por las que los inmigrantes formaron comunidades en el país. Entre las razones, considera las cuestiones legales, religiosas y de seguridad, así como la necesidad de bienestar material.

....

....

Nuevas maneras de comunicarse

¡Imagínalo!

Siglo XIX

Encierra en un círculo los objetos de cada imagen que ayudan a las personas a comunicarse.

Para aprender sobre el mundo que nos rodea, miramos y escuchamos. También usamos aparatos, como teléfonos, radios, televisores y computadoras. Estos aparatos nos permiten comunicarnos. **Comunicarse** significa transmitir ideas o información a otras personas.

El Pony Express

A principios del siglo XIX, la única manera de viajar por el país era a caballo o en caravana de carretas. Enviar cartas tardaba de tres semanas a dos meses.

A medida que el país crecía, el servicio de correos tuvo que mejorar. En 1860, un grupo de personas tuvo una idea. Inauguraron el Pony Express. El Pony Express era un sistema de correos para el envío de cartas entre St. Joseph, Missouri, y Sacramento, California. En el mapa se ve la ruta que recorría el correo.

Jóvenes a caballo recorrían entre 75 y 100 millas llevando las bolsas del correo. Los jinetes cambiaban de caballo cada diez millas en estaciones de relevo.

Cuando un jinete terminaba su parte del viaje, esperaba en la última estación a que otro jinete llegara desde la dirección contraria. Entonces, tomaba la bolsa de ese jinete y regresaba a casa.

El Pony Express prometía la entrega de correo de manera rápida y segura en todo el territorio de los Estados Unidos.

Década de 1950

Vocabulario

comunicarse   telégrafo

invento   tecnología

patente

Los jinetes del Pony Express cabalgaban bajo lluvias y nevadas intensas. Debían mantenerse alejados de los indígenas, que no los querían en su tierra.

El Pony Express mejoró la comunicación entre las personas. El correo podía llegar a la costa oeste en tan solo diez días. El Pony Express duró apenas 18 meses porque surgieron otros sistemas de comunicación más rápidos y sencillos.

TEKS

1.A, 2.B, 16.A, 16.B, 17.E

1. Interpreta el mapa. Encierra en un círculo los lugares donde los jinetes del Pony Express pudieron haberse detenido para cambiar de caballo.

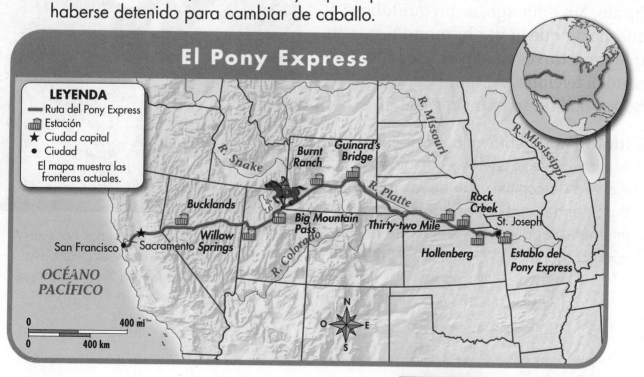

El Pony Express

LEYENDA

— Ruta del Pony Express

🏛 Estación

★ Ciudad capital

• Ciudad

El mapa muestra las fronteras actuales.

R. Snake

R. Missouri

R. Mississippi

Burnt Ranch

Guinard's Bridge

R. Platte

Bucklands

Big Mountain Pass

Thirty-two Mile

Rock Creek

St. Joseph

San Francisco

Sacramento

Willow Springs

R. Colorado

Hollenberg

Establo del Pony Express

OCÉANO PACÍFICO

0   400 mi

0   400 km

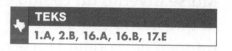

El telégrafo y el teléfono

Los inventos también mejoraron la comunicación. Un **invento** es algo que se hace por primera vez. Para proteger un invento, hay que obtener una patente. Una **patente** da a una persona el derecho de ser la única que puede fabricar o vender un invento.

En 1832, Samuel Morse comenzó a desarrollar un telégrafo. Un **telégrafo** es una máquina que envía y recibe señales por medio de un cable delgado. Seis años después, Morse inventó un código especial al que llamó código Morse. Mira la imagen del código Morse a la derecha. En el código Morse, se usan puntos y rayas para representar las letras y los números. Con el código Morse, los telégrafos enviaban mensajes casi al instante.

En 1844, se envió el primer mensaje de telégrafo entre dos ciudades. Sin embargo, recién en 1854, Morse obtuvo la patente por su invento.

A Alexander Graham Bell le gustaba el telégrafo. Sin embargo, se preguntaba si él podría hacer que la voz humana llegase a otro lugar a través de cables. En 1876, Bell inventó el teléfono. Por primera vez, las personas podían hablar sin verse.

Este es el apellido de Alexander Graham Bell escrito en código Morse.

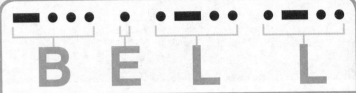

2. **Identifica** y subraya la oración que explica cómo el teléfono cambió la manera de comunicarse de las personas. Busca una copia del código Morse en Internet. Luego escribe tu nombre en código Morse.

Alexander Graham Bell hace su primera llamada telefónica de la Ciudad de Nueva York a Chicago, Illinois.

....

....

La radio y la televisión

El telégrafo y el teléfono ayudaban a la gente a comunicarse a través de largas distancias. Pero esos inventos funcionaban con cables que se extendían entre edificios o ciudades. En 1896, el inventor italiano Guglielmo Marconi encontró una manera de enviar mensajes sin usar cables.

Marconi patentó una manera de hacer que las señales de radio viajasen por el aire. Ahora, la gente podía enviar y recibir mensajes sin cables de telégrafo.

En 1901, Marconi recibió el primer mensaje de radio enviado a través del océano Atlántico. De la noche a la mañana, las personas de todo el mundo podían comunicarse al instante.

Muchos inventos fueron la creación de una sola persona. En otros casos, participaron varias personas. La televisión es uno de ellos. La idea de la televisión se basa en los trabajos de Morse, Bell, Marconi y muchos otros científicos. Cada uno creó partes de la nueva máquina.

Aunque los televisores actuales son el resultado de muchos años de trabajo, la mayor parte del trabajo se hizo en las décadas de 1920 y 1930. En 1939, se presentó la televisión ante un gran público en la Feria Mundial de Nueva York. A fines de la década de 1940, muchos estadounidenses ya tenían su propio televisor. Esos televisores transmitían imágenes en blanco y negro. Desde entonces, muchos científicos han perfeccionado la televisión.

En la actualidad, en casi todos los hogares de los Estados Unidos hay por lo menos un televisor. Además, se puede ver televisión por computadora o en otros aparatos de comunicación.

3. ◎ **Secuencia** Mira las fotografías de los aparatos de comunicación. **Ordénalos** del 1 al 4 para mostrar la secuencia en la que se inventaron.

Aparatos de comunicación

☐ Radio

☐ Teléfono

☐ Televisor

☐ Telégrafo

La comunicación en la actualidad

Durante los últimos 20 años, la comunicación ha cambiado aún más. Ahora hay satélites que envían y reciben con gran rapidez señales para radios, televisores, teléfonos celulares y computadoras.

La tecnología informática también ha mejorado la comunicación. La **tecnología** es el conocimiento científico sobre cómo funcionan las cosas. Cuando Bill Gates era joven, las computadoras eran máquinas enormes. Nadie tenía una computadora en la casa. Él ayudó a que las computadoras personales fueran posibles. Hoy en día, la gente escribe mensajes de correo electrónico que recorren el mundo en segundos. También envía fotos y videos mediante teléfonos celulares y computadoras. En el futuro, probablemente habrá muchas otras maneras de comunicarse rápidamente.

4. ⊙ **Sacar conclusiones Identifica** y subraya un ejemplo que muestre el impacto de las computadoras sobre tu comunidad. Con un compañero, **predice** y **comenta** cómo cambiará la comunicación en el futuro.

Los satélites envían y reciben señales para que la comunicación sea más rápida.

5. ◉ **Sacar conclusiones Analiza** la lección. Escribe una conclusión que puedas sacar sobre la manera en que cada invento ha contribuido a cambiar las comunidades.

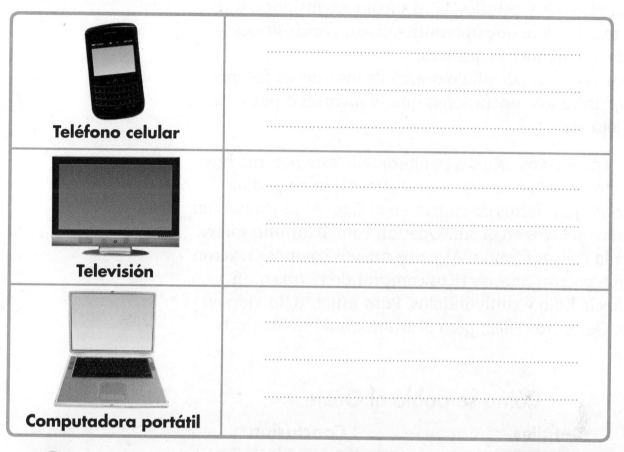

Teléfono celular

Televisión

Computadora portátil

6. ❓ **Describe** cómo se comunicaban las personas antes de que se inventara el teléfono y cómo el teléfono facilitó la comunicación.

mi Historia: Ideas

7. **Investiga** sobre los logros de María Mitchell y de Bill Gates. En un diagrama de Venn digital, **compara** y **contrasta** la influencia que tuvieron sus trabajos en los Estados Unidos y en el mundo.

PEARSON
realize   Conéctate en línea a tu
lección digital interactiva.   225

Sacar conclusiones

Una conclusión es una decisión que tomas después de leer hechos y detalles. Para sacar conclusiones, usas lo que sabes y lo que aprendiste. Sacar conclusiones te ayuda a entender lo que lees.

Lee el párrafo de abajo acerca de los nuevos colonos. Luego mira las conclusiones que se sacaron a partir de los detalles.

Los nuevos colonos poblaron el Oeste por muchas razones. Algunos eran agricultores que no podían conseguir tierras de cultivo en el Este. Algunos habían sido esclavos en el Sur. Querían comenzar una nueva vida con su familia. Algunos nuevos colonos creyeron que podían hacerse ricos comprando tierras a un precio bajo y cultivándolas. Para muchos, la vida en el Oeste era difícil, pero disfrutaban de su libertad.

Cómo se pobló el Oeste

Detalles

Conclusión

1. Los agricultores no tenían tierras en el Este.

2. Los que habían sido esclavos querían empezar una vida nueva.

3. Algunos querían volverse ricos.

Quienes se convirtieron en nuevos colonos del Oeste lo hicieron porque querían una vida mejor.

Los nuevos colonos tenían la esperanza de una vida mejor.

TEKS

ES 2.B Identificar cómo las personas de otras comunidades satisfacen sus necesidades de comunicación.

SLA 15 Localizar y usar información específica de los rasgos gráficos de un texto.

¡Inténtalo!

Analiza el pasaje acerca del Pony Express. Luego completa el diagrama.

Un jinete del Pony Express en camino para entregar el correo

El Pony Express se creó durante la Guerra Civil para ayudar a las personas a enterarse de lo que estaba pasando en todo el país. Antes del Pony Express, el correo se llevaba en diligencia y en barco.

Los jinetes del Pony Express arriesgaban su vida para llevar el correo. Iban a toda velocidad y no descansaban con frecuencia.

La entrega de correo era mucho más rápida con el Pony Express, pero no era suficientemente segura ni rápida. El Pony Express dejó de funcionar cuando se inventó el telégrafo.

Analiza el pasaje y luego completa el diagrama con dos detalles más acerca de los jinetes del Pony Express. Luego escribe una conclusión que puedas sacar a partir de los detalles.

Los jinetes del Pony Express

Detalles	Conclusión
1. Los jinetes arriesgaban su vida.	
2.	
3.	

PEARSON realize Conéctate en línea a tu lección digital interactiva.

227

Nuevas ideas

Lámpara

Lavadora

Encierra en un círculo los inventos que te ayudan en la limpieza.

Mary McLeod Bethune ayudó a las niñas afroamericanas a recibir educación.

A lo largo de la historia, las nuevas ideas han cambiado la vida de las personas. Algunos tipos de ideas llevan a fabricar cosas nuevas, como los carros. Otras ideas llevan a crear nuevos modos de vida. Los dos tipos de ideas pueden cambiar las comunidades.

A fines del siglo XIX y a principios del XX, más personas comenzaron a trabajar por la igualdad de derechos de todos los estadounidenses. Cuando hay **igualdad de derechos**, todas las personas tienen los mismos derechos.

Las mujeres querían el derecho a votar. Los afroamericanos querían que sus hijos tuvieran derecho a ir a las mismas escuelas que los niños blancos. Los trabajadores querían reglas que los protegieran. Muchos estadounidenses trabajaron para que esas ideas llegaran a ser leyes.

La educación y los inventos

A principios del siglo XX, muchas escuelas estaban segregadas. Los estudiantes blancos y los afroamericanos iban a escuelas distintas. En algunos lugares, ni siquiera había escuelas para los niños afroamericanos.

Algunas personas pensaban que eso estaba mal. Querían que todos los niños tuvieran la misma educación. En 1904, Mary McLeod Bethune abrió una escuela para niñas afroamericanas en la Florida.

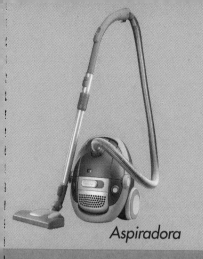

Aspiradora

Refrigerador

DESCIFRA LA PREGUNTA PRINCIPAL

Aprenderé cómo las nuevas ideas y las máquinas cambiaron la vida de las personas a lo largo de la historia.

Vocabulario

igualdad de derechos

línea de montaje

vacuna

activista

En 1954, la Corte Suprema de los Estados Unidos decidió que la segregación en las escuelas iba en contra de la ley. Ahora, todos los niños podían tener la misma educación.

En el siglo xx, la vida de los estadounidenses también cambió en otros aspectos. Un gran cambio se produjo por la invención del primer foco práctico, o útil. En 1879, Thomas Edison había inventado un foco barato y confiable. Daba luz sin necesidad de encender el fuego o una vela.

Pasaron muchos años para que se colocaran cables eléctricos y se construyeran centrales eléctricas. Sin embargo, hacia el siglo xx, las fábricas y las oficinas ya podían seguir funcionando de noche. Además, la gente podía caminar sin riesgos en calles bien iluminadas.

En la actualidad, los inventos siguen cambiando la vida de la gente. Las cámaras y las computadoras han cambiado el modo de comunicarse, hacer compras y reunir información acerca del mundo.

TEKS

8.E, 14.A, 16.A, 16.B, 17.B, 17.D, 18.B

Una cámara de 2010

Una cámara de principios del siglo xx

1. **Idea principal y detalles** **Describe** dos maneras en las que la vida de las personas haya cambiado en el siglo xx.

....

....

PEARSON realize Conéctate en línea a tu lección digital interactiva.

229

Máquinas y empresas nuevas

En 1831, Cyrus Hall McCormick inventó una máquina para cortar granos. Se la llamó segadora. Antes, la gente cortaba la cosecha a mano. La segadora sirvió para que la cosecha de granos fuera más rápida y fácil. En la actualidad, las máquinas ayudan a los agricultores a usar más tierra y a sembrar y cosechar más cultivos.

Uno de los inventos más importantes de fines del siglo XIX fue el automóvil, o carro. En 1903, Henry Ford abrió una empresa que construía y vendía carros. En esa época, a la mayoría de las personas no les alcanzaba el dinero para comprar un carro.

Ford quería construir un carro que todos pudieran comprar. Eso lo llevó a inventar la línea de montaje. En una **línea de montaje**, cada trabajador hace solo una parte del trabajo. La idea de la línea de montaje de Ford se usó en las fábricas de todo el mundo.

Las líneas de montaje le sirvieron a Ford para hacer un carro llamado Modelo T. El Modelo T costaba menos que otros carros. Finalmente, el carro estaba al alcance de millones de personas. Al igual que Ford, otras personas abrieron nuevas empresas que transformaron comunidades en el pasado. Esto sigue ocurriendo hoy en día. Mary Kay Ash abrió una empresa de cosméticos. Wallace Amos abrió una empresa de galletas. Las nuevas empresas generan nuevos empleos. Las personas pueden comprar nuevos productos.

2. **Identifica** y subraya la oración que explica el tipo de empresa que abrió Henry Ford a principios del siglo XX.

Henry Ford conduce su carro, el Modelo T.

Ideas nuevas en medicina

En el siglo XVIII, una enfermedad llamada viruela mató a millones de personas. Nadie sabía su causa. No tenía cura.

En 1796, Edward Jenner encontró una manera de proteger a las personas de esa terrible enfermedad. Les dio una vacuna hecha con un virus muy débil. Una **vacuna** ayuda al cuerpo a combatir la enfermedad. La vacuna de Jenner ayudó a las personas a combatir la viruela.

La polio era otra enfermedad terrible. En la década de 1950, Jonas Salk, un médico judío estadounidense, usó las ideas de Jenner para inventar una vacuna contra la polio. Salk les dio a sus pacientes una forma muerta del virus de la polio. La vacuna de Salk hacía que el organismo de la persona aprendiera a pelear contra el virus de la polio. La vacuna salvó muchas vidas.

El doctor Salk vacuna a un niño contra la polio en 1954.

Louis Pasteur descubrió que los gérmenes son la causa de muchas enfermedades. Pasteur pensaba que la gente no se enfermaría si los gérmenes no entraban a su organismo. En la década de 1860, Pasteur inventó una manera de matar los gérmenes calentando los alimentos y enfriándolos rápidamente. Ese proceso se llama pasteurización. En la actualidad, la mayor parte de la leche que bebemos está pasteurizada.

3. ◉ **Idea principal y detalles Identifica** el impacto de la pasteurización en las comunidades.

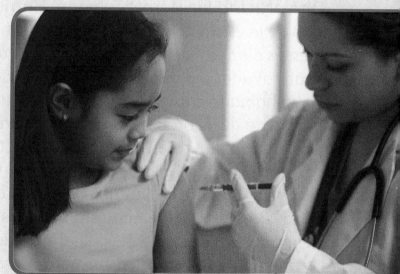

En la actualidad, hay muchas vacunas que nos ayudan a estar sanos.

....

....

....

Nuevas ideas sobre derechos humanos

Antes de 1861, año en el que comenzó la Guerra Civil de los Estados Unidos, había muchos esclavos afroamericanos en el Sur. Una de las razones de la Guerra Civil fue que muchas personas estaban en contra de la esclavitud.

Antes y después de la guerra, los activistas trabajaron para obtener la libertad de los esclavos. Un **activista** es alguien que trabaja duro para producir un cambio.

Frederick Douglass

Frederick Douglass escapó de la esclavitud en 1838. Aunque la ley no permitía que los esclavos aprendieran a leer, Douglass aprendió a leer y a escribir. Pronto se hizo famoso por hablar en contra de la esclavitud. Douglass, además, imprimió su propio periódico para difundir la idea de que los afroamericanos debían ser libres.

Otra activista fue Harriet Tubman. Harriet escapó de la esclavitud en 1849. Durante los siguientes diez años, volvió una y otra vez al Sur para ayudar a otros esclavos a escapar. En 1860 ya había liberado a más de 300 esclavos. Harriet arriesgó su propia libertad y su vida para ayudar a otros a escapar de la esclavitud.

Harriet Tubman

Cuando acabó la Guerra Civil, en 1865, los esclavos afroamericanos finalmente lograron su libertad. Sin embargo, seguían sin tener los mismos derechos que los demás. Se necesitaron muchos años y el trabajo de muchos activistas para que obtuvieran esos derechos.

En las décadas de 1950 y 1960, Martin Luther King Jr. fue el líder de la lucha de los afroamericanos por la igualdad de derechos. Escribió libros y pronunció muchos discursos. Lideró una marcha de miles de personas en Washington, D.C., donde pronunció su famoso discurso "Tengo un sueño".

Martin Luther King Jr.

Muchos estadounidenses han trabajado por la igualdad de derechos. Algunos han usado su poder en el gobierno para lograr cambios. En 1964, el presidente Lyndon B. Johnson ayudó a aprobar una ley para que fuera ilegal tratar a las personas de manera desigual en el lugar de trabajo. La vida de muchas personas cambió gracias al trabajo de todos estos activistas.

4. ◉ **Sacar conclusiones Analiza** los detalles que leíste para escribir una conclusión sobre los activistas que luchan por la igualdad de derechos.

....

....

¿Entiendes?

🔶 TEKS 14.A, 16.A, 17.B, 17.D, 18.B

5. ◉ **Sacar conclusiones Analiza** la siguiente oración. Luego escribe una conclusión que puedas sacar de la oración.

Durante diez años, Harriet Tubman volvió una y otra vez al Sur para ayudar a las personas esclavizadas a lograr su libertad.

....

....

6. ❓ Piensa en una persona de principios del siglo xx que maneja un Ford Modelo T hacia la casa de un amigo. **Describe** en qué podría diferenciarse ese viaje de un viaje en carro que haces en el presente.

mi Historia: Ideas

....

....

7. Usa una computadora para **crear** una tabla que incluya estas tres columnas: Inventores/Inventos, Medicina y Derechos Humanos. Para cada columna, elige una persona del libro. Escribe su nombre y dos detalles sobre su trabajo. Luego haz una búsqueda por palabras clave en Internet para ubicar información sobre otra persona en cada columna.

....

Lección 1   TEKS 1.A

Nuevas maneras de viajar

1. **Describe** la manera en que la Carretera Nacional hizo que más personas poblaran el Oeste.

   ....

   ....

2. **Describe** la manera en que el ferrocarril transcontinental cambió los Estados Unidos.

   ....

   ....

Lección 2   TEKS 1.C, 4.A

Un nuevo hogar en los Estados Unidos

3. **Describe** y **explica** algunos de los accidentes geográficos y recursos naturales que atrajeron a los primeros inmigrantes a los Estados Unidos.

   ....

   ....

   ....

4. **Identifica** los diferentes tipos de trabajo que hicieron los inmigrantes japoneses en los Estados Unidos.

   ....

   ....

Nuevas maneras de comunicarse

5. 🎯 **Sacar conclusiones Analiza** los detalles. Luego completa la tabla con una conclusión que puedas sacar de los detalles.

Detalles

1. La invención del telégrafo permitió enviar mensajes casi al instante.

2. La invención de la radio permitió enviar mensajes a muchas personas a la vez sin usar cables.

3. Ahora, con la computadora se pueden enviar mensajes de correo electrónico al instante.

Conclusión

6. **Identifica** la manera en que cada uno de estos inventos cambió el modo de comunicarse de las personas.

a. Teléfono

b. Televisión

c. Computadora

Lección 4 ➡ TEKS 8.E, 14.A, 16.A, 16.B, 17.B

Nuevas ideas

7. Traza una línea para **identificar** al científico, inventor o empresario que se corresponde con cada invento o empresa. Luego **categoriza** cada elemento. Escribe *ciencia*, *tecnología* o *empresa* en la línea según corresponda.

Jonas Salk	manera de matar gérmenes	....
Henry Ford	galletas	....
Mary Kay Ash	segadora	....
Louis Pasteur	línea de montaje	....
Wallace Amos	cosméticos	....
Cyrus McCormick	vacuna contra la polio	....

8. Compara las hazañas de Harriet Tubman con las de Frederick Douglass.

....

....

....

....

9. Identifica el impacto que tuvo la vacuna de Edward Jenner sobre las comunidades.

....

....

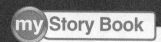
Conéctate en línea para escribir e ilustrar tu **myStory Book** usando **miHistoria: Ideas** de este capítulo.

 ## ¿Cómo cambia la vida a lo largo de la historia?

TEKS
ES 2.B
SLA 17

La vida ha cambiado de muchas maneras con el tiempo. Los inventos y las nuevas ideas en materia de transporte, comunicación, medicina y tecnología han hecho que nuestra vida sea más fácil.

Piensa en cómo cambiaron los medios de transporte y las comunicaciones con los años. **Escribe** sobre las distintas maneras en las que has viajado o te has comunicado.

....

....

....

....

Ahora, **dibuja** la manera en la que sueles viajar o comunicarte.

 PEARSON realize Conéctate en línea a tu lección digital interactiva.

237

El trabajo en nuestras comunidades

mi Historia: ¡Despeguemos!

¿Cómo obtienen las personas lo que necesitan?

Piensa en las decisiones que toman las personas cuando compran algo. Luego **escribe** acerca de una decisión que hayas tomado cuando compraste algo.

....

....

....

....

Conocimiento y destrezas esenciales de Texas

6.A Identificar formas de ganar, gastar, ahorrar y donar dinero.

6.B Crear un presupuesto simple en el cual se destine dinero para gastar, ahorrar y donar.

7.A Definir e identificar ejemplos de escasez.

7.B Explicar el impacto de la escasez en la producción, distribución y consumo de bienes y servicios.

7.C Explicar el concepto de mercado libre y su relación con el sistema de libre empresa de los Estados Unidos.

8.A Identificar ejemplos de cómo opera un negocio simple.

8.B Explicar cómo la oferta y la demanda afectan el precio de un buen servicio.

8.C Explicar cómo el costo de la producción y el precio de venta afecta las ganancias.

8.D Explicar cómo las regulaciones y los impuestos gubernamentales impactan los costos del consumidor.

17.C Interpretar material oral, visual e impreso identificando la idea principal, distinguiendo entre hecho y opinión, identificando causa y efecto y comparando y contrastando.

17.E Interpretar y crear visuales, incluyendo gráficos, diagramas, tablas, líneas cronológicas, ilustraciones y mapas.

17.F Usar habilidades matemáticas apropiadas para interpretar información de los estudios sociales tales como mapas y gráficos.

18.A Expresar ideas oralmente basándose en el conocimiento y las experiencias.

19.B Usar un proceso de solución de problemas para identificar una situación que requiere una decisión, reunir información, generar opciones, predecir las consecuencias y tomar acción para implementar una decisión.

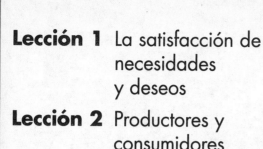
El mercado Farmers Market

mi Historia: Video

Nos vemos en Third y Fairfax

Los ojos de Sloan se iluminan al ver la juguetería Kip's Toyland. "¡Es el mejor lugar del mundo!", exclama. Sloan ha llegado a Farmers Market, un mercado de Los Ángeles, California, ubicado en la esquina de las calles Third y Fairfax. Este tradicional mercado proporciona bienes y servicios a sus clientes desde 1934. Los bienes son cosas que las personas elaboran o cultivan, y luego venden. Un servicio es un trabajo que una persona hace para otra.

Al llegar a Farmers Market, Sloan estaba tan emocionado que no sabía por dónde empezar a recorrer el mercado.

"Hoy no compraremos juguetes, Sloan", dice su mamá. "Hay otras cosas que necesitamos". Mientras exploran el mercado, Sloan observa los coloridos objetos que se exhiben en las tiendas. En la vidriera de una tienda hay una gran variedad de camisetas y sudaderas, y en otra vidriera hay joyas grandes y brillantes. Sloan mira dentro de una de las tiendas para niños y sonríe al ver que hay un área de juegos en el centro de ella. Sloan se detiene un rato a oler los ricos aromas de la comida que se vende. "Mmm... huele a comida china", dice. "¡Creo que comeré eso en el almuerzo!".

En Farmers Market hay una gran variedad de frutas y verduras para la venta.

En la carnicería hay muchos tipos de carnes para escoger.

¡Sloan no pudo resistir las ganas de pararse a ver los deliciosos productos de pastelería!

La gente va al mercado a comprar lo que necesita. En Farmers Market se ofrecen muchos bienes. Los agricultores locales llevan sus frutas y verduras para venderlas directamente a las personas que están en el mercado. Esta es una de las razones por las que a Sloan y a su mamá les encanta ir allí. Los clientes saben que los alimentos que compran allí son muy frescos.

Sloan se dirige al puesto de verduras más cercano. "¡Brócoli! ¡Mi verdura favorita!", exclama. Junto al puesto de verduras, hay una carnicería. "También me encanta el pollo", dice Sloan. Hay una tienda para cualquier alimento que se te ocurra, como carnes, quesos y hasta mantequilla de maní recién hecha. También hay un puesto de pescados y mariscos, así como varias panaderías. Y si buscas algo rico para tu perro, ¡hay una panadería para perros!

A principios de la década de 1930, las gasolineras de Farmers Market tenían surtidores transparentes para que se viera el color de la gasolina.

En la fábrica de chocolates, Sloan vio cómo se hacían diferentes dulces de chocolate.

La gente también va a Farmers Market a comprar cosas que desea. Hay jugueterías, una tienda de sombreros, una tienda de especias y hasta una fábrica de chocolates. Aunque Sloan desea comprar muchas cosas, decide pedirle a su mamá que le compre solo una. "Está bien, Sloan, puedes comprar una gorra de béisbol", dice su mamá. "Me llevaré esa", le dice Sloan al vendedor. "Es de mi equipo favorito. ¡Gracias!".

Farmers Market está en el centro de una gran ciudad. Mucha gente de los alrededores llega a hacer compras, comer y disfrutar de los espectáculos que brindan los músicos callejeros. Es un lugar muy visitado y animado. También hay muchas tiendas de recuerdos. Un recuerdo es un objeto que sirve para recordar un lugar o un hecho. "Lo pasé muy bien hoy en el mercado", nos dice Sloan. "Sé que no necesitaba esta moneda de recuerdo, pero es linda, ¿verdad?". Muchas personas compran recuerdos para llevar a casa, y así recordar su visita a Farmers Market. Si pudieras comprar un recuerdo, ¿cuál escogerías?

Sloan muestra orgulloso la moneda de un centavo que hizo, que le quedará de recuerdo.

Piénsalo Según esta historia, ¿crees que Farmers Market es un buen lugar para encontrar las cosas que la gente necesita y desea? A medida que lees el capítulo, piensa en lo que te dice la historia sobre cómo trabajan juntas las personas de distintas comunidades para satisfacer sus necesidades y sus deseos.

PEARSON realize Conéctate en línea a tu lección digital interactiva.

La satisfacción de necesidades y deseos

¡Imagínalo!

Encierra en un círculo dos cosas que te podrían ayudar a hacer la tarea en la escuela.

La ropa y los alimentos saludables son necesidades.

¿Alguna vez has dicho "necesito tener ese juguete"? ¿Lo necesitas realmente o solo deseas tenerlo? Hay una diferencia entre las necesidades y los deseos.

Necesidades y deseos

Las **necesidades** son cosas que las personas deben tener para vivir. Los alimentos saludables, el agua, la ropa y la vivienda son necesidades. Los necesitas para vivir.

Los **deseos** son cosas que te gustaría tener, pero que no necesitas. Puedes vivir sin esas cosas. Algunos de tus deseos podrían ser una pelota de básquetbol, los tenis que te gustan y un juego de mesa.

Una misma cosa puede ser un deseo para una persona y una necesidad para otra. Por ejemplo, alguien desea tener un barco para poder practicar el esquí acuático. Otra persona, en cambio, necesita un barco como medio de transporte.

Las personas ganan dinero para comprar las cosas que necesitan y desean. La mayoría de las personas gana dinero trabajando. También pueden vender cosas que ya no usan para ganar dinero.

1. **Identifica** una manera en la que puedes ganar dinero.

....

....

242

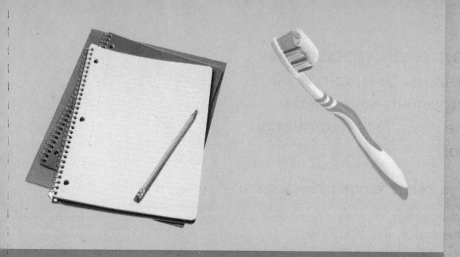

Vocabulario

necesidades
deseos
escasez
abundancia

costo de oportunidad
valor

¿Suficiente o demasiado?

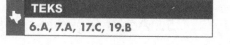

TEKS
6.A, 7.A, 17.C, 19.B

Cuando hay **escasez**, no hay suficiente cantidad de algo para satisfacer las necesidades o los deseos de las personas. Por ejemplo, si no llueve durante mucho tiempo, puede haber escasez de agua. Es posible que las plantas no florezcan y que baje el nivel de agua.

Cuando hay escasez, las personas deben decidir cómo usar lo que tienen. Si no hay suficiente agua, quizá decidan no regar el césped. Así habría más agua para beber, lavar y bañarse.

Cuando hay **abundancia**, hay mucha cantidad de algo. Por ejemplo, si llueve durante mucho tiempo, podría haber abundancia de agua. Cuando hay abundancia de algo, hay lo suficiente para satisfacer las necesidades y los deseos de las personas.

2. ◉ **Comparar y contrastar Define** qué son la escasez y la abundancia, destacando en qué se diferencian.

....

....

....

La falta de lluvia podría causar escasez de agua.

Usar el proceso de toma de decisiones

Todos debemos tomar decisiones. Usar un proceso de toma de decisiones o un proceso de solución de problemas puede hacer que sea más fácil. Para tomar una decisión, sigue estos pasos.

1. Identifica la decisión que debes tomar y todas las opciones posibles.
2. Reúne información sobre todas las opciones.
3. Piensa en la información. Identifica los buenos y malos resultados posibles de cada opción. Haz una lista de los resultados para completar este paso.
4. Elige una opción.
5. Actúa según tu decisión.

3. **Comenta** con un compañero cómo **usarías** un proceso de toma de decisiones para elegir una opción.

Escasez, valor y opciones

Cuando hay escasez, las personas deben tomar decisiones difíciles. Deben decidir cómo dividirán lo que tienen para satisfacer las necesidades de todos. Deben hallar un modo de escoger lo que sea justo para todos.

Algunas comunidades resuelven el problema de la escasez intercambiando productos entre sí. Por ejemplo, en una comunidad hay abundancia de verduras. En otra comunidad hay abundancia de productos lácteos. Estas dos comunidades podrían intercambiar los productos que les sobran para que todos tengan lo necesario.

Cuando intercambias algo con alguien, dejas una cosa para obtener otra.

Cuando hay escasez de dinero, las personas deben decidir cuidadosamente cómo gastarán lo que tienen. A veces, cuando escoges una opción, tienes que dejar algo de lado. El **costo de oportunidad** de un artículo es el valor de la cosa que dejas cuando escoges otra cosa. El **valor** de un artículo es lo que ese artículo vale para una persona.

Las cosas que cuestan más dinero no siempre tienen un valor más alto para una persona. Un artículo muy costoso quizá no tenga tanto valor para alguien que no lo desea o no lo necesita.

Las personas suelen comparar las cosas antes de decidir qué comprar.

Imagina que una familia decide mudarse a un apartamento más grande. La familia halla dos apartamentos que les gustan a todos. Ambos son del mismo tamaño y el alquiler cuesta lo mismo. El primer apartamento está cerca de la escuela de los niños y del trabajo de los padres. Sin embargo, está lejos del centro comunitario y de la tienda de comestibles. El segundo apartamento está más lejos de la escuela y de los trabajos. Sin embargo, está más cerca del centro comunitario y de la tienda de comestibles.

La familia tuvo que decidir cuál apartamento tenía un mayor valor. La familia escogió el primer apartamento. Decidió que era más importante estar cerca de la escuela y de los trabajos. Ocupan más tiempo en ir a la escuela y al trabajo. Por lo tanto, el primer apartamento tiene más valor para esta familia.

4. **Identifica** y subraya la oración que muestra por qué la familia escogió el primer apartamento.

Las opciones en las comunidades

Todos los días, la gente de distintas comunidades del mundo tiene que escoger entre opciones. Esto se debe a que no se puede comprar todo. Cada persona decide qué tiene más valor para ella.

Las personas de una comunidad a menudo se unen para escoger una opción. De esta manera, se pueden satisfacer la mayoría de sus necesidades.

Por ejemplo, imagina que en dos comunidades hay escasez de dinero. Sus habitantes deciden que pueden ahorrar dinero si las dos comunidades trabajan juntas. Es así como deciden tener un departamento de policía para ambas comunidades en lugar de tener uno para cada una. Con este plan, todos reciben protección y ahorran dinero.

Las comunidades del mundo también pueden ayudarse entre sí a escoger una opción. Por ejemplo, en un país puede que haya escasez de agua y en otro haya abundancia. Los habitantes de ambos países podrían reunirse y decidir cuánta agua tienen en conjunto. Luego podrían crear un plan para compartir el agua. Este plan garantizaría que todos tengan suficiente cantidad de agua.

Las personas de todo el mundo escogen entre opciones cuando gastan dinero.

5. Imagina que en el área de juego de tu comunidad hay escasez de artículos de béisbol. **Describe** una manera en la que puedes trabajar con los demás para conseguir los artículos que desean.

....

....

....

6. ◉ **Idea principal y detalles** Imagina que vas de campamento. **Identifica** tus necesidades y tus deseos. Di si cada artículo es una necesidad o un deseo.

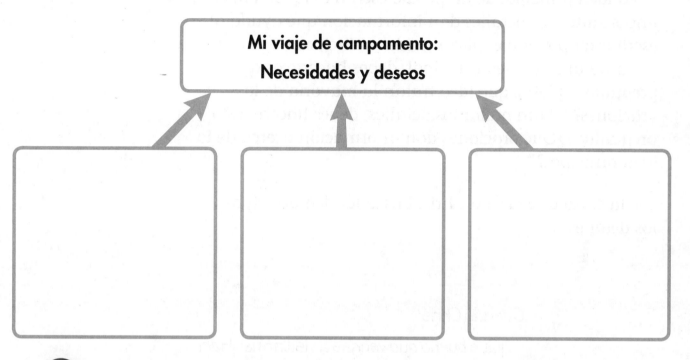

Mi viaje de campamento:
Necesidades y deseos

7. ❓ **Describe** alguna vez en la que hayas tenido que escoger entre comprar algo que necesitabas y algo que deseabas. **Explica** por qué escogiste esa opción.

mi Historia: Ideas

....

....

....

....

8. En esta lección aprendiste sobre la escasez. **Identifica** productos y recursos que se están volviendo escasos. **Crea** un *collage* para mostrar estos productos y recursos. **Identifica** cuáles de estos recursos son necesidades y cuáles son deseos. **Explica** cómo conservar recursos escasos que satisfacen nuestras necesidades.

....

....

PEARSON
realize   Conéctate en línea a tu
lección digital interactiva.   247

Idea principal y detalles

La idea principal de un pasaje escrito es la idea más importante. Los detalles dan información que ayuda al escritor a apoyar o explicar la idea principal.

Para hallar la idea principal, debes hacerte esta pregunta: "¿Sobre qué idea tratan la mayoría de las oraciones?". Para hallar los detalles, debes hacerte esta pregunta: "¿Qué oraciones dan información acerca de la idea principal?".

Lee la carta de María a Chris. Busca la idea principal y los detalles.

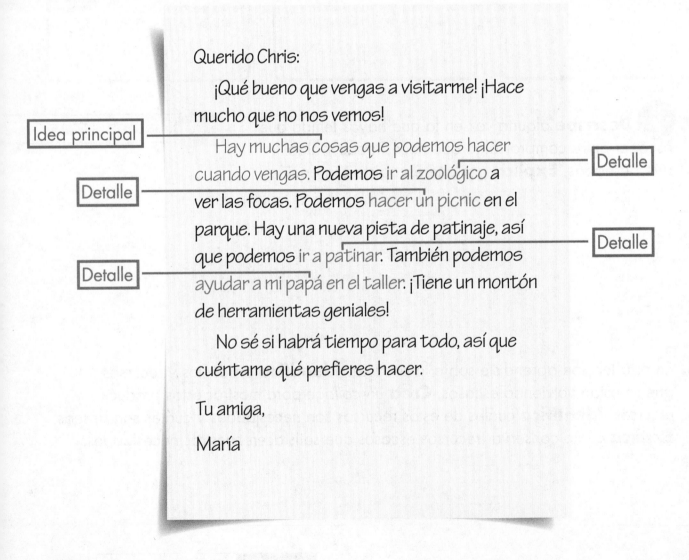

Querido Chris:

¡Qué bueno que vengas a visitarme! ¡Hace mucho que no nos vemos!

| Idea principal → | Hay muchas cosas que podemos hacer cuando vengas. | ← Detalle |

Detalle → Podemos ir al zoológico a ver las focas. Podemos hacer un picnic en el parque. Hay una nueva pista de patinaje, así que podemos ir a patinar. ← Detalle También podemos Detalle → ayudar a mi papá en el taller. ¡Tiene un montón de herramientas geniales!

No sé si habrá tiempo para todo, así que cuéntame qué prefieres hacer.

Tu amiga,

María

Objetivo de aprendizaje

Aprenderé a hallar la idea principal y los detalles de un pasaje escrito.

TEKS

ES 17.C Interpretar material impreso identificando la idea principal.

SLA 13.A Identificar los detalles o hechos que apoyan la idea principal.

¡Inténtalo!

Lee la carta de Chris a María. Luego **responde** la pregunta.

Querida María:

¡Fantástico! Es difícil escoger entre tantas ideas maravillosas.

Creo que me gustaría ir al zoológico contigo. ¡Quiero ver las focas! Mi mamá me dijo que en ese zoológico hay muchas focas. También quiero ver los pandas. En el zoológico de aquí no hay pandas. Tal vez, también podamos hacer un picnic. Seguro que en el zoológico hay mesas para picnic.

¡Tengo muchas ganas de volver a verte!

Tu amigo,
Chris

Identifica la idea principal y los detalles de la carta de Chris. Luego completa el diagrama.

Idea principal

Detalle

Detalle

Detalle

Productores y consumidores

¡Imagínalo!

Escribe una leyenda que describa qué ocurre en esta foto.

En tu comunidad hay todo tipo de empresas, grandes y pequeñas. Algunas empresas fabrican cosas, como tenis o computadoras. Otras empresas venden esas cosas. Y hay otras empresas que hacen algo para otras personas, como reparar carros o lavar ropa.

Todas las empresas tratan de proporcionarle a la gente lo que necesita o desea. Veamos cómo funcionan algunas empresas.

Bienes y servicios

Los **bienes** son cosas que las personas fabrican o cultivan, y luego venden. Algunos ejemplos de bienes que se fabrican son los tenis y las computadoras. Algunos ejemplos de bienes que se cultivan son las naranjas y otras frutas o verduras.

Un **servicio** es un trabajo que una persona hace para otra. La persona que repara bicicletas proporciona un servicio cuando arregla un neumático roto. El dentista te proporciona un servicio al limpiarte los dientes. Los servicios son acciones.

Los bienes y los servicios se llaman productos. Un producto es un artículo o una acción que se vende. Algunas empresas proporcionan bienes y servicios. Por ejemplo, en una tienda de patinaje se venden patines. Un patín es un bien. Tal vez también se arreglen patines. Eso es un servicio.

Los agricultores cultivan bienes, como naranjas, que luego venden.

Aprenderé cuál es la diferencia entre bienes y servicios, y entre productores y consumidores.

Vocabulario

bienes
servicio
productor
consumidor

recurso humano
recurso de capital
ganancia

¿Qué bienes y servicios se ofrecen en tu comunidad? En tu cuadra, podría haber una tienda de comestibles que vende frutas, verduras, pan y leche. Esos alimentos son los bienes de la tienda.

Muchas peluquerías venden tanto bienes como servicios. Venden bienes, como champú y cepillos para el cabello. También venden cortes de cabello. Como cortar el cabello es una acción, es un servicio.

TEKS
7.B, 8.C, 8.D

1. ⊙ **Idea principal y detalles** **Identifica** tres bienes y tres servicios.

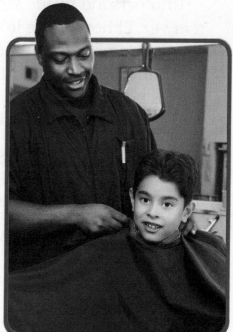

Las peluquerías ofrecen servicios, como cortar el cabello.

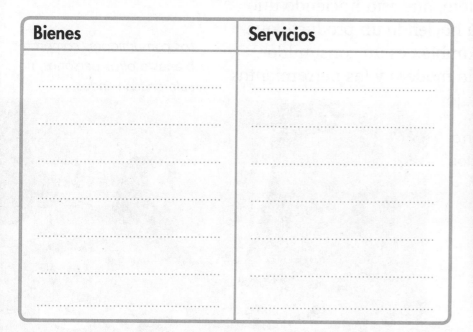

Bienes	Servicios

PEARSON realize Conéctate en línea a tu lección digital interactiva.

251

Productores y consumidores

Pocas personas pueden hacer todos los productos y servicios que necesitan y desean. Por eso, la mayoría de las personas compra bienes y servicios a otras personas o a tiendas y empresas.

Una persona que elabora un producto o proporciona un servicio se llama **productor**. Si has elaborado algo, como una tarjeta de cumpleaños, has sido productor.

Las personas que gastan dinero para comprar lo que necesitan o desean se llaman **consumidores**. Si has comprado algo, como una manzana, has sido consumidor. Los consumidores compran bienes y servicios. El estudio de cómo se producen, distribuyen y consumen los bienes y servicios se llama economía.

Los productores y los consumidores se necesitan unos a otros. Los productores necesitan a los consumidores para que compren sus bienes y servicios. Los consumidores necesitan a los productores para recibir los bienes y servicios que ellos no pueden obtener por su cuenta.

Una persona puede ser productora y consumidora a la vez. El hombre de la foto, que está haciendo una silla, es un productor. Está haciendo un producto que comprará otra persona. También es un consumidor. Esto es porque le compró la madera y las herramientas a la persona que las produjo.

2. **Analiza** la foto. Encierra en un círculo al productor.

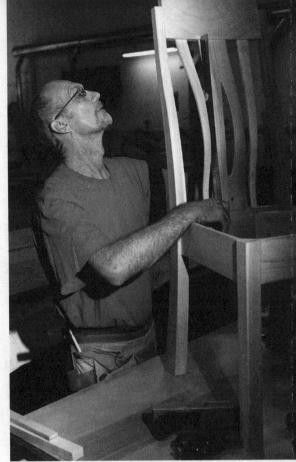

Este productor está haciendo una silla de madera.

Los consumidores compran bienes a otras personas, no solo en las tiendas.

Recursos por todos lados

Todas las empresas dependen de los recursos. Un **recurso humano** es una persona que elabora productos o proporciona servicios. Los recursos humanos también se pueden llamar productores.

Los recursos naturales son materiales útiles que provienen de la naturaleza. Para fabricar bienes se necesitan muchos tipos de recursos naturales. El agua, el suelo y la madera son recursos naturales.

Los **recursos de capital** son las cosas necesarias para producir bienes y servicios. Las computadoras, las herramientas y el dinero son recursos de capital.

Las empresas tratan de usar sus recursos con inteligencia. De este modo, pueden obtener una ganancia. La **ganancia** es el dinero que les queda a las empresas después de pagar los costos de producción.

La doctora y la enfermera son recursos humanos.

¿Qué son los costos de producción? Las empresas pagan dinero a sus empleados, es decir, a los recursos humanos, por su trabajo. Algunas empresas compran bienes para fabricar los productos que venden. Además, pagan la calefacción y el agua que usan así como también los recursos de capital.

Las ganancias de una empresa dependen de dos cosas. La primera consiste en mantener bajos los costos de producción. La otra es el precio al que venden su producto. Imagina que a una empresa le cuesta $10.50 hacer un juguete. Lo vende por $15. Eso significa que tiene una ganancia de $4.50 por cada objeto que vende.

3. Explica cómo afectan los costos de producción y los precios de venta a las ganancias de una empresa.

Cambiar de función

Imagina que preparas limonada en un día de calor. Eres un productor, porque estás elaborando algo. El bien que elaboras es la limonada.

También eres un consumidor, porque tuviste que comprar cosas para preparar la limonada. Probablemente compraste limones, azúcar y vasos desechables.

Los productores y los consumidores pueden cambiar de función. Por ejemplo, las fábricas de bicicletas son productoras, porque fabrican las bicicletas que compran las personas.

Pero a la vez son consumidoras. Esto se debe a que compraron ciertas cosas que se usan para hacer las bicicletas. Quizá no fabricaron los neumáticos o la pintura. En cambio, los compraron en tiendas. Por lo tanto, son consumidoras de neumáticos y de pintura.

Las fábricas usan esos artículos para hacer las bicicletas que venden a los consumidores. Los consumidores pagan dinero para comprar las bicicletas. Después, la fábrica puede usar ese dinero para hacer más bicicletas. Los productores y los consumidores a menudo cambian de función en el proceso de compra y venta.

Las personas pueden ser tanto productoras como consumidoras.

4. Escribe una oración que **describa** una vez en la que hayas sido productor. Escribe una oración que **describa** una vez en la que hayas sido consumidor.

....

....

....

....

El gobierno y los costos del consumidor

El gobierno afecta cuánto pagan los consumidores por un producto. Una manera en la que el gobierno impacta en los costos del consumidor es regulando las empresas. Las regulaciones son reglas. Estas reglas están diseñadas para proteger a los consumidores. Por ejemplo, hay reglas que garantizan que la comida y la bebida que consumimos sean seguras. Otras reglas están diseñadas para proteger el medio ambiente. Evitan que las empresas contaminen demasiado el medio ambiente.

A veces, a las empresas les cuesta dinero cumplir con las regulaciones gubernamentales. Es posible que tengan que comprar máquinas que reduzcan la contaminación. Este costo forma parte de los costos de producción de una empresa. Si una empresa tiene costos de producción más altos, es posible que suba el precio de su producto para obtener una ganancia mayor.

Otra manera en la que el gobierno impacta en los costos del consumidor es con los impuestos. El impuesto sobre la venta es un impuesto que pagan las personas cuando compran algo. Los gobiernos estatales y los gobiernos locales cobran impuestos sobre las ventas. Pagas el impuesto sobre la venta sumado al costo del artículo. Cuanto más caro sea un artículo, más alto será el impuesto sobre la venta.

Las regulaciones y los impuestos gubernamentales pueden afectar el precio que los consumidores pagan por un producto.

5. **Explica** cómo las regulaciones y los impuestos gubernamentales pueden afectar el costo de un juguete que deseas comprar.

....

....

Escasez y producción, distribución y consumo

Escasez significa que no hay suficientes productos o servicios para todos. Cuando algo es escaso, hay que tomar decisiones sobre cómo usarlo.

Las empresas no pueden producir todos los bienes o proporcionar todos los servicios que los consumidores desean. A veces, los recursos son escasos. Es posible que no haya suficientes recursos naturales o humanos para producir bienes o proporcionar servicios. Por lo tanto, las empresas deben tomar decisiones sobre cómo usar los recursos que tienen de la mejor manera posible. Cuando una empresa no puede producir suficientes bienes o proporcionar suficientes servicios para satisfacer las necesidades de los consumidores, hay escasez.

La escasez también puede impactar en cómo se distribuyen y se usan los bienes y servicios. Cuando un bien es escaso, los consumidores deben tomar decisiones. Un producto o un servicio escaso puede costar más caro, porque los costos de producción son mayores o porque la empresa necesita cobrar un precio de venta más alto para obtener ganancias. Los consumidores deben decidir si desean pagar más por un producto o un servicio escaso.

Imagina que hay escasez de trigo. La harina se hace con trigo, por lo que también hay escasez de harina. Las panaderías y otras empresas de alimentos deberán tomar decisiones. Es posible que no puedan producir muchos productos o mucha variedad. Es posible que los consumidores tengan menos productos en los que gastar su dinero.

Si hay escasez de trigo, puede haber escasez de productos hechos con harina.

6. **Explica** cómo la escasez de un recurso natural puede afectar a los consumidores.

....

....

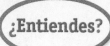

TEKS 7.B

7. ⊙ **Idea principal y detalles Explica** qué son los productores y los consumidores. Luego **explica** cómo los afecta la escasez.

a. Los productores son

....

....

b. Los consumidores son

....

....

c. ¿Cómo afecta a los productores y los consumidores la escasez?

....

....

....

....

8. ❓ **Identifica** un servicio que puedes brindar a alguien de tu familia o de tu vecindario.

mi Historia: Ideas

....

....

9. En esta lección aprendiste cómo las empresas proporcionan los bienes y servicios que los consumidores desean y necesitan. **Identifica** una empresa de tu comunidad. ¿Qué bien o servicio proporciona? **Explica** cuál sería el impacto en tu comunidad si la empresa comenzara a disminuir la producción y su producto se volviera escaso.

....

....

....

Intercambio de bienes y servicios

¡Imagínalo!

Describe lo que crees que están haciendo el niño y la niña de esta foto.

Las frutas, como estos mangos, son bienes que puedes comprar.

¿Te has preguntado cómo llegan las frutas a la tienda? El agricultor que cultivó la fruta probablemente se reunió con un empleado de la tienda. El empleado de la tienda, es decir, el comprador, miró la fruta. El agricultor, es decir, el vendedor, explicó por qué esa fruta era un buen producto.

Luego el comprador y el vendedor hablaron sobre el precio. Cuando se pusieron de acuerdo, hicieron un trato. El empleado de la tienda le dio una cantidad de dinero al agricultor a cambio de la fruta. Finalmente, la fruta se entregó a la tienda. Así es como las frutas llegan a la tienda.

Comercio y trueque

Las comunidades de los Estados Unidos y de todo el mundo dependen unas de otras para muchas cosas. Algo que deben hacer es comerciar. **Comerciar** es usar dinero para comprar y vender bienes y servicios. En cambio, **hacer un trueque** es hacer un intercambio sin usar dinero. En un trueque, una persona da un bien o un servicio a otra a cambio de otro bien o servicio.

Las personas comercian y hacen trueques desde hace miles de años. Es común que los habitantes de un lugar solo fabriquen ciertos tipos de bienes. Luego hacen un trueque con personas que tienen bienes que ellos necesitan.

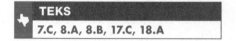

Aprenderé diferentes maneras en las que las personas comercian bienes y servicios, y los efectos de la oferta y la demanda.

Vocabulario

comerciar	importar
hacer un	exportar
trueque	sistema de libre
oferta	empresa
demanda	

Hacer trueques puede ser útil entre personas de diferentes culturas. Por ejemplo, cuando los europeos vinieron a las Américas, no podían usar el dinero de sus países. Por lo tanto, hicieron trueques con los indígenas americanos para obtener las cosas que necesitaban.

Los europeos les dieron a los indígenas herramientas y animales, como hachas y caballos. A cambio, los indígenas les dieron maíz, papas y otros alimentos, así como pieles para abrigarse.

En la actualidad, las personas suelen usar dinero para obtener los bienes y servicios que necesitan. El dinero facilita el comercio de bienes y servicios. Esto se debe a que el dinero tiene un valor con el que todos están de acuerdo. El dinero es muy liviano, así que es portátil, es decir, fácil de llevar. También puede dividirse en unidades más pequeñas. Si tú compras algo que cuesta 50 centavos con un billete de un dólar, el vendedor puede darte 50 centavos de cambio. El dinero también es duradero, es decir, puede durar mucho tiempo.

TEKS
7.C, 8.A, 8.B, 17.C, 18.A

1. ⊙ **Comparar y contrastar** Subraya el texto que **explica** la diferencia entre comerciar y hacer un trueque.

Al principio, las personas hacían trueques para obtener bienes.

PEARSON realize Conéctate en línea a tu lección digital interactiva.

259

Oferta y demanda

La cantidad de bienes o servicios que las personas pueden vender se llama **oferta**. La cantidad de bienes o servicios que las personas desean y pueden comprar se llama **demanda**.

En la mayoría de los casos, si aumenta la oferta de algo, el precio baja. Imagina que el dueño de una tienda tiene demasiados suéteres. Podría bajar el precio de los suéteres. Como resultado, podrían comprarlos más personas.

¿Qué afecta la oferta de suéteres? Si hay pocas ovejas, quizá falte lana para hacerlos. Si hay una tormenta, quizá los camiones no puedan llevar los suéteres a la tienda.

¿Qué ocurre si la oferta baja? El precio podría subir. Algunas personas quizá decidan pagar un precio más alto porque realmente desean un suéter.

¿Qué afecta la demanda de suéteres? Si hace calor, las personas quizá no quieran comprarlos. Si pocas personas compran suéteres, el precio podría bajar.

Rebajas en SUÉTERES

Los precios pueden depender del tamaño de la oferta. Si hay mucho de algo, los precios suelen bajar.

El transporte es un servicio. Cerca de los días feriados, como el Día de Acción de Gracias, muchas personas viajan grandes distancias para estar con su familia y amigos. La demanda de boletos de avión y de tren aumenta. También suele aumentar su precio.

2. ◉ **Causa y efecto Identifica** un bien o un servicio que usas. **Explica** qué podría hacer que baje la oferta de ese bien o servicio.

....

....

....

Transportar bienes alrededor del mundo

En la actualidad, las personas de todo el mundo compran y venden bienes y servicios entre sí. El comercio entre países se llama comercio internacional.

Las personas y los países importan productos de otros países. **Importar** significa traer a un país productos y recursos de otro país. Las personas y los países también exportan productos a otros países. **Exportar** significa enviar productos y recursos de un país a otro.

En la actualidad, es fácil comerciar con países de todo el mundo. Esto se debe a que los bienes se pueden transportar de un país a otro en pocos días.

Empacar bienes en grandes contenedores como estos permite enviar bienes a todo el mundo con rapidez.

La fruta se echa a perder muy rápido. Sin embargo, los distintos tipos de transporte, como aviones, trenes, barcos y camiones, llevan las frutas a las tiendas rápidamente. Por eso podemos comprar fruta fresca que se cosechó en un lugar lejano pero que todavía tiene buen sabor. A medida que las personas compran fruta, la oferta baja. Pero esa cantidad puede volver a aumentar en poco tiempo. Hay camiones y barcos que pueden llevar más fruta a la tienda.

Las comunicaciones también ayudan a que el comercio sea más rápido. Las personas usan Internet y el teléfono para comunicarse al instante. Compran productos en línea o por teléfono. De esta manera, el transporte y las comunicaciones ayudan a que la oferta de productos aumente con rapidez.

3. **Explica** qué ayuda a que la oferta de productos aumente con rapidez en la actualidad.

....

....

....

Sistema de libre empresa

En los Estados Unidos, las personas y las compañías hacen negocios en un sistema de libre empresa. Un **sistema de libre empresa** es un tipo de economía en el que las personas y las empresas deciden qué bienes producir y comprar, y qué trabajo hacer. El gobierno no toma estas decisiones. A un sistema de libre empresa también se lo conoce como sistema de mercado libre o capitalismo.

En un mercado libre, las personas y las empresas privadas controlan la oferta y la demanda. Los agricultores deciden qué cultivar. Las fábricas deciden qué bienes fabricar. Los dueños de las tiendas deciden qué productos vender. Las personas deciden qué bienes y servicios desean comprar. Si hay escasez, son las personas y las empresas quienes deciden cómo usar los recursos disponibles, no el gobierno.

Algunos países no tienen un sistema de libre empresa. Allí el gobierno controla qué se compra y qué se vende. En esos países, el gobierno es quien controla la oferta y la demanda. Las personas y las empresas privadas no tienen ningún control sobre la oferta y la demanda.

4. Mira la foto. **Identifica** y encierra en un círculo ejemplos de un sistema de libre empresa.

5. **Explica** la función del mercado libre en un sistema de libre empresa.

....

....

....

....

En un sistema de libre empresa, los agricultores deciden qué cultivar.

6. 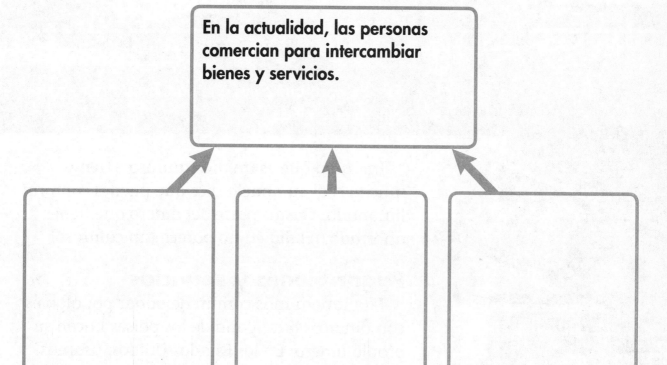 **Idea principal y detalles** **Repasa** la lección. Luego completa el diagrama con detalles que apoyen la idea principal.

En la actualidad, las personas comercian para intercambiar bienes y servicios.

7. **Describe** alguna vez en la que hayas intercambiado un bien o un servicio con un amigo o un familiar.

 mi Historia: Ideas

....

....

8. Piensa en un bien o servicio que uses. **Explica** cómo la oferta y la demanda podrían afectar el precio de ese bien o servicio. Usa lo que sabes sobre este bien o servicio y lo que aprendiste sobre cómo la oferta y la demanda afectan los precios. **Presenta** tu explicación oralmente ante un grupo pequeño.

PEARSON realize. Conéctate en línea a tu lección digital interactiva.

263

Gasto y ahorro

¡Imagínalo!

Escribe para qué crees que podría estar ahorrando dinero esta niña.

En los Estados Unidos, Japón y México, la gente usa diferentes tipos de dinero. En Japón, se usan yenes.

Imagina que es un día caluroso. ¡Tienes mucha sed! Tu abuela dice que puedes comprar limonada. Gastas parte del dinero que tienes ahorrado. ¡El día ya no parece tan caluroso!

Pagar bienes y servicios

La manera más común de pagar por algo es con dinero. La mayoría de los países hacen su propio dinero. En los Estados Unidos, usamos dólares estadounidenses. En el Canadá, la gente usa dólares canadienses. En México, se usan pesos. En las islas del Caribe, hay distintos tipos de dinero. En Jamaica, por ejemplo, las personas usan dólares. En Haití, se usan gourdes. En Aruba, se usan florines.

En lugar de usar dinero, se puede pagar algo por medio de un trueque, es decir, intercambiando una cosa por otra. Por ejemplo, podrías darle a tu primo una barra de granola a cambio de una manzana.

El crédito es otra manera de comprar cosas. El **crédito** es una promesa de que se pagará algo. Una **tarjeta de crédito** le permite al dueño de la tarjeta comprar cosas y pagarlas después. Cada mes, el dueño de la tarjeta paga una cantidad a la compañía de crédito hasta que paga todo el dinero.

DESCIFRA LA PREGUNTA PRINCIPAL

Aprenderé cuáles son las diferentes maneras en las que las personas pagan bienes y servicios, y cómo ahorran dinero.

Vocabulario

crédito   interés
tarjeta de   depósito
crédito   préstamo
ahorros   presupuesto
banco

Ahorros

El dinero que una persona gana pero no gasta son sus **ahorros**. Por ejemplo, imagina que paseas al perro de un vecino por una semana. Ganas $5, pero compras una revista de historietas que cuesta $2. Si a $5 le restas $2, te quedan $3. Los $3 que te quedan es el dinero que ahorras para usar después.

Por lo general, las personas ahorran dinero durante semanas, meses o incluso años. De esta manera, pueden planear la compra de algo que necesitan o desean. Tú puedes ahorrar dinero para algo pequeño, como una pelota de básquetbol o una chaqueta que te gusta. También puedes ahorrar dinero para algo más caro, como unas vacaciones de verano o para estudiar en la universidad. Tardarás más tiempo en ahorrar para algo caro que para algo que cuesta poco.

TEKS
6.A, 6.B, 17.C

Puedes ahorrar dinero haciendo trabajos pequeños para tus vecinos.

1. **Identifica** dos maneras en las que las personas pueden pagar por las cosas que desean y necesitan.

....

....

....

Para ahorrar, se puede guardar dinero en un banco.

Cuentas de ahorros en los bancos

Puedes ahorrar dinero en tu propia casa, guardándolo en un frasco o recipiente pequeño. También puedes ahorrar dinero fuera de tu casa, en un banco. Un **banco** es una empresa que guarda, cambia y presta dinero.

Los bancos son buenos lugares para ahorrar, porque dan dinero adicional por los ahorros que guardan. Ese dinero adicional se llama interés. El **interés** es el dinero que te da un banco a cambio de que le permitas guardar tu dinero. El banco te da dinero mientras ahorras, y el interés hace que aumenten tus ahorros.

El banco funciona de la siguiente manera. El dinero que pones en el banco se llama **depósito.** El empleado del banco cuenta el dinero que depositas y registra la cantidad en un libro pequeño o en un papel. Algunos bancos también te permiten ver tus depósitos en línea.

Para depositar tu dinero, puedes entregarlo a un empleado del banco o usar un cajero automático. De cualquier manera, los bancos te ayudan a ahorrar. Guardan tu dinero en un lugar seguro y te dan un interés por ahorrar.

2. ⦿ **Idea principal y detalles Repasa** la sección. Luego completa el diagrama con detalles que apoyen la idea principal.

> **Un banco es un buen lugar para ahorrar dinero.**

Pedir dinero prestado

A veces, las personas necesitan comprar algo, pero no tienen suficiente dinero ahorrado. En esos casos, quizá tengan que pedir dinero prestado a una persona o a un banco.

Cuando un banco presta dinero, ese dinero se llama **préstamo**. ¿De dónde obtienen los bancos el dinero que prestan? Los bancos prestan el dinero que otras personas están ahorrando. Esa es la razón por la que pagan interés. Pagan a las personas que ahorran a cambio de usar su dinero.

Un préstamo no es un regalo. Las personas deben devolver el dinero. Tienen que pagar una tarifa por el dinero prestado. Esa tarifa también se llama interés. Lee en el diagrama de abajo los pasos que se siguen para obtener un préstamo.

Cómo obtener un préstamo

1. Una persona habla con un encargado de préstamos en el banco.

2. El banco decide cuánto dinero prestará a esa persona.

3. El banco se asegura de que la persona podrá devolver el préstamo.

4. La persona firma papeles que dicen cuánto dinero le presta el banco y cuándo debe devolver el préstamo.

5. La persona recibe el dinero. Poco después, empieza a pagar el dinero del préstamo y los intereses.

3. Subraya la oración que **explica** de dónde obtienen los bancos el dinero que prestan.

Hacer presupuestos

Hacer un presupuesto es útil para saber cómo ahorrar y gastar tu dinero. Un **presupuesto** es un plan que muestra tu ingreso, tus gastos, tus donaciones y tus ahorros. Tu ingreso es el dinero que ganas. Tus gastos son el dinero que gastas. Las donaciones son el dinero o los bienes que das a obras benéficas, es decir, a los grupos que ayudan a otras personas. Puedes hacer distintos tipos de donaciones. Puedes donar de diferentes maneras. Puedes darle tus ahorros a una obra benéfica que apoyes. Algunas personas crean eventos para recaudar dinero para obras benéficas. También puedes donar bienes, como comida enlatada a los bancos de alimentos.

MI PRESUPUESTO				
Semana	Ingreso	Gastos	Donaciones	Ahorros
1	$18	$6	$3	$9
2	$18	$7	$3	$8
3	$18	$8	$2	$8
4	$18	$8	$2	$10

Los presupuestos ayudan a las personas a planear cómo usar su dinero.

Un presupuesto te ayuda a llevar un registro de tu dinero. También te ayuda a ahorrar para algo especial. Por ejemplo, Sue desea comprar una mochila que cuesta $25. Necesita $10 para comprarle un regalo de cumpleaños a su mamá. También quiere donar $10 a un albergue de animales para ayudar a comprarles comida a los animales. Sue gana $18 por semana repartiendo periódicos.

Sue hace un presupuesto. Quiere calcular cuánto tiempo tendrá que trabajar para ahorrar el dinero que necesita para comprar la mochila y el regalo, y donar al albergue de animales. Después de cuatro semanas, tendrá suficiente dinero.

Las comunidades, así como las personas, tienen sus propios presupuestos. El alcalde de una ciudad podría hacer un presupuesto para comprar nuevos carros de policía para la comunidad. La junta directiva de la escuela podría hacer un presupuesto para comprar libros nuevos. Todos deben planear cómo usar el dinero que obtienen de los impuestos para comprar lo que necesita y desea la comunidad.

4. Subraya las oraciones que **explican** por qué los presupuestos son importantes.

5. ⊙ **Idea principal y detalles Repasa** la lección. **Identifica** información sobre las maneras en las que las personas pagan las cosas.

Maneras de pagar las cosas	Cómo funciona	Por qué es útil
Dinero		
Trueque		
Crédito		
Préstamo		

6. ❓ **Identifica** dos maneras en las que puedes ahorrar dinero.

mi Historia: Ideas

....

....

....

7. En esta lección aprendiste sobre los presupuestos. **Investiga** cómo se crea un presupuesto. Luego **crea** un presupuesto simple que incluya cómo gastarás, ahorrarás y donarás dinero. Incluye un plan sobre cómo ganarás dinero.

....

Gráficas lineales

Los gráficos, o las gráficas, muestran información en imágenes. Una gráfica lineal es un gráfico que muestra cómo cambia algo a lo largo del tiempo. Sigue estos pasos para crear e interpretar una gráfica lineal. También se puede usar un *software* para crear gráficas lineales.

1. Lee el título en la parte de arriba de la gráfica para saber qué muestra. Luego mira los números que están en el lado izquierdo de la gráfica. En la gráfica de abajo, esos números indican la cantidad de monopatines vendidos. Mira las palabras que están en la parte de abajo de la gráfica. En esta gráfica se muestra en qué mes se calcularon los totales.

2. Cuando creas una gráfica lineal, colocas un punto en una línea para mostrar una cantidad en un momento determinado. Para interpretar una gráfica lineal, pon el dedo en el segundo punto desde la izquierda. Muévelo hacia la izquierda por la línea celeste hasta llegar a un número. El número es 10. Vuelve a poner el dedo sobre el punto. Ahora muévelo hacia abajo por la línea celeste hasta llegar a un mes. El mes es abril. Este punto muestra que a fines de abril se habían vendido 10 monopatines.

3. Cada punto muestra el total de monopatines que se vendieron. Cuando crees una gráfica, conecta los puntos con una línea. Sigue la línea para ver cómo cambió la cantidad de monopatines vendidos a lo largo del tiempo.

Total de monopatines vendidos

Aprenderé a leer una gráfica lineal.

TEKS

ES 17.E Interpretar y crear visuales, incluyendo gráficos.

ES 17.F Usar habilidades matemáticas apropiadas para interpretar información de los estudios sociales tales como mapas y gráficos.

SLA 15.B Localizar y usar información específica de los rasgos gráficos de un texto.

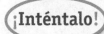

Lee e **interpreta** la gráfica lineal de abajo. Luego **responde** las preguntas.

1. **Identifica** cuánto dinero tenía Beth en marzo. **Identifica** cuánto dinero había ahorrado Beth al final de julio.

_____

2. En abril, Beth tenía $1.00. Mira cuánto dinero tenía en mayo. Luego **identifica** cuánto dinero ahorró Beth entre abril y mayo.

_____

3. **Explica** qué muestra esta gráfica lineal.

_____

_____

4. Beth dona dinero a un banco de alimentos. Donó $4 en marzo, $5 en mayo y $8 en julio. **Crea** una gráfica lineal que muestre cuánto dinero donó Beth.

Diferentes tipos de trabajos

¡Imagínalo!

Dibuja algunas herramientas que podrías usar para construir un puente como este.

Planificar con cuidado hace que un proyecto sea exitoso.

¿Cómo operan los negocios en un sistema de libre empresa? En primer lugar, el dueño de un negocio identifica si hay una demanda o una necesidad de un bien o servicio en la comunidad. Si la demanda o la necesidad es alta, el dueño del negocio puede comenzar la producción del bien o servicio. Eso incluye pagar los costos de producción y distribuir el producto. También debe contratar a personas para hacer el trabajo.

Planificar un trabajo

Desde hace un tiempo, los habitantes de un pueblo se han quejado de lo difícil que es cruzar uno de los ríos del lugar. Tienen que recorrer un largo camino a pie o en carro hasta llegar al puente. Le piden al gobierno local que construya un nuevo puente, y el gobierno acepta. Sin embargo, los trabajadores no pueden empezar a construir el puente de inmediato. Primero, deben pensar en todo el proyecto.

Deben hacerse preguntas como estas: *¿Dónde debe construirse el puente? ¿Qué tipo de puente sería mejor? ¿Cuánto costará el puente? ¿Qué leyes existen para construir un puente?* Una vez que tengan las respuestas a esas preguntas, pueden crear un plan.

DESCIFRA LA PREGUNTA PRINCIPAL

Aprenderé a describir cómo la especialización y la división del trabajo ayudan a las personas a fabricar productos.

Vocabulario

especialización
división del trabajo
interdependencia

Una vez que tienen un plan, los trabajadores deben reunir los recursos necesarios para hacer el trabajo. Necesitan recursos humanos, como personas que puedan planear y construir el puente. También necesitan personas que puedan medir distancias, trabajar con herramientas especiales y usar máquinas pesadas.

También necesitan recursos naturales, como tierra y madera. Lo que es más importante, necesitan espacio abierto a ambos lados del río para construir caminos que permitan subir y bajar del puente.

Además, necesitan recursos de capital, como herramientas, máquinas y dinero. El dinero es necesario para pagar a los trabajadores y para comprar herramientas, máquinas y otros suministros.

TEKS
8.A, 17.C

1. ⊙ **Secuencia Identifica** tres pasos que se siguen para planificar un trabajo.

....

....

....

En algunos proyectos se necesitan recursos naturales, como la madera de este árbol.

PEARSON realize Conéctate en línea a tu lección digital interactiva.

273

Destrezas especiales y trabajos

En un proyecto, como construir un puente, pueden participar muchos tipos de trabajadores. Una persona podría trazar los planos para el proyecto, mientras que otra podría calcular cuánto costaría. Una tercera persona podría obtener las herramientas y las máquinas.

Cuando cada persona tiene una destreza especial y hace un trabajo o una parte de un proyecto, se llama **especialización**. La especialización lleva a la división del trabajo.

Cuando hay **división del trabajo**, un proyecto se divide o separa en trabajos más pequeños. Cada persona hace su propio trabajo, y entre todos, completan el proyecto.

Con la especialización y la división del trabajo, no es necesario que cada persona aprenda todas las destrezas para completar un trabajo. En cambio, puede aprender a hacer bien un solo trabajo. Esto sirve para ahorrar tiempo y dinero durante un proyecto. También ayuda a completar el proyecto sin problemas.

Piensa en cuántas personas se necesitan para producir los alimentos que comemos. Los agricultores cosechan cultivos. Se especializan en cuidar el suelo y las plantas. Los obreros de las fábricas enlatan sopa, atún y otros alimentos. Se especializan en proteger los alimentos y ponerlos al alcance de muchas personas. Tanto los agricultores como los obreros tienen una función importante en la producción de los alimentos que comemos.

Trazar planos para un trabajo es un tipo de especialización.

2. ⊙ **Idea principal y detalles Explica** por qué la especialización y la división del trabajo son importantes para un proyecto.

....

....

....

Los trabajos ayudan al mundo

La especialización y la división del trabajo ayudan a las comunidades de todo el mundo. Esto se debe a que cada persona puede ofrecer sus productos y destrezas a quienes los necesitan. Redactar, soldar y enseñar son destrezas. Cultivar alimentos y reparar cosas también son destrezas.

Es común que los habitantes de cada país desarrollen destrezas importantes para el lugar donde viven. Por ejemplo, en lugares con muchos árboles, mucha gente podría aprender a trabajar con madera. En lugares con mucha agua, mucha gente podría aprender a fabricar botes. Los que trabajan con madera la venden a los que fabrican botes. Cuando estas personas comercian, todas obtienen lo que necesitan.

Por esa razón, hay compradores y vendedores que intercambian productos y servicios en todo el mundo. Dependen unos de otros. Cuando las personas dependen unas de otras para obtener las cosas que necesitan y desean, a eso se le llama **interdependencia**.

El comercio no es la única manera de interdependencia entre personas de distintas partes del mundo. Mucha gente va a estudiar a otros países. También va a trabajar a otros países. Al vivir y trabajar juntas, las personas de distintas partes del mundo aprenden unas de otras. También comprenden mejor las ideas de los demás.

3. Explica una manera en la que las personas de todo el mundo son interdependientes.

....

....

Enseñar es un trabajo especializado.

Soldar también es un trabajo especializado.

Trabajos de ahora y de tiempo atrás

Así como las comunidades cambian con el tiempo, también cambian las maneras de hacer el trabajo. Hace mucho tiempo, los agricultores cultivaban todos los alimentos para sus familias. Hacían el trabajo a mano. Luego hacían trueques para obtener los bienes que no podían elaborar o cultivar. Cultivaban todos los alimentos que podían.

En la actualidad, los agricultores siguen cultivando todos los alimentos que pueden. La diferencia es que cultivan mucha más cantidad de alimentos que en el pasado. Esto se debe a que muchos agricultores se especializan. También usan la ciencia para evaluar el suelo y agregarle lo que cada cultivo necesita exactamente. Las máquinas, como la cosechadora de abajo, los ayudan a cultivar más cantidad de tierra.

Hoy en día hay muchos tipos más de trabajos especializados. Algunas personas dirigen negocios. Algunas aprenden un oficio artesanal, como la carpintería. Otras aprenden a operar máquinas especiales.

Tú también tienes un trabajo. Tu trabajo es ser estudiante. Estás aprendiendo muchas materias. Estás aprendiendo a trabajar con los demás y a resolver problemas. Haces proyectos en grupo. Todas esas destrezas te ayudarán a ser un buen estudiante.

Parte del trabajo agrícola que antes se hacía a mano ahora se hace con máquinas.

4. ◉ **Comparar y contrastar Compara y contrasta** la agricultura de tiempo atrás y la de la actualidad.

La agricultura de tiempo atrás   **La agricultura de la actualidad**

Ambas

🔹 **TEKS 8.A, 17.C**

5. ◉ **Idea principal y detalles Explica** qué significa la especialización. Luego **identifica** cómo se especializan en su trabajo dos personas de tu escuela.

a. La especialización significa

....

b. Dos personas de mi escuela que se especializan en su trabajo son

....

....

6. ❓ **Describe** cómo usan la división del trabajo en tu casa.   mi Historia: Ideas

....

....

7. Has aprendido sobre los costos de producción y los precios de venta. **Investiga** e **identifica** cómo la especialización puede afectar los costos de producción y los precios de venta.

....

....

Lección 1 TEKS 19.B

La satisfacción de necesidades y deseos

1. Lee la lista de artículos de abajo. **Identifica** y encierra en un círculo los artículos que son necesidades. **Identifica** y subraya los artículos que son deseos.

vivienda	alimentos	boleto de cine
pelota de básquetbol	juego	ropa

2. **Describe** un proceso de toma de decisiones que puedes usar para elegir cuál de dos objetos comprar.

....

....

....

....

Lección 2 TEKS 8.C

Productores y consumidores

3. **Identifica** los recursos que usan las empresas para producir bienes.

....

....

4. **Explica** cómo las regulaciones gubernamentales impactan en los costos del consumidor.

....

....

....

Intercambio de bienes y servicios

5. Lee la pregunta con atención. **Determina** cuál es la mejor respuesta entre las cuatro opciones. Encierra en un círculo la mejor respuesta.

¿Qué suele ocurrir cuando baja la oferta de algo?

A El precio baja.

B El precio sube.

C El precio queda igual.

D El precio cambia una y otra vez.

6. ◉ **Idea principal y detalles Identifica** dos detalles que apoyen la idea principal.

Idea principal: En los Estados Unidos hay un sistema de libre empresa.

Detalles:

....

....

....

Lección 4 ➡ TEKS 6.A, 6.B

Gasto y ahorro

7. Identifica las maneras en las que las personas pueden gastar, donar y ahorrar dinero. Luego **describe** cómo pueden gastar, donar y ahorrar dinero más fácilmente.

....

....

....

Lección 5 TEKS 8.A

Diferentes tipos de trabajos

8. **Identifica** cómo un negocio que hace juguetes puede usar la especialización para operar.

....

....

....

....

....

9. Haz un dibujo para **describir** cómo tú y un compañero podrían ordenar el salón de clase usando la división del trabajo.

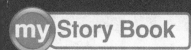
my Story Book

Conéctate en línea para escribir e ilustrar tu **myStory Book** usando **miHistoria: Ideas** de este capítulo.

¿Cómo obtienen las personas lo que necesitan?

TEKS
ES 6.A, 7.B
SLA 17

Todas las personas tienen necesidades y deseos. A menudo compran cosas para satisfacer esas necesidades y deseos. Antes de comprar algo, tienen que tomar decisiones. Es común que tengan que trabajar con otras personas para obtener lo que necesitan.

Piensa en alguna vez en la que hayas comprado un bien o un servicio. **Describe** lo que compraste y cómo lo decidiste.

....

....

Describe cómo las personas trabajan juntas como productoras para hacer algo que tu comunidad necesita. Haz un dibujo para mostrar cómo trabajan juntas.

PEARSON realize. Conéctate en línea a tu lección digital interactiva.

281

Las celebraciones de nuestras comunidades

mi Historia: ¡Despeguemos!

PREGUNTA PRINCIPAL

¿Cómo se comparte la cultura?

Describe lo que te gusta comer, la ropa que te gusta usar y lo que te gusta hacer en tu comunidad.

....

....

....

....

....

....

Conocimiento y destrezas esenciales de Texas

2.A Identificar por qué las personas han formado comunidades, incluyendo la necesidad de seguridad y protección, libertad de religión, de leyes y de bienestar material.

4.B Identificar y comparar cómo las personas de las diferentes comunidades se adaptan o modifican el ambiente físico en el cual viven, tales como desiertos, montañas, zonas acuosas y llanuras.

4.E Identificar y comparar las características humanas de varias regiones.

13.A Explicar la significancia de las diferentes celebraciones étnicas y/o culturales de la comunidad local y otras comunidades.

13.B Comparar las diferentes celebraciones étnicas y/o culturales de la comunidad local con otras comunidades.

15.A Identificar diferentes escritores y artistas tales como Kadir Nelson, Tomie dePaola y Phillis Wheatley y sus historias, poemas, estatuas, pinturas y otros ejemplos de herencia cultural de las comunidades.

15.B Explicar la significancia de diferentes escritores y artistas tales como Carmen Lomas Garza, Laura Ingalls Wilder y Bill Martin Jr. y sus historias, poemas, estatuas, pinturas y otros ejemplos de herencia cultural de las comunidades.

17.A Investigar acontecimientos actuales e históricos y datos gráficos acerca de la comunidad y el mundo, usando una variedad de recursos escritos, orales y visuales válidos y el Internet.

17.C Interpretar material oral, visual e impreso identificando la idea principal, distinguiendo entre hecho y opinión, identificando causa y efecto y comparando y contrastando.

17.D Usar diferentes partes de una fuente informativa, incluyendo la tabla de contenidos, el glosario y el índice, como también el teclado del Internet para localizar información.

Joseph Bruchac
Cuentista

mi Historia: Video

Cuando Joseph Bruchac era niño, vivía con sus abuelos en las montañas de Nueva York. Su abuela tenía libros por toda la casa. Su abuelo era un indígena norteamericano abenaki. Le enseñó a Bruchac a explorar el bosque y a pescar. Cuando Joseph se equivocaba, su abuelo no se enojaba con él. En cambio, le hablaba y lo ayudaba a aprender de sus propios errores. Más tarde, Bruchac aprendió que esa manera de enseñar era parte importante del modo de vida abenaki.

Joseph Bruchac tituló uno de sus libros Bowman's Store, *como la tienda de sus abuelos.*

Los abuelos de Bruchac tenían una tienda local llamada Bowman's. Cada vez que podía, Bruchac ayudaba a sus abuelos en la tienda. En invierno, se sentaba junto a la estufa de leña a oír los cuentos que contaban los granjeros y otros clientes. Así fue como se aficionó a los libros y a contar cuentos. También le gustaba escribir sus propios cuentos. De niño ya escribía poemas.

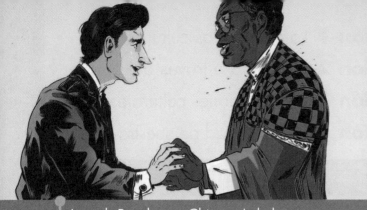

Joseph Bruchac y Chinua Achebe hablaron sobre escribir acerca de sus culturas.

Bruchac oía las historias que le contaban sobre los abenakis.

Años más tarde, Bruchac conoció a un escritor llamado Chinua Achebe. Era de Nigeria, un país de África. Achebe le dijo que se había hecho escritor para poder contar la historia de su pueblo, los igbos. Había leído relatos sobre los igbos escritos por personas que no entendían esta cultura. Achebe quería contarle al mundo cosas de su cultura desde el punto de vista de su propio pueblo.

Bruchac comprendió los sentimientos de Achebe. Escuchaba relatos acerca de su propio pueblo, los abenakis, cuando visitaba a sus amigos y familiares abenakis. Bruchac comenzó a anotar los relatos que eran importantes para él y para la cultura abenaki.

Contar cuentos es parte importante del modo de vida abenaki. No solo se cuentan para entretener, sino para enseñar. Los que oyen esos cuentos aprenden que es importante ser amables con los demás, cuidar las plantas y los animales, y compartir.

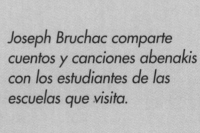

Joseph Bruchac comparte cuentos y canciones abenakis con los estudiantes de las escuelas que visita.

Bruchac trabaja de escritor. Ha escrito libros para niños y para adultos.

Bruchac y su familia cantan canciones y cuentan historias acerca de los abenakis.

Los cuentos también se usan para enseñar a los niños a comportarse bien. En el pueblo abenaki, los adultos no les hablan a los niños con dureza. Si un niño se porta mal, le cuentan un cuento para mostrarle la forma correcta de actuar. En algunos cuentos aparece un mapache que siempre se porta mal. En otros, aparece un líder sabio. Para el pueblo abenaki, contar cuentos es la mejor forma de enseñar. Bruchac lo explica de la siguiente manera:

"Un cuento se queda en el corazón de un niño y lo ayuda a ser fuerte y honesto cuando crece".

Bruchac vive actualmente en Nueva York, en la misma casa donde se crió. Ha escrito más de 70 libros y viaja por todo el mundo como cuentista. Bruchac también toca música. Él, sus dos hijos y su hermana forman un grupo musical llamado "Dawnland Singers". Juntos, tocan música y cuentan cuentos del pueblo abenaki.

Piénsalo Según esta historia, ¿por qué crees que los abenakis cuentan cuentos como un modo de enseñar su cultura a los demás? A medida que lees el capítulo, piensa por qué era importante para Joseph Bruchac compartir su cultura.

PEARSON realize. Conéctate en línea a tu lección digital interactiva.

285

La gente y las culturas

¡Imagínalo!

Compara la aldea indígena norteamericana de arriba con la ciudad europea de la derecha.

En la actualidad, los Estados Unidos son una nación de muchas culturas. La cultura incluye el idioma de los habitantes, su religión, los días feriados que celebran, la ropa que usan y los alimentos que comen. Las personas que comparten una cultura parecida suelen vivir cerca entre sí, en una **región cultural**. En los Estados Unidos hay muchas regiones culturales.

Regiones culturales

Cada región cultural está determinada por las primeras personas que se establecieron allí. Por ejemplo, hace mucho tiempo vivían grupos indígenas en América del Norte, o Norteamérica, y América del Sur. Luego, en los siglos XV y XVI, llegaron exploradores de España, Francia e Inglaterra. Ellos llevaron sus propias culturas a los territorios que exploraron. Sus culturas eran muy diferentes a las de los indígenas con los que se encontraron.

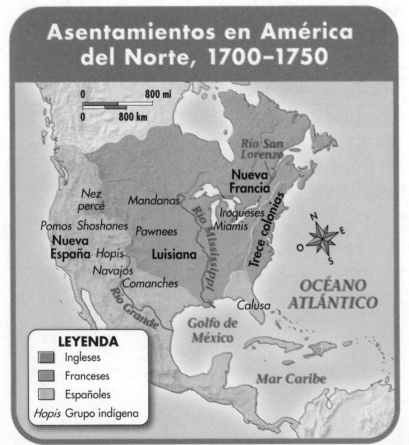

Asentamientos en América del Norte, 1700–1750

0 — 800 mi
0 — 800 km

Río San Lorenzo

Nueva Francia

Nez percé
Mandanas
Iroqueses
Miamis
Pomos Shoshones
Pawnees
Nueva España
Hopis
Luisiana
Navajos
Comanches
Río Mississippi
Trece colonias
Río Grande
Calusa
Golfo de México
OCÉANO ATLÁNTICO
Mar Caribe

N O E S

LEYENDA
Ingleses
Franceses
Españoles
Hopis Grupo indígena

DESCIFRA LA PREGUNTA PRINCIPAL

Aprenderé de qué modo las personas y el clima le dan forma a la cultura.

Vocabulario

región cultural
recreación

Encierra en un círculo las viviendas de los dos lugares. Comenta en qué se diferencian.

En poco tiempo, llegaron más europeos a establecerse en los nuevos territorios hallados por los exploradores. El mapa muestra los lugares de América del Norte donde se establecieron los europeos. Los colonos europeos y los indígenas a menudo vivían cerca unos de otros. Cada grupo aprendió algo de la cultura del otro. Por ejemplo, en Jamestown, Virginia, los indígenas les enseñaron a los pobladores ingleses nuevas maneras de sembrar cultivos. Los pobladores ingleses les enseñaron a los indígenas a usar las herramientas traídas de Europa.

Muchos lugares de América del Norte y América del Sur fueron poblados por europeos hace cientos de años. Estos lugares aún conservan parte de la cultura que trajeron los europeos.

TEKS
4.B, 4.E, 15.A, 15.B

1. **Identifica** un ejemplo de alguna manera en que los indígenas hayan compartido su herencia cultural con los pobladores ingleses en Jamestown, Virginia. **Explica** su importancia.

....

....

....

Los españoles trajeron de Europa su forma de construir edificios, como los que se ven en la foto, en Toledo, España.

PEARSON realize. Conéctate en línea a tu lección digital interactiva.

287

La pesca es común en el mar Caribe. Los peces son un valioso recurso natural del Caribe.

Culturas de climas cálidos y fríos

¿Sabías que el clima puede darle forma a una región cultural? El clima influye en el tipo de viviendas que construyen los habitantes, sus formas de recreación, los alimentos que comen y la ropa que usan. La **recreación** es una manera de disfrutar el tiempo libre.

Las personas que viven en climas cálidos, como el clima tropical de América Central, suelen construir viviendas que los ayudan a mantenerse frescos. Pueden construir casas a la sombra o con potentes aparatos de aire acondicionado. En climas fríos, las casas se construyen de modo que mantengan el calor. Algunas tienen ventanas grandes que dejan pasar la luz solar.

El clima también influye en la recreación. Las personas que viven en climas cálidos y cerca del agua pueden nadar, pescar o pasear en barco varios meses del año. En climas fríos, el agua puede estar congelada durante varios meses.

En los climas fríos, no siempre es fácil pescar. Estos niños están pescando a través del hielo en un lago congelado de Vermont.

Lo que vayas a cenar esta noche también puede depender del clima. Por ejemplo, si vives en un clima templado y cerca de un suelo fértil, quizá cultives tus propias verduras y frutas. Si vives cerca de la costa, podrías comer pescado fresco. Hoy en día, los alimentos de cualquier parte del mundo se pueden llevar a otra región en aviones, barcos o camiones. Sin embargo, muchas personas aún comen alimentos que pueden cultivar o encontrar en su propia región.

El clima también ayuda a la gente a escoger el tipo de ropa. En los climas cálidos del sureste de los Estados Unidos, se usa ropa ligera. La gente usa pantalones cortos, camisas de manga corta y sombreros para protegerse del sol. También usan sandalias para tener los pies frescos.

En los climas fríos, como en algunas partes del Canadá, hay que abrigarse bien. La gente usa capas de ropa debajo de abrigos gruesos. Se ponen guantes en las manos y se cubren la cabeza con sombreros gruesos. Los lugares de clima frío a menudo están húmedos por la nieve. Hay que usar botas para tener los pies abrigados y secos.

2. **Identifica** dos maneras en que las personas se adaptan a un clima frío.

....

....

En México, la gente hace y vende ropa apropiada para el clima cálido de la región.

Climas y culturas del mundo

En el Tíbet y en Egipto, el clima influye en la cultura de sus habitantes. El Tíbet es una región cultural de Asia. Egipto es un país de África. El clima del Tíbet generalmente es frío y muchas veces seco. En Egipto, el clima es cálido y seco. De hecho, ¡Egipto es el país del mundo donde menos llueve!

Los habitantes del Tíbet viven en una meseta. Una de las montañas que rodean la meseta es el monte Everest, ¡la montaña más alta del mundo! La mayor parte de la meseta está cubierta de pastizales. Muchos habitantes del Tíbet crían animales, como ovejas y yaks, que usan de diferentes maneras. Con la leche que dan estos animales, hacen queso y mantequilla. En algunos lugares, la gente vive en tiendas hechas con el grueso pelo del yak. Este tipo de pelo ayuda a mantener el calor dentro de las tiendas.

En Egipto, la mayoría de las personas viven cerca del río Nilo. De allí obtienen agua para beber, bañarse y regar los cultivos. Como la mayor parte del territorio es desierto, muchas personas que no viven cerca del río también dependen de él para obtener agua. Sacan agua del río Nilo para cultivar o para criar animales, como cabras, ovejas o camellos. Muchas personas hacen sus casas con recursos que encuentran cerca, como ladrillos de barro y paja. En las noches calurosas, la gente duerme en los techos planos de las casas para refrescarse un poco.

El Tíbet

Egipto

3. ◉ **Comparar y contrastar Explica** una similitud y una diferencia entre las culturas del Tíbet y de Egipto.

....

....

....

....

TEKS 4.B, 4.E

4. ◉ **Comparar y contrastar Categoriza** la ropa, la recreación y las viviendas que pueden encontrarse en climas cálidos y en climas fríos.

	Clima cálido	Clima frío
Ropa		
Recreación		
Viviendas		

5. ? **Escribe** si vives en un lugar de clima frío o de clima cálido. Luego **describe** qué te gusta acerca de cómo el clima influye en tu modo de vida.

mi Historia: Ideas

....

....

6. Investiga para aprender cómo las personas se adaptan a su medio ambiente. Escoge dos medio ambientes entre estos: llanuras, montañas, humedales o zonas acuosas, desiertos. **Compara** cómo las personas de cada medio ambiente lo modifican para obtener alimento, refugio y ropa, o para recrearse. Haz un cartel para comparar las culturas de cada medio ambiente.

....

Comparar y contrastar

Cuando comparas dos cosas, dices en qué se parecen. Cuando contrastas dos cosas, dices en qué se diferencian. Los escritores usan palabras como pistas para mostrar los parecidos, o las semejanzas, y las diferencias. Las palabras y frases como *ambos, al igual que, parecido* o *en común* muestran cosas que se parecen. Las palabras y frases como *en cambio, diferente, pero* y *sin embargo* muestran cosas que son diferentes.

Un diagrama te puede servir para comparar y contrastar la información que lees. Lee el párrafo de abajo acerca de Jenn y Owen. Luego lee el diagrama para ver en qué se parecen y en qué se diferencian.

Jenn vive en la Florida. Owen vive en Alaska. Ambos viven en los Estados Unidos, pero el clima de cada estado es muy diferente. Jenn vive en un lugar de clima cálido. Puede usar pantalones cortos casi todo el año. En cambio, Owen vive en un lugar de clima frío. Se abriga con ropa gruesa.

Jenn   **Owen**

- Vive en la Florida.
- Vive en un clima cálido.
- Usa pantalones cortos casi todo el año.

Ambos

Viven en los Estados Unidos.

- Vive en Alaska.
- Vive en un clima frío.
- Se abriga con ropa gruesa.

Aprenderé a comparar y contrastar.

(¡Inténtalo!)

Trabaja con un compañero. Túrnense para leer en voz alta sobre las tormentas que han visto Jenn y Owen. **Analicen** lo que leyeron. Luego completen el diagrama con las similitudes y las diferencias.

Jenn y Owen han visto tormentas muy fuertes por donde viven. En la Florida hay huracanes. Durante un huracán, hay vientos fuertes y lluvias intensas. Cuando llega un huracán, a menudo se cierran las escuelas. Ponen protectores en las ventanas para evitar que se rompan. Se quedan adentro hasta que pasa el huracán.

En cambio, en Alaska hay ventiscas. Durante una ventisca, hay vientos fuertes y largos períodos de nevadas. Se cierran las escuelas. Antes de que empiece una tormenta, Owen y su familia juntan mucha leña para la chimenea. Tanto Jenn como Owen se quedan en casa con sus familias hasta que pasa la tormenta. Las ventiscas y los huracanes se parecen en que ambos hacen caer árboles y cables de electricidad.

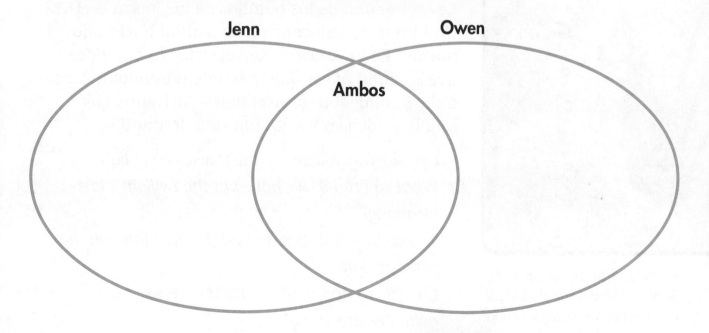

Jenn   Owen

Ambos

PEARSON realize™ Conéctate en línea a tu lección digital interactiva.

293

La cultura a través del arte

¡Imagínalo!

Escribe lo que ves en esta pintura que muestra cómo era la vida en una granja hace mucho tiempo.

A través del arte, puedes aprender mucho sobre una cultura. Mucha gente piensa que el **arte** es solamente pinturas y esculturas, pero el arte también incluye canciones, cuentos y danzas.

Canciones, poemas y cultura

Las personas escriben canciones y poesías por muy distintas razones. Hay canciones basadas en experiencias, pensamientos, un lugar o una persona. Otras cuentan eventos o acontecimientos importantes.

Nuestro **himno** nacional, "The Star-Spangled Banner", fue un poema escrito por Francis Scott Key sobre una de las batallas de la Guerra de 1812. Un himno es una canción de lealtad hacia una nación. En la canción, Key describe lo orgulloso que se sintió al ver que la bandera estadounidense todavía ondeaba sobre el fuerte McHenry. Los estadounidenses no habían sido derrotados.

Oh, say can you see by the dawn's early light
What so proudly we hailed at the twilight's last gleaming?
Whose broad stripes and bright stars through the perilous fight,
O'er the ramparts we watched were so gallantly streaming?

En 1931, "The Star-Spangled Banner" llegó a ser el himno nacional de los Estados Unidos.

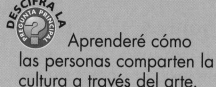

Aprenderé cómo las personas comparten la cultura a través del arte.

Vocabulario

arte
himno
herencia cultural
leyenda

Phillis Wheatley era una joven que había sido traída de su tierra natal, África, a Boston cuando tenía ocho años. Fue vendida a la familia Wheatley, que escogió educarla en vez de transformarla en sirvienta.

Phillis escribió poemas sobre diversos temas. Muchos de sus poemas trataban sobre su fe cristiana, la esclavitud y personajes famosos de su época. Wheatley también escribió sobre hechos de actualidad. Al estallar la Guerra de Independencia, Wheatley escribió el poema "A Su Excelencia, el General Washington".

TEKS
15.A, 15.B

Procede, gran jefe, teniendo la virtud de tu lado.
Y que cada acción tuya la diosa guíe.
Una corona, una mansión y un trono que brillan
De brillante oro inmortal, Washington, te sean dados.

Phillis Wheatley publicó su primer poema cuando tenía solo 12 años.

1. Escribe un poema que **describa** un acontecimiento actual de los Estados Unidos.

....

....

....

Cuentos y cultura

En distintas partes del mundo, la gente cuenta cuentos para compartir su historia, sus ideas y las cosas que le parecen importantes. Algunos cuentos son escritos, mientras que otros son hablados. Algunos cuentos rinden homenaje a la herencia cultural de diferentes grupos. La **herencia cultural** describe las tradiciones, las costumbres y los artefactos de un grupo cultural. Algunos ejemplos de herencia cultural son los cuentos, la danza, el arte y las construcciones.

De Smet, en Dakota del Sur, es una comunidad que rinde homenaje a Laura Ingalls Wilder.

Laura Ingalls Wilder fue una autora que escribió acerca de su familia y su vida durante la época de los pioneros. En los libros *Little House* (La casa de la pradera), Laura Ingalls Wilder muestra las duras condiciones que tuvieron que soportar las personas que se asentaron en la frontera. En la actualidad, el pueblo donde nació Wilder celebra un festival que rinde homenaje a Wilder y a su familia.

Bill Martin, Jr., fue un autor que escribió cientos de libros infantiles. Martin no aprendió a leer hasta que estuvo en la universidad. Muchos de sus libros ayudaron a enseñar a los niños. Por ejemplo, el libro *Chicka, Chicka, Boom, Boom* enseña el alfabeto.

Tomie dePaola es un autor y un artista. Los cuentos y los dibujos de dePaola muestran a menudo su herencia cultural. Tomie dePaola es mitad italiano y mitad irlandés. Escribió cuentos sobre vidas y **leyendas** de su cultura. Una leyenda es un cuento tradicional de ficción. En *Patrick: Patron Saint of Ireland* (Patricio: Santo patrono de Irlanda) dePaola narra la leyenda de cómo San Patricio hizo que todas las serpientes abandonaran Irlanda.

Tomie dePaola escribe muchos cuentos que rinden homenaje a su herencia cultural.

2. **Explica** por qué el trabajo de Tomie dePaola es importante para las comunidades irlandesas e italianas.

Esculturas, pinturas y cultura

Observar el arte es otra manera de aprender acerca de las diferentes culturas. Algunos artistas crean obras de arte con recursos naturales que son importantes para su cultura. En las montañas de Dakota del Sur, artistas y trabajadores están tallando en la roca una escultura del líder lakota Caballo Loco. El escultor, Korczak Ziolkowski, fue quien diseñó este monumento y también colaboró en el monte Rushmore.

Monumento a Caballo Loco

Algunos artistas muestran detalles de su cultura en las pinturas. Carmen Lomas Garza es una artista indígena chicana que nació en el sur de Texas. Garza crea pinturas y otras obras de arte que rinden homenaje a la cultura y la experiencia mexicoamericanas, e ilustra la vida cotidiana.

Kadir Nelson es un artista estadounidense. Algunas de sus pinturas son de personajes históricos. Ha pintado imágenes de Nelson Mandela, de Frederick Douglass y del Dr. Martin Luther King, Jr. En 2008, Nelson publicó su primer libro infantil llamado *We Are the Ship: The Story of Negro League Baseball* (Nosotros somos el barco: La historia de la liga negra de béisbol).

Kadir Nelson muestra una ilustración que creó para un libro infantil.

3. ⊙ **Sacar conclusiones Explica** por qué las pinturas de Kadir Nelson son importantes tanto para la comunidad afroamericana como para la comunidad internacional.

....

....

....

Danza y cultura

La danza es una parte importante de la cultura de un grupo. Hace mucho tiempo, en Hawái, se bailaba una danza llamada hula-hula para jefes, reyes o reinas. En la danza del hula-hula, los bailarines hacían movimientos suaves y ondulantes con los brazos y las caderas. Usaban trajes hechos con recursos locales de importancia para el pueblo. Por ejemplo, con las flores de la isla se hacían unos collares llamados *leis*. En la actualidad, el hula-hula se baila para todo tipo de público.

Bailarinas de hula-hula

En las zonas cercanas a los montes Apalaches, en la parte este de los Estados Unidos, se bailan danzas folklóricas. Las danzas folklóricas son danzas que pasan de una generación a otra. La danza del cuadrado es un tipo de danza folklórica. Los bailarines se paran formando un "cuadrado". Cada lado del cuadrado está formado por dos personas. Los bailarines oyen las instrucciones que da el cantante sobre cómo deben moverse. Por ejemplo, el cantante puede pedirles que se muevan en círculo. Hay varios tipos de movimientos. ¡Los bailarines casi nunca saben cuál será el siguiente movimiento!

En el ballet, los bailarines hacen movimientos suaves. Pueden saltar, girar o bailar con las puntas de los pies. Muchos bailarines de ballet usan trajes especiales y zapatillas de punta. Los bailarines de ballet rusos son muy conocidos en todo el mundo. En Francia y en Rusia, el ballet al principio solo se bailaba para reyes y reinas. Sin embargo, hoy en día, las personas de todo el mundo pueden ver un espectáculo de ballet.

Bailarinas de ballet

4. 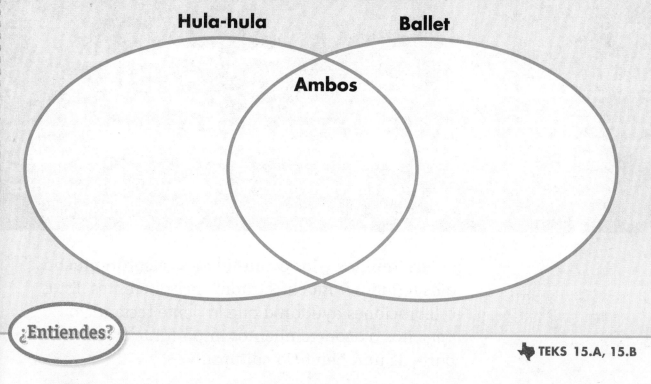 **Comparar y contrastar** **Analiza** la sección. Completa el diagrama para comparar la danza del hula-hula y el ballet.

Hula-hula **Ballet**

Ambos

¿Entiendes?

TEKS 15.A, 15.B

5.  **Comparar y contrastar** Identifica al menos dos autores y artistas que se describen en esta lección. Luego **explica** en qué se parecen y por qué su trabajo es importante para las diversas culturas y comunidades.

....

....

6. **?** **Describe** algunos de los tipos de arte que puedes encontrar en tu comunidad. **Explica** qué te dicen acerca de la cultura de tu comunidad.

mi Historia: Ideas

....

....

7. **Investiga** en Internet acerca de alguna leyenda de una tribu de indígenas norteamericanos de Texas. Luego **crea** una obra de arte que ilustre la leyenda y que explique su importancia para la cultura que escogiste. **Presenta** tu obra de arte a la clase.

....

Celebraciones culturales

¡Imagínalo!

Piensa en un festival o una celebración en la que hayas estado. Dibuja una actividad que hayas hecho allí.

Las familias y las comunidades celebran muchos días feriados y muchas tradiciones diferentes. Estas celebraciones ayudan a que la gente recuerde a personas o acontecimientos importantes, y forman parte de una herencia cultural.

La cultura a través de las tradiciones

En los días feriados, la gente suele seguir diferentes tradiciones. Las personas de una cultura aprenden esas tradiciones de los familiares de más edad o de los habitantes de la comunidad. Todos los años, esas tradiciones forman parte del día feriado.

Las tradiciones pueden incluir comidas especiales, como el pavo en el Día de Acción de Gracias. Otras tradiciones incluyen ciertas actividades, como ver los fuegos artificiales en el Día de la Independencia. En algunos feriados es tradicional usar un color determinado. En el Día de San Patricio muchas personas se visten de verde.

Una celebración del Día de la Independencia

DESCIFRA LA PREGUNTA PRINCIPAL

Aprenderé cómo las personas comparten su cultura a través de las celebraciones.

Vocabulario

sitio de interés
cosecha

Días para honrar a los líderes

Algunos días feriados se celebran en honor a una persona. Martin Luther King, Jr. fue un líder importante. Luchó para que los afroamericanos tuvieran los mismos derechos civiles que otros estadounidenses. Martin Luther King, Jr. quería lograr un cambio en forma pacífica, sin usar la fuerza. En enero se celebra el Día de Martin Luther King, Jr. para honrar la vida de este líder. Muchas escuelas y oficinas cierran. Es un día para hacer acciones de bien en favor de los demás. También hay estatuas en su honor.

King seguía las ideas de Mohandas Gandhi, de la India. Gandhi creía que las personas no debían usar la violencia. Trabajó para lograr un cambio en la India, su tierra natal. Usó medios pacíficos que no lastimaban a nadie. En la India se celebra el nacimiento de Gandhi el 2 de octubre. Ese día, la gente no va a la escuela ni a trabajar. Las familias se dedican a hacer trabajos o acciones de bien en favor de los demás.

TEKS
13.A, 13.B, 15.A, 15.B

1. ◎ **Comparar y contrastar** Subraya las oraciones que **comparen** cómo se celebran el Día de Martin Luther King, Jr. y el nacimiento de Gandhi.

Esta estatua de Martin Luther King, Jr. se encuentra en Texas.

PEARSON realize Conéctate en línea a tu lección digital interactiva.

301

Celebrar la libertad

En el mundo, la libertad se celebra de diferentes maneras. El 4 de julio se celebra el Día de la Independencia en los Estados Unidos. Muchos estadounidenses celebran este día feriado con su familia y sus amigos. Organizan desfiles, ondean banderas y se reúnen para hacer picnics y ver los fuegos artificiales.

Muchos símbolos y sitios de interés de los Estados Unidos forman parte de las celebraciones del Día de la Independencia. Un **sitio de interés** es un edificio u otra estructura de importancia para una cultura. La gente se reúne en los sitios de interés, como la Campana de la Libertad en Filadelfia.

El 15 de agosto, la India celebra su independencia del gobierno británico. La gente hace volar cometas de colores y va a ceremonias donde se iza la bandera del país. El primer ministro, o líder del gobierno de la India, habla de los logros del país durante el año.

El 5 de mayo se celebra en México y en los Estados Unidos la victoria de México contra las tropas francesas. Esta victoria representó un avance hacia la libertad de México. Este día feriado se llama Cinco de Mayo. Se celebra con desfiles, música y danzas.

Los vestidos coloridos y la comida mexicana forman parte de muchas celebraciones del Cinco de Mayo.

2. ◎ **Comparar y contrastar** **Compara** la celebración de la independencia en la India y en los Estados Unidos.

....

....

....

....

Celebraciones étnicas

Las celebraciones étnicas rinden homenaje a las culturas. Se celebran acontecimientos y tradiciones importantes.

Juneteenth, o la fiesta del 19 de junio, es una celebración étnica. Rinde homenaje a un acontecimiento importante. El 19 de junio de 1865 fue el día en que los afroamericanos de Galveston, Texas, se enteraron de que la esclavitud había terminado. Ese fue un día de gran alegría. En la actualidad, el 19 de junio es un día feriado en 29 estados. Las comunidades celebran con desfiles, música y discursos. Las familias celebran con reuniones y picnics.

En Austin, Texas, las personas celebran la fiesta del 19 de junio con un desfile.

En la Ciudad de Nueva York, el Día de Puerto Rico se celebra con un gran desfile. En este día, se rinde homenaje a las tradiciones puertorriqueñas. Las personas de ascendencia puertorriqueña ondean banderas de Puerto Rico para expresar su orgullo. Música puertorriqueña suena en las calles. Las personas bailan y disfrutan las comidas típicas de Puerto Rico.

Las tradiciones irlandesas se celebran en muchas comunidades de todo el país. Por ejemplo, en Dallas, cada año se celebra el Festival Irlandés del norte de Texas. En este festival, hay relatos de cuentos, danzas, música y otras actividades. Las celebraciones étnicas ofrecen a todos la oportunidad de aprender acerca de diferentes culturas.

3. Describe una celebración étnica de tu comunidad local. **Compárala** con otras.

....

....

....

....

Celebraciones de cosechas

En muchas culturas se celebran las buenas cosechas. Una **cosecha** es la recolección de cultivos al final de la temporada de cultivo. En los Estados Unidos, los festivales para celebrar la cosecha de maíz, la cosecha de arándanos rojos y hasta la cosecha de fresas forman parte de la herencia cultural de algunas comunidades.

En el Japón, se hace una celebración para tener una buena cosecha de arroz. Durante la celebración se plantan en los campos las plántulas de arroz. A lo largo del día, la gente canta y baila para celebrar. Más tarde en el año, hay otra celebración para agradecer por la cosecha de arroz.

Algunos días feriados comenzaron como celebraciones de cosechas, pero ahora se celebran por otras razones. El primer Día de Acción de Gracias fue una celebración de cosecha. Colonos ingleses llamados peregrinos se reunieron con indígenas norteamericanos para celebrar y agradecer la cosecha. En la actualidad, el Día de Acción de Gracias se celebra en noviembre. Las familias y los amigos se reúnen para comer platos especiales y dar gracias por lo que tienen.

En el Japón, la gente planta arroz en una celebración de la cosecha.

En algunos países de África se celebra el Kwanzaa, que está basado en un festival de cosechas. En los Estados Unidos y en algunos países de América Central, los afroamericanos celebran el Kwanzaa para honrar valores importantes.

En el Kwanzaa, las familias encienden velas y comparten sus valores.

4. **Identifica** y subraya las celebraciones de cosechas que se hacen en los Estados Unidos.

¿Entiendes?

TEKS 13.A, 13.B, 15.A, 15.B

5.  **Comparar y contrastar** **Compara** dos celebraciones de independencia sobre las que hayas leído.

....

....

....

6. **?** **Escribe** acerca de una celebración cultural que compartes con tu comunidad. **Explica** su importancia.

mi Historia: Ideas

....

....

7. **Investiga** para aprender sobre alguna celebración étnica que tenga lugar en tu comunidad. Averigua qué tiene de especial esa celebración. ¿Las personas comen comidas especiales? ¿Hay decoraciones, actividades o danzas especiales? Escoge alguna cosa de las celebraciones que puedas preparar. Luego **presenta** lo que preparaste a la clase y comenta de qué manera forma parte de la celebración étnica local.

....

....

PEARSON realize Conéctate en línea a tu lección digital interactiva.

305

La diversidad de nuestra nación

¡Imagínalo!

Escribe qué puedes aprender de tus compañeros de clase sobre otras culturas.

En los Estados Unidos vive gente de todo el mundo. Algunas personas han llegado en busca de bienestar material. Otras, en busca de libertad religiosa. Como ha llegado gente de tantos países, en cada región de los Estados Unidos hay gran diversidad. **Diversidad** significa que hay muchas diferencias entre las personas. Hay diversidad en los trabajos, en las escuelas y en las comunidades. Esa diversidad permite que la gente de cada región tenga amigos de distintas culturas.

Susan, de Seattle, Washington

Susan vive con su familia en Seattle, Washington, en la región Oeste de los Estados Unidos. Sus **ancestros**, es decir, familiares que vivieron hace mucho tiempo, llegaron a Seattle desde el Japón. Vinieron a los Estados Unidos en el siglo XIX en busca de oro. Susan vive en el centro de Seattle. Su casa queda en el área urbana que muchos llaman el Distrito Internacional.

En Seattle vive gente de muchas partes del mundo.

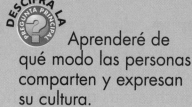
DESCIFRA LA
PREGUNTA PRINCIPAL

Aprenderé de qué modo las personas comparten y expresan su cultura.

Vocabulario

diversidad

ancestro

pow wow

En el Distrito Internacional hay personas de Japón, de China y de muchas otras partes del mundo. Susan va con su mamá a una tienda cercana a comprar arroz y especias de Asia que usan para preparar comidas tradicionales de Japón. Muchas de esas comidas llevan arroz y verduras.

En su casa, Susan habla japonés con sus padres y con su abuela. En la escuela, habla inglés como el resto de sus compañeros. A Susan le gusta jugar con sus amigos y cuidar el jardín de su casa. Uno de sus lugares favoritos para visitar es el Jardín Japonés de Seattle. Este jardín le recuerda los cerezos que vio en su último viaje a Japón. En Japón la gente celebra cada vez que florecen los cerezos.

1. **Identifica** un ejemplo de algo que Susan hace en su casa para mostrar o demostrar su herencia cultural japonesa.

....

....

....

Susan lee en el jardín.

PEARSON
realize™
Conéctate en línea a tu lección digital interactiva.

307

Charlie, de la nación comanche

Charlie vive en el suroeste de los Estados Unidos. Charlie y su familia son indígenas comanches. Sus ancestros han vivido en la misma tierra por cientos de años. En la actualidad, parte del territorio de Oklahoma está reservado para los comanches. Esto significa que este territorio siempre pertenecerá a los comanches.

Charlie y su familia van a reuniones llamadas **pow wows**. En las *pow wows*, Charlie y su familia cantan y bailan. Se encuentran con otros indígenas para celebrar sus culturas.

Manuel, de Chicago, Illinois

Manuel es de Chicago, Illinois. Chicago es una ciudad ubicada en el Medio Oeste de los Estados Unidos. Manuel vive en una parte de Chicago donde se han establecido muchas personas de México, América Central y América del Sur. En el vecindario de Manuel, casi todos hablan español en sus casas.

La familia de Manuel se mudó de México a Chicago hace tres años. Vinieron en busca de una vida mejor. Hoy en día, muchos familiares de Manuel viven en su mismo vecindario. Todos los domingos van a una iglesia católica porque la religión es una parte importante de su cultura.

2. ◎ **Idea principal y detalles**
Identifica y subraya las características de las herencias culturales de Manuel y de Charlie.

A Charlie y su familia les gusta ir a las pow wows.

Manuel habla español con su familia, pero en la escuela habla inglés.

Sam, de Long Island, Nueva York

Sam vive en una granja de Long Island, en el noreste de los Estados Unidos. Los ancestros de Sam vinieron de Italia. Viajaron en barco y llegaron a la isla Ellis en la década de 1880. La isla Ellis era un centro por el que pasaban los recién llegados antes de poder entrar en los Estados Unidos. Los ancestros de Sam se mudaron a Long Island para trabajar como agricultores. En la actualidad, Sam vive en la misma granja en la que vivieron sus ancestros.

Desde que Sam aprendió a hablar, sus padres le enseñaron italiano. Querían que pudiera hablar con los familiares que aún viven en Italia. En la casa de Sam, también cantan muchas canciones italianas que sus padres aprendieron de niños.

Sam ayuda a su papá a vender los cultivos en el mercado agrícola local.

Para la familia de Sam, es importante comer juntos. Todos los fines de semana se reúnen para disfrutar de un gran almuerzo al mediodía. La abuela de Sam prepara muchos platos italianos. ¡El favorito de Sam son los raviolis! A Sam le encanta ayudar a su abuela a amasar y hacer los fideos.

3. ◎ **Comparar y contrastar Explica** en qué se parecen y en qué se diferencian las culturas de Sam y de Charlie.

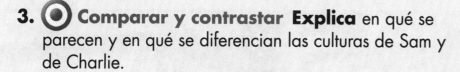

Abby, de Atlanta, Georgia

Abby vive en Atlanta, en el sureste de los Estados Unidos. Atlanta es la ciudad más grande de Georgia. Además, es una ciudad con gran diversidad.

Abby es afroamericana. A sus ancestros los llevaron a Georgia desde África occidental. Los obligaban a trabajar sin salario en grandes granjas llamadas plantaciones. Después de la Guerra Civil, los ancestros de Abby fueron liberados y comenzaron a cultivar su propia tierra.

En la actualidad, el padre de Abby trabaja en la biblioteca pública. Ayuda a otros a aprender acerca de la historia de la ciudad y la historia de los afroamericanos. Cuando el padre de Abby era niño, su familia comenzó a celebrar el Kwanzaa. Hoy en día, la familia de Abby continúa con esta tradición. Durante el Kwanzaa, a Abby le gusta hablar de los siete símbolos y de los valores que son parte de la celebración.

4. **Compara** la celebración del Kwanzaa que hace Abby con la celebración en las *pow wows* de Charlie. ¿En qué se parecen?

....

....

....

A Abby le gusta leer varios tipos de libros en la biblioteca.

5. ⊙ **Comparar y contrastar Analiza** la información acerca de Manuel y Susan que leíste en esta lección. Completa el diagrama para comparar y contrastar sus culturas.

Cultura mexicana de Manuel   **Cultura japonesa de Susan**

Ambas

6. ❓ **Identifica** los motivos por los que las personas podrían escoger formar comunidades diversas.

mi Historia: Ideas

....

....

....

7. Escribe las palabras clave "calendario multicultural" en un buscador de Internet. Observa el mes de diciembre. **Identifica** tres días feriados que se celebren en diciembre pero que tú no celebres. **Explica** a un compañero el significado de esos tres días feriados. Luego, escoge el día feriado que más te interese y haz un dibujo que muestre lo que aprendiste sobre ese día feriado.

....

....

Investigación

Cuando investigas un tema, aprendes más acerca del tema. Por ejemplo, puedes investigar para aprender acerca de acontecimientos del pasado de tu propia comunidad o de cualquier parte del mundo.

Sigue estas sugerencias mientras piensas en investigar acontecimientos del pasado:

1. Limita el tema, o escoge solo un acontecimiento del pasado.

2. Decide qué tipo de información deseas hallar sobre el tema; por ejemplo, *dónde* tuvo lugar o *quiénes* participaron.

3. Escoge por lo menos dos fuentes que te sirvan para hallar la información que necesitas. Puedes usar fuentes impresas, fuentes orales, fuentes visuales e Internet. Observa la tabla de abajo para aprender más sobre cada tipo de fuente.

Este estudiante usa una fuente impresa para investigar un tema.

Fuentes de información			
Fuentes impresas	**Fuentes orales**	**Fuentes visuales**	**Internet**
libros de no ficción, atlas, periódicos, almanaques, enciclopedias y artículos de revistas	expertos y testigos	fotografías, mapas, pinturas, artefactos y estatuas	sitios web, aplicaciones, libros electrónicos y revistas electrónicas
Para encontrar información, usa la tabla de contenidos, el glosario y el índice.			Para encontrar información, haz una búsqueda con palabras clave.
Encuentra fuentes impresas en el salón de clase o en la biblioteca.	Encuentra fuentes orales en la televisión o en la radio. Entrevista a un experto.	Encuentra fuentes visuales en museos, libros o en línea.	

TEKS

ES 17.A Investigar acontecimientos acerca de la comunidad y el mundo usando una variedad de recursos.

ES 17.D Usar diferentes partes de una fuente informativa para localizar información.

SLA 25.B Generar un plan para recopilar información acerca de la pregunta de investigación.

¡Inténtalo!

Imagina que estás investigando acontecimientos históricos. **Responde** las preguntas de abajo acerca de cómo podrías hacer tu investigación.

Tema: Acontecimientos históricos de la comunidad y del mundo

1. Primero, debes limitar el tema. **Escribe** un acontecimiento del pasado sobre el que te gustaría investigar.

....

....

2. **Explica** qué tipo de información deseas hallar acerca del acontecimiento del pasado.

....

....

3. **Haz una lista** de ejemplos de fuentes escritas, orales y de Internet que podrías usar para aprender acerca del tema.

....

....

4. **Describe** una fuente visual que pueda brindar información sobre ese acontecimiento.

....

....

....

5. Usa una búsqueda en Internet con palabras clave para hallar información que **describa** el acontecimiento que escogiste. **Escribe** un hecho que encuentres.

....

PEARSON realize Conéctate en línea a tu lección digital interactiva.

313

Lección 1 🚩 TEKS 4.B, 4.E

La gente y las culturas

1. **Identifica** y encierra en un círculo la ilustración que muestra algo que podría usar una persona para divertirse en un lugar de clima frío.

Regadera   *Tabla de surf*   *Trineo*

2. **Identifica** y **contrasta** las cosas que podrías encontrar en una casa en una región cálida y en una región fría.

....

....

....

Lección 2 🚩 TEKS 15.A, 15.B

La cultura a través del arte

3. **Identifica** la cultura que representan las obras de arte de Carmen Lomas Garza.

....

4. **Comparar y contrastar Compara** los libros de Laura Ingalls Wilder y los de Bill Martin, Jr.

....

....

....

....

Celebraciones culturales

5. Identifica un ejemplo de una tradición que forme parte de la herencia cultural de los Estados Unidos.

....

....

6. Explica la importancia del Día de Martin Luther King, Jr.

....

....

....

7. 🎯 **Comparar y contrastar** Completa el diagrama con detalles que **comparen** las celebraciones de independencia y las celebraciones de cosechas.

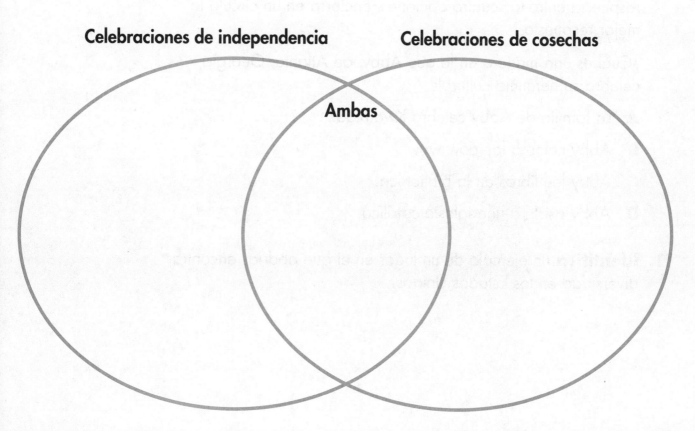

Celebraciones de independencia   Celebraciones de cosechas

Ambas

Lección 4 TEKS 2.A, 13.A, 15.A, 15.B

La diversidad de nuestra nación

8. **Identifica** los motivos por los que algunas personas de muchas partes del mundo se mudaron a los Estados Unidos y formaron comunidades.

....

....

....

....

9. **Explica** la importancia de una *pow wow*.

....

....

10. Lee la pregunta con atención. **Determina** cuál es la mejor respuesta entre las cuatro opciones. Encierra en un círculo la mejor respuesta.

   ¿Cuál es una manera en la que Abby, de Atlanta, Georgia, celebra su herencia cultural?

   A La familia de Abby celebra Kwanzaa.

   B Abby celebra las *pow wow*.

   C Abby lee libros en la biblioteca.

   D Abby asiste a una iglesia católica.

11. **Identifica** un ejemplo de un lugar en el que podrías encontrar diversidad en los Estados Unidos.

....

....

Conéctate en línea para escribir e ilustrar tu **myStory Book** usando **miHistoria: Ideas** de este capítulo.

¿Cómo se comparte la cultura?

TEKS
SLA 17

Los Estados Unidos son una nación de gran diversidad. A través de la nación, la gente celebra y comparte su cultura de maneras muy diferentes.

Escribe tres maneras en las que las personas comparten su cultura con los demás.

....

....

....

....

....

Dibuja lo que más te gusta acerca de tu cultura.

PEARSON
realize   Conéctate en línea a tu lección digital interactiva.

317

Atlas

Washington
★ Olympia

★ Salem
Oregón

Montana
Helena ★

Dakota del Norte
★ Bismarck

Dakota del Sur
Pierre ★

★ Boise
Idaho

Wyoming

Carson City ★
Salt Lake City ★

Cheyenne ★

Nebraska
Lincoln ★

★ Sacramento
Nevada

Utah

Denver ★
Colorado

Topeka ★
Kansas

California

Arizona

Santa Fe ★

Oklahoma
Oklahoma City ★

★ Phoenix

Nuevo México

Texas

★ Austin

Alaska

Honolulu ★

Juneau ★

Hawái

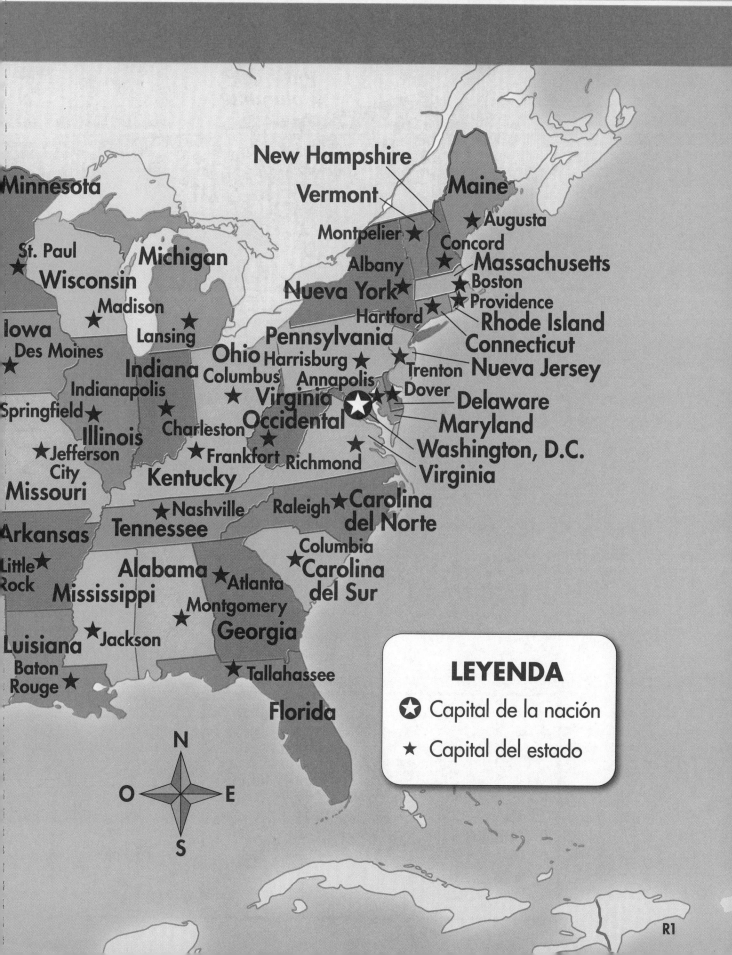

Minnesota

St. Paul

Wisconsin

Madison

Michigan

Lansing

Iowa

Des Moines

Indiana

Indianapolis

Springfield

Illinois

Jefferson City

Missouri

Arkansas

Little Rock

Mississippi

Alabama

Jackson

Luisiana

Baton Rouge

Ohio

Columbus

Charleston

Frankfort

Kentucky

Nashville

Tennessee

Montgomery

Georgia

Atlanta

Tallahassee

Florida

New Hampshire

Vermont

Montpelier

Albany

Nueva York

Hartford

Pennsylvania

Harrisburg

Annapolis

Virginia Occidental

Richmond

Raleigh

Carolina del Norte

Columbia

Carolina del Sur

Maine

Augusta

Concord

Massachusetts

Boston

Providence

Rhode Island

Connecticut

Nueva Jersey

Trenton

Dover

Delaware

Maryland

Washington, D.C.

Virginia

LEYENDA

⭐ Capital de la nación

★ Capital del estado

N

O   E

S

R1

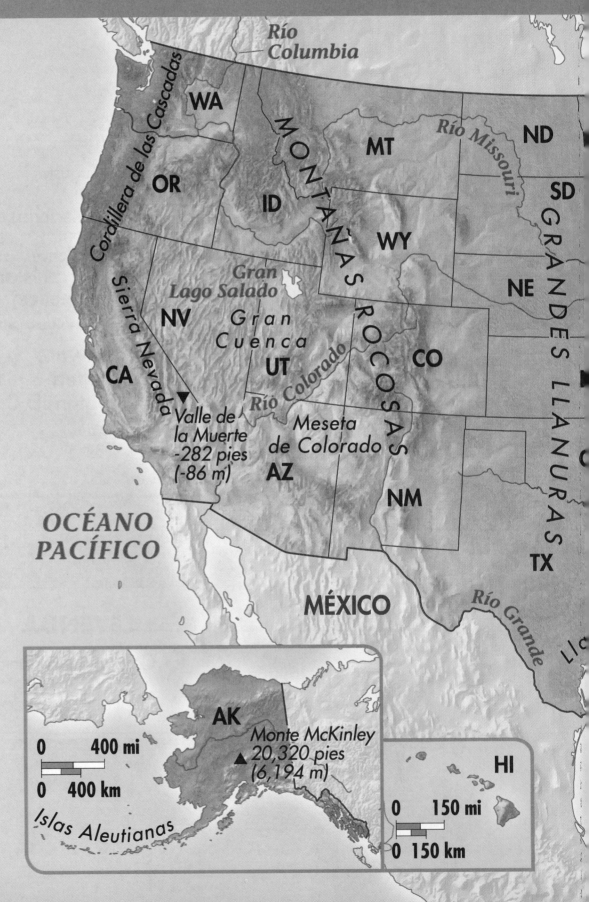

Río Columbia

WA

Cordillera de las Cascadas

OR

ID

MONTAÑAS

MT

Río Missouri

ND

SD

GRANDES LLANURAS

WY

NE

Gran Lago Salado

Sierra Nevada

NV

Gran Cuenca

UT

Río Colorado

CO

CA

▼ Valle de la Muerte -282 pies (-86 m)

Meseta de Colorado

AZ

ROCOSAS

NM

OCÉANO PACÍFICO

TX

MÉXICO

Río Grande

Lla

AK

Monte McKinley ▲ 20,320 pies (6,194 m)

0   400 mi

0   400 km

Islas Aleutianas

HI

0   150 mi

0   150 km

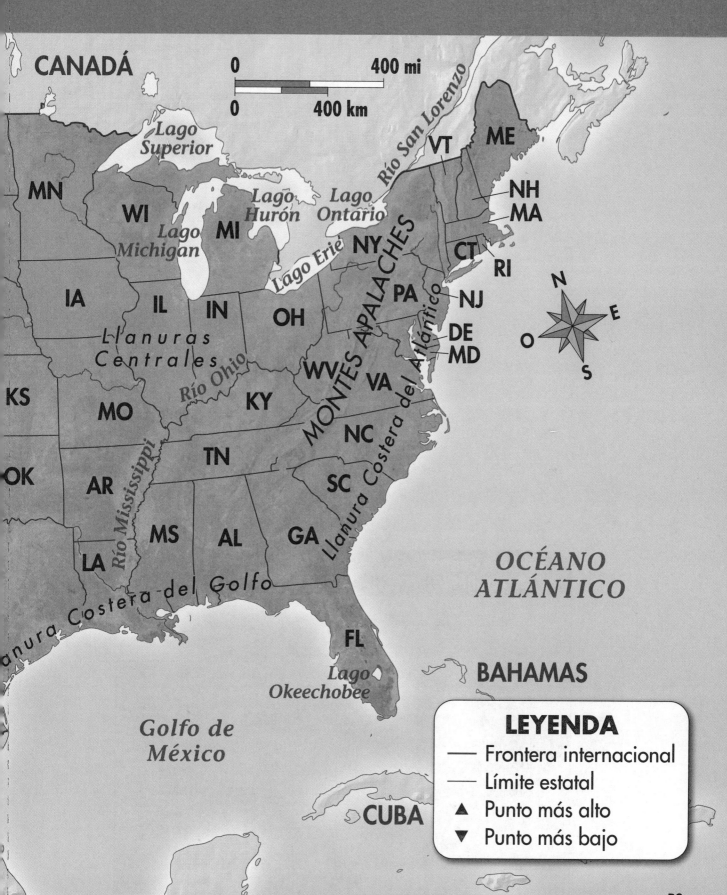

CANADÁ

0   400 mi
0   400 km

Lago Superior

Río San Lorenzo

VT
ME
NH
MA

MN
WI
Lago Hurón
Lago Ontario
NY
CT
RI

Lago Michigan
MI
Lago Erié
MONTES APALACHES
PA
NJ

IA
IL
IN
OH
DE
MD

Llanuras Centrales
WV
VA

KS
Río Ohio
MO
KY

Llanura Costera del Atlántico

OK
AR
TN
NC

SC

Río Mississippi
MS
AL
GA
Llanura Costera del Atlántico

LA

OCÉANO ATLÁNTICO

Llanura Costera del Golfo

FL
Lago Okeechobee

BAHAMAS

Golfo de México

CUBA

N
O   E
S

LEYENDA
—— Frontera internacional
—— Límite estatal
▲ Punto más alto
▼ Punto más bajo

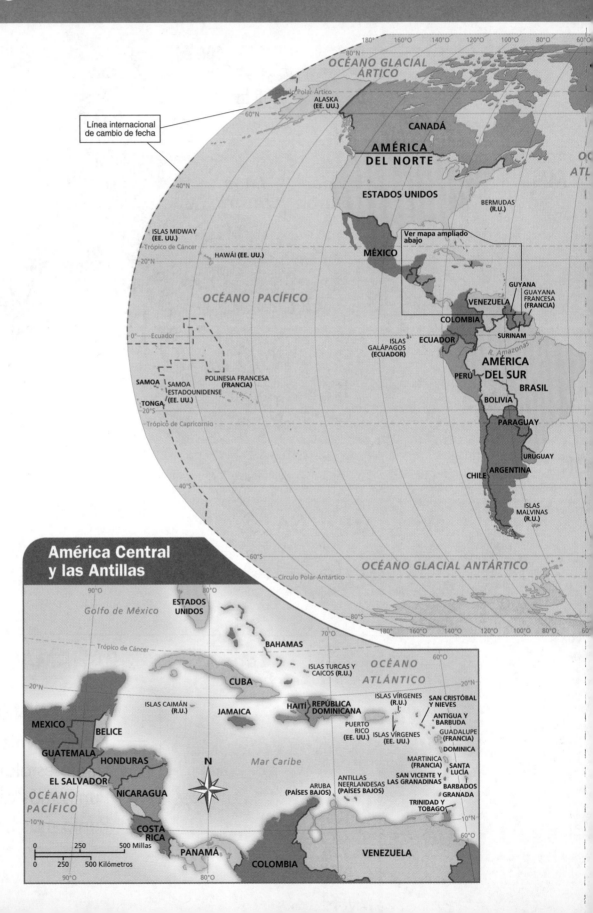

Línea internacional de cambio de fecha

OCÉANO GLACIAL ÁRTICO

180° 160°O 140°O 120°O 100°O 80°O 60°

80°N

Círculo Polar Ártico

ALASKA (EE. UU.)

60°N

CANADÁ

AMÉRICA DEL NORTE

40°N

ESTADOS UNIDOS

BERMUDAS (R.U.)

OC
ATL

ISLAS MIDWAY (EE. UU.)
Trópico de Cáncer

Ver mapa ampliado abajo

20°N

HAWÁI (EE. UU.)

MÉXICO

OCÉANO PACÍFICO

GUYANA
GUAYANA FRANCESA (FRANCIA)

VENEZUELA

COLOMBIA

SURINAM

0° Ecuador

ISLAS GALÁPAGOS (ECUADOR)

ECUADOR

R. Amazonas

AMÉRICA DEL SUR

PERÚ

BRASIL

SAMOA
SAMOA ESTADOUNIDENSE (EE. UU.)

POLINESIA FRANCESA (FRANCIA)

BOLIVIA

TONGA

20°S

PARAGUAY

Trópico de Capricornio

URUGUAY

ARGENTINA

CHILE

40°S

ISLAS MALVINAS (R.U.)

60°S

OCÉANO GLACIAL ANTÁRTICO

Círculo Polar Antártico

80°S

180° 160°O 140°O 120°O 100°O 80°O 60°

América Central y las Antillas

90°O 80°O

Golfo de México

ESTADOS UNIDOS

60°O

Trópico de Cáncer

BAHAMAS

20°N

CUBA

ISLAS TURCAS Y CAICOS (R.U.)

OCÉANO ATLÁNTICO

20°N

ISLAS CAIMÁN (R.U.)

JAMAICA

HAITÍ

REPÚBLICA DOMINICANA

ISLAS VÍRGENES (R.U.)

SAN CRISTÓBAL Y NIEVES

MÉXICO

BELICE

PUERTO RICO (EE. UU.)

ISLAS VÍRGENES (EE. UU.)

ANTIGUA Y BARBUDA

GUADALUPE (FRANCIA)

GUATEMALA

HONDURAS

N

Mar Caribe

DOMINICA

MARTINICA (FRANCIA)

SANTA LUCÍA

EL SALVADOR

NICARAGUA

OCÉANO PACÍFICO

ANTILLAS NEERLANDESAS (PAÍSES BAJOS)

ARUBA (PAÍSES BAJOS)

SAN VICENTE Y LAS GRANADINAS

BARBADOS

GRANADA

TRINIDAD Y TOBAGO

10°N

10°N

0 250 500 Millas

0 250 500 Kilómetros

COSTA RICA

PANAMÁ

COLOMBIA

VENEZUELA

80°O

90°O 80°O

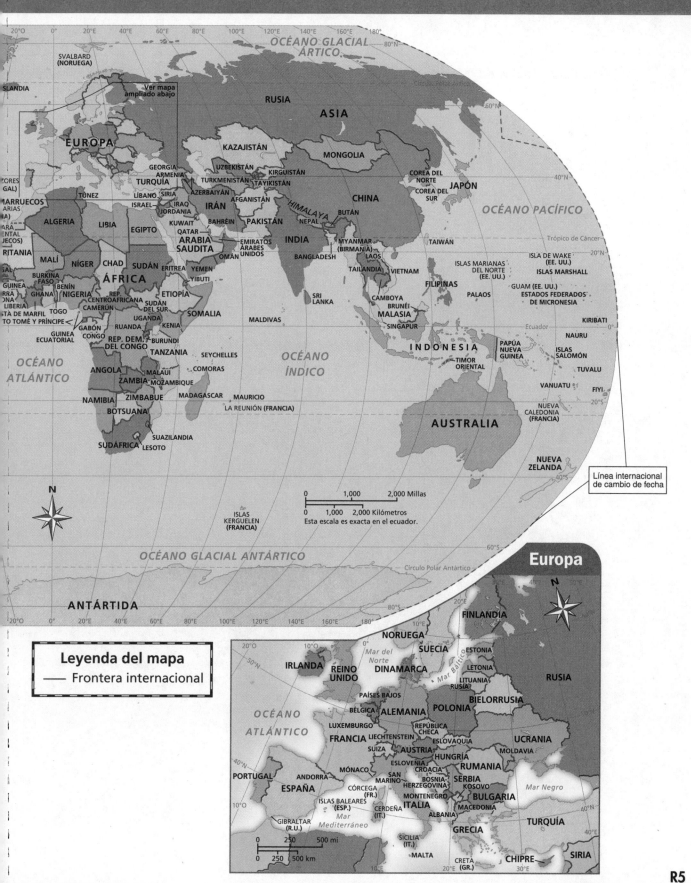

OCÉANO GLACIAL ÁRTICO

SVALBARD (NORUEGA)

SLANDIA

RUSIA

ASIA

EUROPA

KAZAJISTÁN

MONGOLIA

CORES GAL)

GEORGIA
ARMENIA

UZBEKISTÁN
TURQUÍA TURKMENISTÁN

KIRGUISTÁN

COREA DEL NORTE

JAPÓN

MARRUECOS
ARIAS A)

TÚNEZ
LÍBANO
ISRAEL

SIRIA
JORDANIA

AZERBAIYÁN
TAYIKISTÁN

AFGANISTÁN

CHINA

COREA DEL SUR

OCÉANO PACÍFICO

IRAQ
IRÁN

BAHRÉIN

HIMALAYA

BUTÁN

ALGERIA

LIBIA

EGIPTO

KUWAIT
QATAR

ARABIA
SAUDITA

PAKISTÁN

NEPAL

Trópico de Cáncer

ENTAL
JECOS)

EMIRATOS
ÁRABES
UNIDOS

OMÁN

INDIA

MYANMAR
(BIRMANIA)

TAIWÁN

ISLA DE WAKE
(EE. UU.)

20°N

RITANIA

MALÍ

NÍGER

CHAD

SUDÁN

ERITREA

YEMEN

BANGLADESH

LAOS

ISLAS MARIANAS
DEL NORTE
(EE. UU.)

ISLAS MARSHALL

ÁFRICA

YIBUTI

BURKINA
FASO

GUINEA

SRI
LANKA

TAILANDIA

VIETNAM

FILIPINAS

GUAM (EE. UU.)

ESTADOS FEDERADOS
DE MICRONESIA

GHANA

BENÍN

NIGERIA

REP.
CENTROAFRICANA

ETIOPÍA

CAMBOYA

PALAOS

RRA
ONA
LIBERIA

STA DE MARFIL
TO TOMÉ Y PRÍNCIPE

TOGO

CAMERÚN

SUDÁN
DEL SUR

UGANDA

BRUNÉI

MALASIA

KIRIBATI

GABÓN

RUANDA

KENIA

SINGAPUR

Ecuador

NAURU

GUINEA
ECUATORIAL

CONGO

REP. DEM.
DEL CONGO

BURUNDI

MALDIVAS

INDONESIA

PAPÚA
NUEVA
GUINEA

ISLAS
SALOMÓN

OCÉANO
ATLÁNTICO

TANZANIA

SEYCHELLES

OCÉANO
ÍNDICO

TIMOR
ORIENTAL

TUVALU

ANGOLA

MALAUI

COMORAS

VANUATU

FIYI

ZAMBIA

MOZAMBIQUE

NAMIBIA

ZIMBABUE

MADAGASCAR

MAURICIO

20°S

NUEVA
CALEDONIA
(FRANCIA)

BOTSUANA

LA REUNIÓN (FRANCIA)

AUSTRALIA

SUDÁFRICA

SUAZILANDIA

LESOTO

N

NUEVA
ZELANDA

40°S

Línea internacional
de cambio de fecha

0   1,000   2,000 Millas

0   1,000   2,000 Kilómetros

Esta escala es exacta en el ecuador.

ISLAS
KERGUELEN
(FRANCIA)

60°S

OCÉANO GLACIAL ANTÁRTICO

Círculo Polar Antártico

ANTÁRTIDA

80°S

FINLANDIA

N

Leyenda del mapa

NORUEGA

SUECIA

ESTONIA

IRLANDA

Mar del
Norte

—— Frontera internacional

REINO
UNIDO

DINAMARCA

Mar Báltico

LETONIA

LITUANIA
RUSIA

RUSIA

PAÍSES BAJOS

BIELORRUSIA

BÉLGICA

ALEMANIA

POLONIA

OCÉANO
ATLÁNTICO

LUXEMBURGO

FRANCIA

LIECHTENSTEIN

REPÚBLICA
CHECA

ESLOVAQUIA

UCRANIA

SUIZA

AUSTRIA

HUNGRÍA

MOLDAVIA

PORTUGAL

ANDORRA

MÓNACO

ESLOVENIA

CROACIA

SAN
MARINO

BOSNIA-
HERZEGOVINA

RUMANIA

ESPAÑA

CÓRCEGA
(FR.)

SERBIA

KOSOVO

Mar Negro

ISLAS BALEARES
(ESP.)

CERDEÑA
(IT.)

MONTENEGRO

ITALIA

BULGARIA

MACEDONIA

GIBRALTAR
(R.U.)

Mar
Mediterráneo

ALBANIA

TURQUÍA

SICILIA
(IT.)

GRECIA

0   250   500 mi

MALTA

0   250   500 km

CRETA
(GR.)

CHIPRE

SIRIA

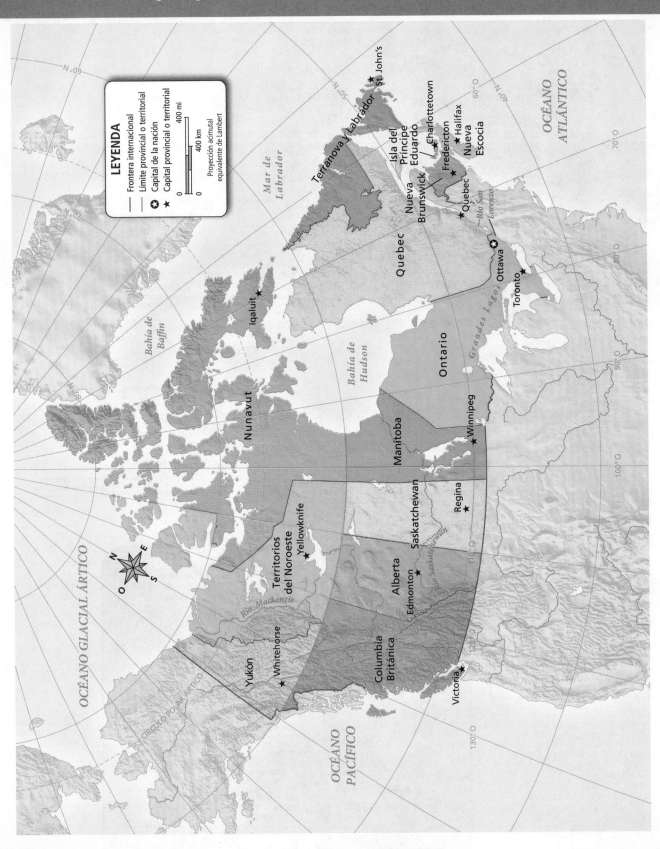

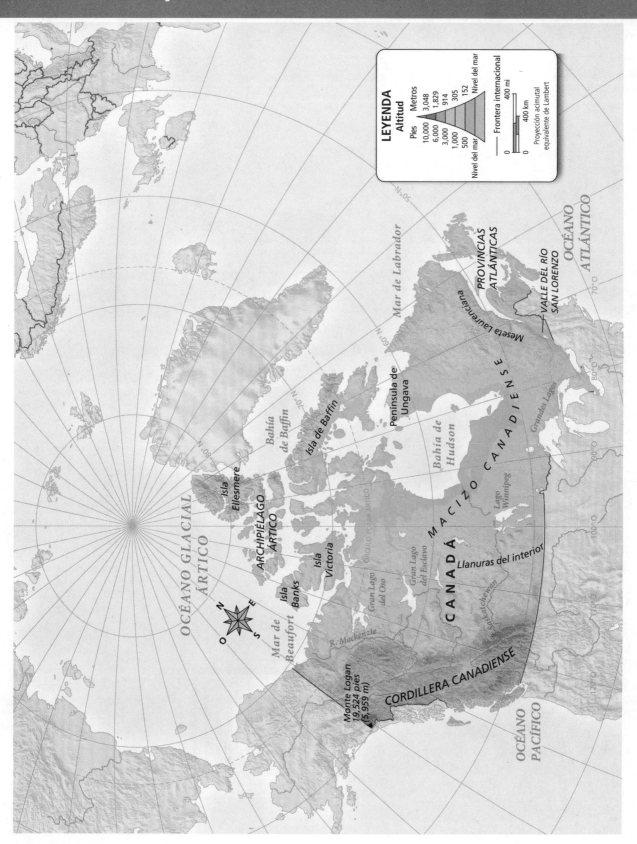

LEYENDA
Altitud

Pies	Metros
10,000	3,048
6,000	1,829
3,000	914
1,000	305
500	152
Nivel del mar	Nivel del mar

Frontera internacional

0 — 400 mi
0 — 400 km

Proyección acimutal
equivalente de Lambert

OCÉANO
ATLÁNTICO

PROVINCIAS
ATLÁNTICAS

VALLE DEL RÍO
SAN LORENZO

Mar de Labrador

Meseta Laurenciana

Península de
Ungava

Bahía de
Hudson

Grandes Lagos

M A C I Z O   C A N A D I E N S E

Lago
Winnipeg

Bahía
de Baffin

Isla de Baffin

CÍRCULO POLAR ÁRTICO

C A N A D Á

Llanuras del interior

Saskatchewan

Isla
Ellesmere

ARCHIPIÉLAGO
ÁRTICO

Isla
Victoria

Gran Lago
del Esclavo

Isla
Banks

Gran Lago
del Oso

OCÉANO GLACIAL
ÁRTICO

Mar de
Beaufort

R. Mackenzie

Monte Logan
19,524 pies
(5,959 m)

CORDILLERA CANADIENSE

OCÉANO
PACÍFICO

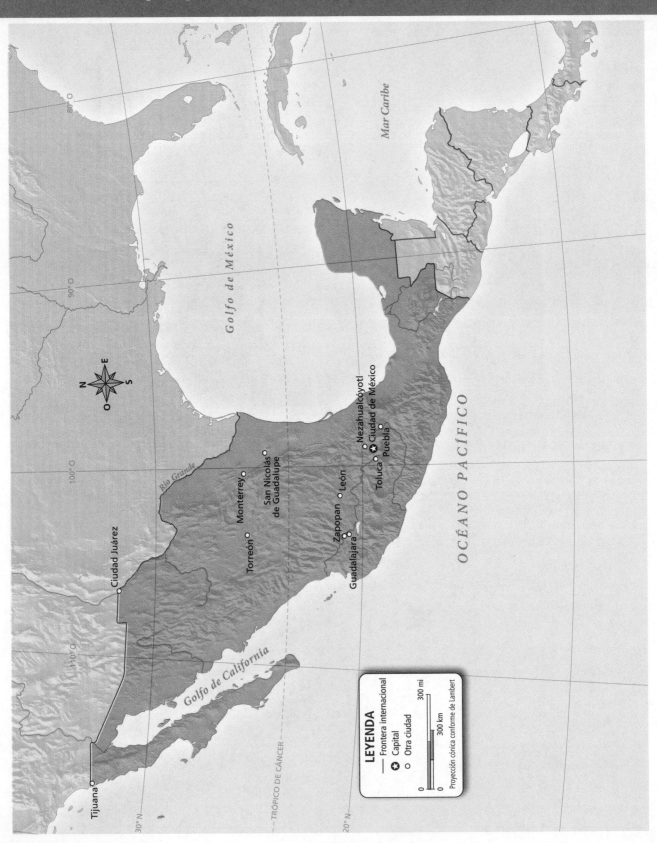

Mar Caribe

Golfo de México

OCÉANO PACÍFICO

Nezahualcóyotl
Ciudad de México
Puebla
Toluca

San Nicolás
de Guadalupe

Monterrey

León
Zapopan

Torreón

Guadalajara

Río Grande

Ciudad Juárez

Golfo de California

TRÓPICO DE CÁNCER

Tijuana

LEYENDA
Frontera internacional
Capital
Otra ciudad

300 mi

300 km

Proyección cónica conforme de Lambert

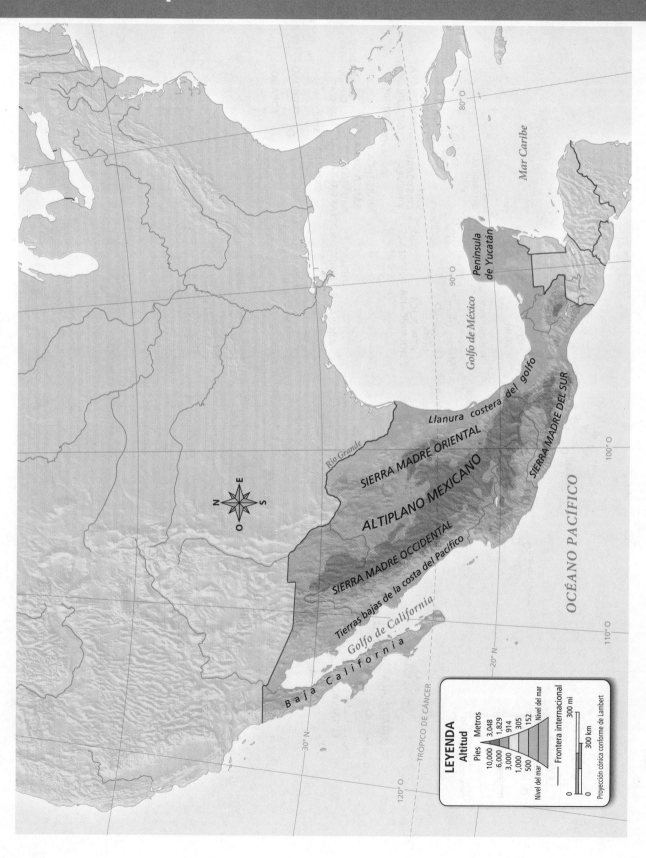

México: Mapa físico

Mar Caribe

80° O

Península de Yucatán

90° O

Golfo de México

Llanura costera del golfo

SIERRA MADRE ORIENTAL

SIERRA MADRE DEL SUR

Rio Grande

ALTIPLANO MEXICANO

100° O

SIERRA MADRE OCCIDENTAL

Tierras bajas de la costa del Pacífico

OCÉANO PACÍFICO

Golfo de California

110° O

Baja California

20° N

TRÓPICO DE CÁNCER

30° N

120° O

N E S O

LEYENDA
Altitud
Pies   Metros
10,000 3,048
6,000   1,829
3,000   914
1,000   305
500   152
Nivel del mar   Nivel del mar

Frontera internacional

300 mi
0
300 km
0

Proyección cónica conforme de Lambert

Caribe: Mapa político

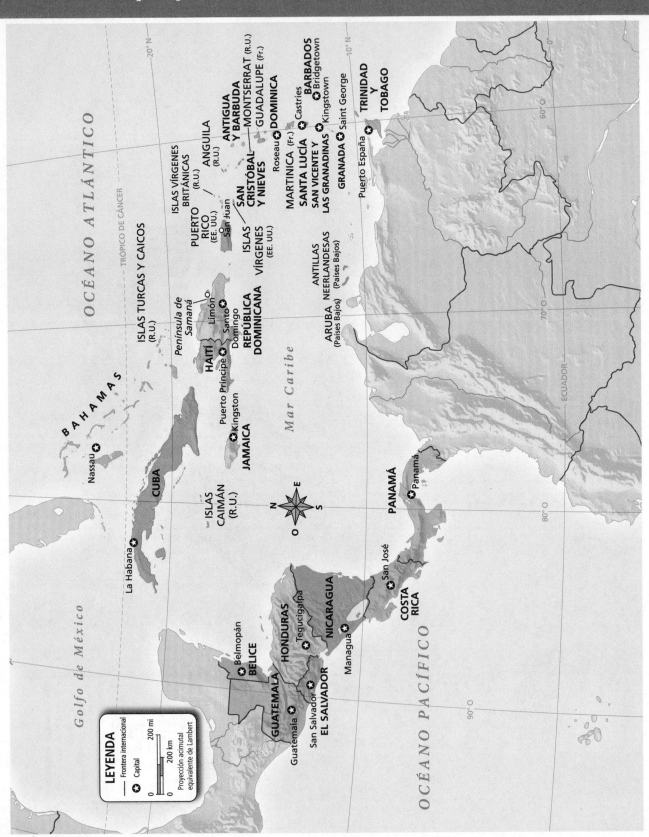

OCÉANO ATLÁNTICO

TRÓPICO DE CÁNCER

20° N

10° N

60° O

ISLAS VÍRGENES
BRITÁNICAS
(R.U.)

ANTIGUA
Y BARBUDA

MONTSERRAT (R.U.)

GUADALUPE (Fr.)

ANGUILA
(R.U.)

DOMINICA

Roseau

PUERTO
RICO
(EE. UU.)

San Juan

SAN
CRISTÓBAL
Y NIEVES

MARTINICA (Fr.)

Castries

BARBADOS
Bridgetown

SANTA LUCÍA

ISLAS
VÍRGENES
(EE. UU.)

SAN VICENTE Y
LAS GRANADINAS

Kingstown

GRANADA

Saint George

TRINIDAD
Y
TOBAGO

Puerto España

ANTILLAS
NEERLANDESAS
(Países Bajos)

70° O

ISLAS TURCAS Y CAICOS
(R.U.)

Península de
Samaná

Limón

Santo
Domingo

REPÚBLICA
DOMINICANA

HAITÍ

Puerto Príncipe

Kingston

Mar Caribe

ARUBA
(Países Bajos)

ECUADOR

BAHAMAS

Nassau

JAMAICA

ISLAS
CAIMÁN
(R.U.)

CUBA

La Habana

N
O   E
S

80° O

PANAMÁ

Panamá

Golfo de México

San José

Belmopán
BELICE

Tegucigalpa

NICARAGUA

COSTA
RICA

HONDURAS

Managua

GUATEMALA

San Salvador
EL SALVADOR

Guatemala

90° O

OCÉANO PACÍFICO

LEYENDA
Frontera internacional
⊗ Capital

200 mi
0
0   200 km

Proyección acimutal
equivalente de Lambert

Texas: Mapa físico

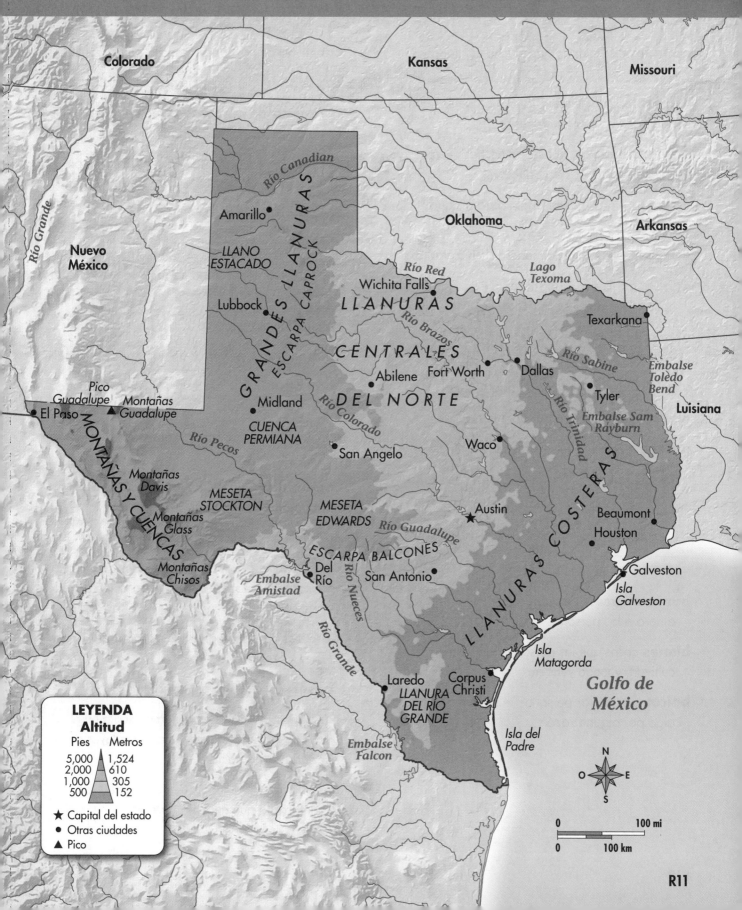

Colorado

Kansas

Missouri

Oklahoma

Arkansas

Río Grande

Nuevo
México

Río Canadian

Amarillo

LLANO
ESTACADO

GRANDES LLANURAS

ESCARPA CAPROCK

Lubbock

Río Red

Wichita Falls

LLANURAS

Lago
Texoma

Texarkana

CENTRALES

Río Brazos

Abilene

Fort Worth

Dallas

Río Sabine

Embalse
Toledo
Bend

Luisiana

Pico
Guadalupe

Montañas
Guadalupe

El Paso

DEL NORTE

Midland

Tyler

Embalse Sam
Rayburn

Río Trinidad

CUENCA
PERMIANA

Río Pecos

Río Colorado

San Angelo

Waco

MONTAÑAS Y CUENCAS

Montañas
Davis

MESETA
STOCKTON

Montañas
Glass

MESETA
EDWARDS

Austin

Beaumont

Houston

LLANURAS COSTERAS

Montañas
Chisos

Embalse
Amistad

Del
Río

ESCARPA BALCONES

Río Guadalupe

San Antonio

Galveston

Isla
Galveston

Río Nueces

Río Grande

Laredo

LLANURA
DEL RÍO
GRANDE

Corpus
Christi

Isla
Matagorda

Golfo de
México

Embalse
Falcon

Isla del
Padre

LEYENDA
Altitud

Pies   Metros

5,000   1,524
2,000   610
1,000   305
500   152

★ Capital del estado
● Otras ciudades
▲ Pico

N
O   E
S

0   100 mi

0   100 km

R11

Glosario

A

abundancia cuando hay mucha cantidad de algo

accidente geográfico la forma que tiene una parte de la superficie terrestre

acontecimientos actuales hechos que ocurren en el presente, es decir, ahora

activista alguien que trabaja para producir un cambio

adaptarse cambiar la manera de hacer algo

adobe ladrillos secados al sol que se usan para hacer viviendas y otras construcciones

ahorros dinero que una persona gana pero no gasta

alcalde líder de una comunidad

altitud altura del terreno sobre el nivel del mar

ancestro familiar que vivió hace mucho tiempo

arte pinturas, esculturas, canciones, cuentos y danzas

B

banco empresa que guarda, cambia y presta dinero a las personas

bienes cosas que las personas fabrican o cultivan, y luego venden

boicot cuando las personas se niegan a hacer algo por alguna razón

C

canal vía de navegación hecha por el hombre

capellanes ministros que están en el ejército

caravana de carretas grupo de carretas que viajan juntas por seguridad

causa algo en lo que las personas creen con firmeza

censo conteo de la población

ciudadano miembro oficial de una comunidad

clima estado del tiempo de un lugar durante un período extenso

colonia lugar gobernado por otro país

colonizar poblar tierras en nombre de otro país

comerciar usar dinero para comprar y vender bienes y servicios

comunicarse transmitir ideas o información a otras personas

comunidad sitio donde las personas viven, trabajan y se divierten

concejo grupo de personas que crea leyes

confederación acuerdo formal, es decir, un tratado, que establece la colaboración entre grupos

Congreso poder legislativo del gobierno de los Estados Unidos

conservar cuidar y proteger algo

constitución plan de gobierno escrito en el que se explican las creencias y las leyes de un estado o una nación

consumidor persona que gasta dinero para comprar lo que necesita o desea

continente una de las siete superficies de tierra más extensas del planeta: América del Norte, América del Sur, Europa, África, Asia, Australia (también llamada Oceanía) y la Antártida

convención reunión de mucha gente

cooperar trabajar conjuntamente

cosecha recolección de cultivos al final de la temporada de cultivo

costo de oportunidad valor de la cosa que dejas cuando escoges otra cosa

costumbre forma particular de hacer las cosas que es parte de la cultura de una persona

crédito promesa de que se pagará algo

cuáquero alguien que practica una religión que cree en la paz y el trato igualitario para todos

cuerpo legislativo parte del gobierno que se encarga de crear las leyes

cultura modo de vida de un grupo de personas

delegado persona elegida para actuar en nombre de otros

demanda cantidad de bienes o servicios que las personas desean y pueden comprar

depósito dinero que una persona pone en un banco

derechos civiles derechos que tienen todos los ciudadanos de ser tratados con igualdad ante la ley

deseos cosas que te gustaría tener, pero que no necesitas

deuda dinero que se le debe a una persona

diversidad cuando hay muchas diferencias entre las personas

diverso diferente

división del trabajo cuando un proyecto se divide o separa en trabajos más pequeños

ecosistema lugar donde todos los seres vivos, como las plantas y los animales, interactúan entre sí

ejecutivo describe el poder del gobierno que sanciona las leyes, es decir, las aprueba y hace que se cumplan

empresario persona que comienza un negocio

enmienda cambio a la Constitución

erosión desgaste del suelo producido por la lluvia, el viento y los ríos cercanos

escasez cuando no hay suficiente cantidad de algo para satisfacer las necesidades o los deseos de las personas

especialización cuando cada persona de un grupo tiene una destreza especial y hace un trabajo o una parte de un proyecto

estado del tiempo condiciones diarias en el exterior

exclusión acción de mantener a alguien fuera de un lugar

expedición viaje que tiene un propósito particular

explorador persona que viaja en busca de nuevas tierras y descubrimientos

exportar enviar productos y recursos de un país a otro

extraer minerales sacar materiales de la tierra

fiebre del oro época a finales de la década de 1840 en la que miles de personas de todo el mundo llegaron a California en busca de oro

finca porción de tierra que incluye una casa y otras construcciones

fuerte edificio fortificado o un área que sirve como defensa contra los ataques de los enemigos

gabinete grupo de consejeros, es decir, personas que le dicen a un líder, como el presidente de los Estados Unidos, lo que piensan sobre un tema

ganancia dinero que les queda a las empresas después de pagar sus costos

geografía física la tierra, el agua y otros recursos de un área

gobernador jefe del poder ejecutivo de un estado; es elegido por los habitantes del estado

gobierno sistema de reglas que organizan la vida de las personas

hacer un trueque dar un bien o un servicio a alguien a cambio de otro bien o servicio

hemisferio una de las partes en que se divide la Tierra, marcada por las líneas de latitud y de longitud

herencia cultural describe las tradiciones, las costumbres y los artefactos de un grupo cultural. Algunos ejemplos de herencia cultural son los cuentos, la danza, el arte y las construcciones

himno canción de lealtad hacia una nación

huelga cuando los trabajadores dejan de trabajar para que las cosas cambien

I

igualdad de derechos cuando todas las personas tienen los mismos derechos

importar traer a un país productos y recursos de otro país

impuesto dinero que se le paga a un gobierno

independencia libertad

inmigrante persona que se va de un país y se instala en otro

interdependencia cuando las personas dependen unas de otras para obtener las cosas que necesitan y desean

interés dinero que un banco le da a una persona a cambio de guardarle su dinero

intérprete persona que ayuda a otras, que no hablan el mismo idioma, a entenderse

invento algo que se hace por primera vez

irrigar llevar agua por medio de tuberías

J

judicial describe el poder del gobierno que verifica que las leyes sean justas

L

legislativo describe el poder del gobierno que hace las leyes

lema frase

leyenda relato tradicional y de ficción

libertad condición de ser libre

línea de montaje cuando cada trabajador hace solo una parte del trabajo

M

mineral recurso que no proviene de un animal ni de una planta

misión asentamiento que tiene una iglesia donde se enseña religión

modificar cambiar algo, como el ambiente físico

N

necesidades cosas que las personas deben tener para vivir

O

obra acción

oferta cantidad de bienes o servicios que las personas pueden vender

P

patente documento que le da a una persona el derecho de ser la única que puede fabricar o vender un invento

patriota persona que ama y defiende a su país y los derechos de su pueblo

peaje dinero que se paga por usar un camino

peregrino persona que viaja por motivos religiosos

pow wow reunión de indígenas norteamericanos

préstamo dinero que un banco les presta a las personas

presupuesto plan que muestra los ingresos, los gastos y los ahorros de una persona

productor persona que elabora un producto o proporciona un servicio

protestar quejarse

proyecto de ley idea que se escribe para que el gobierno decida si va a ser ley

punto cardinal norte, sur, este y oeste

punto cardinal intermedio noreste, sureste, noroeste y suroeste

R

reciclar usar un objeto más de una vez

recreación manera de disfrutar el tiempo libre

recurso de capital cosas necesarias para producir bienes y servicios

recurso humano persona que elabora productos o proporciona servicios

recurso natural algo que existe en la naturaleza y es útil para las personas

recurso no renovable recurso natural que tarda mucho tiempo en ser reemplazado o que no puede ser reemplazado una vez que se ha usado

recurso renovable recurso natural que puede reemplazarse en poco tiempo

región área con características comunes que la distinguen de otros lugares

región agrícola lugar en el que el terreno es principalmente llano y fértil

región cultural lugar donde viven personas que comparten una cultura parecida

región fronteriza región que forma el límite de una zona poblada

región industrial lugar donde hay muchos tipos de fábricas

representante persona elegida para hablar en nombre de otros

representar hablar por otras personas

república constitucional forma de gobierno mediante la cual las personas son gobernadas por los líderes que ellas mismas eligen

reserva tierras que el gobierno de los Estados Unidos apartó para los indígenas norteamericanos hace muchos años

revolución cuando las personas quieren tomar el poder y crear un nuevo gobierno

rural describe una comunidad que está en el campo, donde hay mucho espacio abierto

ruta camino que se toma para llegar a un lugar

segregar separar

sequía período de tiempo durante el cual no hay agua suficiente

servicio trabajo que una persona hace para otra

símbolo en un mapa, dibujo o forma pequeña que representa una ubicación, un asentamiento o un edificio específicos

sindicato grupo de trabajadores que se unen

sistema de libre empresa economía en la cual son las personas y las empresas privadas (no el gobierno) quienes deciden cuáles son los bienes que se producen y se compran

sitio de interés edificio u otra estructura de importancia para una cultura

suburbano describe una comunidad ubicada cerca de una gran ciudad

sufragio derecho al voto

tarjeta de crédito tarjeta que se usa en lugar del dinero y le permite al dueño comprar cosas y pagarlas después

tecnología conocimiento científico sobre cómo funcionan las cosas

telégrafo máquina que envía y recibe señales por medio de un cable delgado

territorio superficie de tierra en posesión de un país, ya sea dentro o fuera de las fronteras de ese país

tradición manera especial que tiene un grupo de hacer algo que forma parte de su cultura

transcontinental que atraviesa el continente

U

ubicación lugar donde está algo

ubicación absoluta exactamente dónde está ubicado un lugar en la Tierra

ubicación relativa descripción de dónde se encuentra un lugar en relación con otros lugares

urbano describe una comunidad ubicada en una gran ciudad

V

vacuna inyección de un virus débil que ayuda al cuerpo a combatir una enfermedad

valor lo que vale un artículo para una persona

vegetación las plantas que crecen

vetar rechazar

vivienda comunal casa de los indígenas norteamericanos que era más larga que ancha

voluntario persona que mejora la comunidad y ayuda a otras personas

Índice

Este índice lista las páginas en las cuales aparecen los temas en este libro. Los números de página seguidos por *m* refieren a mapas. Los números de página seguidos por *p* refieren a fotografías. Los números de página seguidos por *c* refieren a tablas o gráficos. Los números de página seguidos por *t* refieren a líneas cronológicas. Los números de página en **negrita** indican definiciones de vocabulario. Los términos *Ver* y *Ver también* muestran entradas alternativas.

Reconocimientos

Text Acknowledgments

Grateful acknowledgement is made to the following for copyrighted material:

Page 45
Cousteau Society
"National Geographic and The Cousteau Society Present Rediscovery of the Mediterranean" from cousteau.org, July 2, 2010. Copyright © Cousteau Society.

Page 294
North Carolina Press
The Poems of Phillis Wheatley edited and with an introduction by Julian D. Mason Jr. Copyright (c) 1966 by the University of North Carolina Press, renewed 1989. Used by permission of the publisher.

Note: Every effort has been made to locate the copyright owner of material reproduced in this component. Omissions brought to our attention will be corrected in subsequent editions.

Maps

XNR Productions, Inc.

Photographs

Photo locators denoted as follows: Top (T), Center (C), Bottom (B), Left (L), Right (R), Background (Bkgd)

Cover

Front Cover (TL) Public Safety Officer, Jacky Chapman/Alamy; (TR) Parade float, Jill Stephenson/Alamy; (CL) Bullock Texas State History Museum, Alamy; (CC) San Antonio firefighter, James Southers/Alamy; (CR) Skateboarder with helmet, dfstyle/Fotolia and Jeff R Clow/Flikr/Getty Images; (BC) Children on beach, David R. Frazier Photolibrary, Inc./Alamy.
Back Cover (TC) People canoeing, Witold Skrypczak/Alamy; (CL) Football, idimair/Fotolia; (CR) Chili festival, Ana Ramirez/Conroe Courier/AP Images; (BL) Girl gardening, Pearson Education; (BC) DART train in Dallas, SuperStock/Glow Images.

Text

Front Matter
x: Look Photography/Corbis; xi: Brian Cook/Alamy; xii: North Wind Picture Archives/©Associated Press; xiii: Jon Spaull/©DK Images; xiv: JLP/Jose L. Pelaez/Corbis; xv: Mary Evans Picture Library/Alamy Images; xvi: Pearson Education; xvii: Peter M. Fredin/©Associated Press

Celebrate Texas and the Nation
001: AdStock RF/Shutterstock; 002: GPI Stock/Alamy; 002: scis65/Fotolia; 003: donna day/Big Cheese Photo/Corbis; 004: AP Images; 004: Library of Congress Prints and Photographs Division Washington, D.C.[LC-USZ62-78987]; 005: Library of Congress Prints and Photographs Division Washington, D.C.[LC-DIG-ppmsca-18548]; 006: Enigma/Alamy; 006: Matt Slocum/AP Images; 007: John Zellmer/E+/Getty Images; 007: Library of Congress Prints and Photographs Division Washington, D.C.[LC-USZ62-137628]; 008: Mark Wilson/Getty Images; 008: NASA Collection/Alamy; 009: GL Archive/Alamy; 010: Kevin Dietsch/UPI/Newscom; 010: Action Plus Sports Images/Alamy; 011: Helen Wright/NASA Images; 011: Naashon Zalk/Corbis; 012: AP Images; 012: Tommy Hultgren/AP Images; 012: ZUMA Press, Inc./Alamy; 016: Luc Novovitch/Alamy; 016: Yadid Levy/Alamy; 017: Cyril Hou/Alamy; 017: Frans Lemmens/Superstock; Alamy

Chapter 01
019: Pearson Education; 020: Comstock/Thinkstock; 020: Pearson Education; 021: Fackler Non CC/Alamy; 021: Jupiterimages/Thinkstock; 021: Pearson Education; 022: Bruce Leighty/Ticket/Photolibrary; 023: William Roy Lawrence Collection/Ohio Historical Society; 024: Grafton Marshall Smith/Flirt/Corbis; 024: Steffstarr/Fotolia; 025: Jim West/Alamy; 029: BMD Images/Alamy; 040: Chad Ehlers/Alamy; 040: dbimages/Alamy; 041: Lived In Images/Alloy/Corbis; 041: DK Images; 042: Glowimages/Getty Images; 042: White/Photodisc/Photolibrary; 043: Hemera/Thinkstock; 044: Liane Cary/Age Fotostock/Photolibrary; 40, 41: Stephen Saks Photography/Alamy; Lauren Orr/Shutterstock; Luc Novovitch/Alamy; Morgan Lane Photography/Shutterstock

Chapter 02
054: Antoine Beyeler, Shutterstock; 054: Antoine Beyeler/Shutterstock; 054: NASA/Corbis; 054: Peter Harrison/PhotoLibrary; 056: Mike Norton, Shutterstock; 056: Mike Norton/Shutterstock; 057: N/A, Shutterstock; 057: Benn Mitchell/The Image Bank/Getty Images; 057: John Elk III/Alamy; 057: Nagel Photography/Shutterstock; 058: Caitlin Mirra, Shutterstock; 058: Caitlin Mirra/Shutterstock; 058: Jeff Banke/Shutterstock; 059: Patrick Eden/Alamy; 060: Martin Harvey/Corbis; 060: Peter Kirillov/Shutterstock; 060: Stephan von Mikusch/Fotolia; 062: Global Warming Images/Alamy; 064: Brian Cook/Alamy; 064: Papilio/Alamy; 070: Galyna Andrushko/Shutterstock; 070: Lonely Planet Images/Alamy; 072: Hemera/Thinkstock; 073: moodboard/Alamy; 074: Commercial Eye/The Image Bank/Getty Images; 074: Morgan Lane Photography/Shutterstock; 076: Lazar Mihai-Bogdan/Shutterstock; 078: Chad Ehlers/Alamy; 078: Danita Delimont/Alamy; 079: Yvette Cardozo/Alamy; 082: Andy Z./Shutterstock; 083: Ivan Bondarenko/Shutterstock; 084: Disney Channel/Getty Images; 085: Daniel Grill/Tetra Images/Corbis; Catmando/Shutterstock; Louis DeLuca/Dallas Morning News/Corbis; Mark Rightmire/Zuma Press/Newscom; Mike Theiss/Ultimate Chase/Corbis News/Corbis; Robert Nickelsberg/Getty Images; Underwood & Underwood/Bettmann/Corbis; Uppa/Photoshot